2010 어린이 교회교육 핸드북

모든 인간은 하나님의 형상을 닮은 존엄한 존재입니다. 전 세계의 모든 사람들은 인종, 민족, 피부색, 문화, 언어에 관계없이 존귀합니다. 예영커뮤니케이션은 이러한 정신에 근거해 모든 인간이 존귀한 삶을 사는 데 필요한 지식과 문화를 예수 그리스도의 사랑으로 보급함으로써 우리가 속한 사회에 기여하고자 합니다.

2010 어린이 교회교육 핸드북

펴낸 날 · 2009년 12월 20일 | **초판 1쇄 찍은 날** · 2009년 12월 15일
지은이 · 신현숙 | **펴낸이** · 김승태
등록번호 · 제2-1349호(1992. 3. 31) | **펴낸 곳** · 예영커뮤니케이션
주소 · (136-825) 서울시 성북구 성북1동 179-56 | **홈페이지** www.jeyoung.com
출판사업부 · T. (02)766-8931 F. (02)766-8934 e-mail: edit1@jeyoung.com
출판유통사업부 · T. (02)766-7912 F. (02)766-8934 e-mail: sales@jeyoung.com

copyright ⓒ2009, 신현숙
ISBN 978-89-8350-547-7 (03230)

값 12,000원

2010 어린이 교회교육 핸드북

교회력과 절기에 맞춘 교회학교 52주 연간 교육 지침서
－튼튼한 믿음으로 자라는 예수님의 어린이

신현숙 지음

예영커뮤니케이션

목차

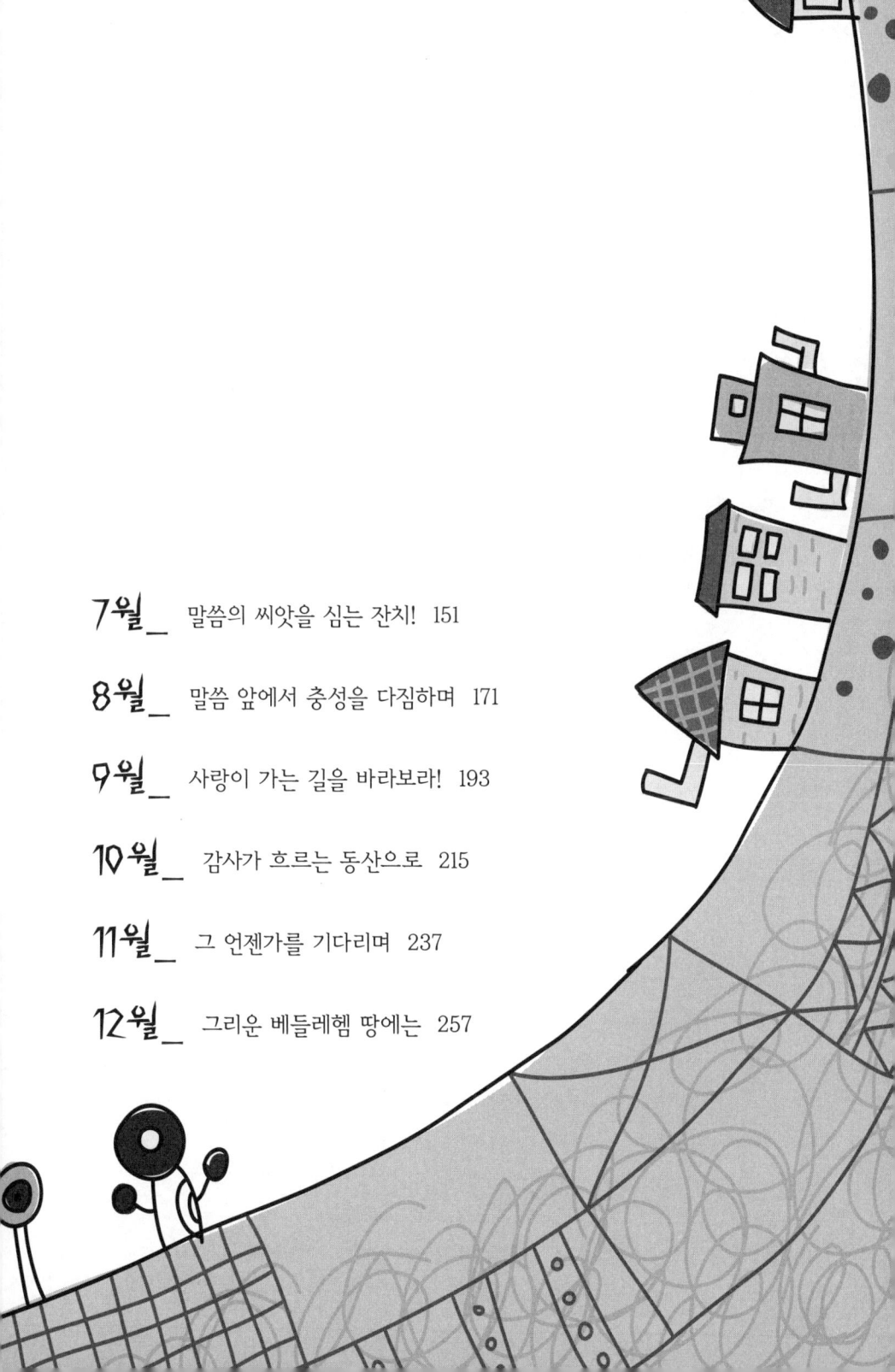

"내게 줄로 재어준 구역은 아름다운 곳에 있음이여

나의 기업이 실로 아름답도다"

(시16:6)

책 머리에

한 해의 끝자락인 12월······.

찬 바람, 맹추위에 옷자락을 여미게 되는 한겨울의 연말이면 교회학교 교사들도 분주해집니다. 한해를 정리하면서 성탄절 행사와 새해 맞이할 계획으로 마음이 분주한 선생님들, 교회학교 동역자들 가슴에 이 책을 따스한 마음과 함께 전하고자 합니다.

저는 17년이란 세월을 교회학교 아동부 현장에서 사역자로서 열심히 살아왔습니다. 지나온 세월을 돌아보면 감사하고 행복했고, 사역자로서 보람을 느낄 수 있었습니다. 그 시간들은 하나님이 제게 주신 사랑 깊은 은혜의 선물이기도 합니다.

이제는 점점 시간이 가면 갈수록 '빚진 자의 마음'이 깊어집니다. 교회학교 현장에서 수고하시는 사역자들과 교사들에게 조금이라도 나누어 주고 싶고, 조금이라도 거들어드리고 싶은 그런 마음······. 그래서 제 마음을 담은 이 책으로 여러분에게 다가갑니다.

이 책은 2010년 한 해를 절기와 행사에 맞추어가면서 아동교육이 흘러가도록 만든 핸드북입니다. 1년의 교육주제를 "튼튼한 믿음으로 자라는 예수님의 어린이"로 정하고, 그에 맞춘 월별 교육주제와 교육계획서를 작성하였습니다. 설교와 프로그램과 특별행사를 주제에 맞추어 일원화 하였으며, 매달 매주마다의 설교와 프로그램을 충실하게 자세하게 설명했습니다. 2010년을 매월마다 이 책 내용 순서대로 진행하면 큰 무리 없이 아동부가 운영될 수 있을 것입니다.

언젠가는 저의 책을 내고 싶다고 마음속에 담았던 꿈이 있었습니다. 이제 그 꿈이 무르익어 저의 세 번째 책인 이 책이 발간됩니다. 꿈을 품게 하시고 꿈을 열매 맺게 하시는 참 좋으신 하나님, 에벤에셀의 하나님께 이 모든 기쁨과 사랑을 바칩니다. 또한 어려운 불경기 속에서도 오로지 교회 교육의 부흥이라는 사명감으로 흔쾌히 이 책을 발행해 주신 예영커뮤니케이션의 김승태 사장님께도 감사와 축복의 인사를 전합니다.

아동부 교사 시절에 저의 은사와 열정을 발견하시고 교역자로서 저를 빚어주신 믿음의 스승님, 故 황장옥 목사님께 이 책을 바칩니다. 그리고 저에게 사역의 비전과 지경을 넓혀 주셨고, 징검다리를 놓아 주신 박혜성 목사님께도 깊은 감사를 드립니다.

2009년 12월 20일
섬길수록 더 귀한 주님께 감사하며
신현숙 드림

일러두기

1. 월별 교육계획서는 그대로 복사하셔서 교사 월례회 시간에 사용하셔도 좋습니다. 교사들이 한 달의 계획을 일목요연하게 잘 이해하고 미리미리 준비하시는데 도움이 되실 것입니다.

2. 매달(혹은 매주일)마다 계속 진행되는 생일축하, 새친구 환영, 달란트 시상 등의 일상적인 순서는 교육계획서에 순서를 넣지 않았습니다.

3. 교회마다 달란트 시장(마당)등의 시상제도가 있을 터인데 이와 관련된 것은 아동부 형편에 따라 자유롭게 운영하시도록 교육계획서에는 내용을 넣지 않았습니다.

4. 교육계획서에서 2부 순서는 오전의 예배 이후, 성서학습 이후, 또는 오후 모임에서 할 수 있는 프로그램과 활동입니다. 이 프로그램은 월별 교육주제와 연관된 내용이며 활동 시간은 30분–1시간 내외로 마칠 수 있습니다.

5. 절기 예배에서 시도되는 특별한 순서와 진행 방법을 이 책에서는 다 설명드리지 못했습니다. 다만 특별하게 변화를 주는 설교 부분만 싣게 되었음을 양해해 주시기 바랍니다.

6. 프로그램 설명 부분에서 ◎ 표시는 제시된 내용 외에도 추가로 할 수 있는 예비 프로그램을 말합니다.

7. 교사 월례회의 순서는 매달마다 동일하기 때문에 반복해서 설명드리지 않았습니다. 다만 그때 그때 월례회에서 특별히 진행해야 할 행사나 아이디어와 추가되어야 할 부분만 설명했습니다.

8. 교사 월례회에서 시도할 수 있는 작은 세미나는 1년에 3회, 즉 3월과 8월, 11월에만 하는 것으로 수록하였습니다.

2010년 아동부 교육계획서

1. 교회 표어 : (   )

2. 아동부 표어 : "튼튼한 믿음으로 자라는 예수님의 어린이"

3. 아동부 표어 성구 :

   "우리가 다 하나님의 아들을 믿는 것과 아는 일에 하나가 되어
   온전한 사람을 이루어 그리스도의 장성한 분량이
   충만한 데까지 이르리니" (엡4:13)

4. 교육 목적

   21세기를 지나고 있는 지금, 선교 100년을 지나올 때까지 부흥과
   성장 일로를 걷던 한국 교회는 이제는 교회 수는 늘어나지만 교인 수

는 점차 줄어들어 침체기를 보내고 있다. 또한 대형교회와 소형교회(개척교회, 농어촌교회, 벽지교회)와의 교육 격차는 날로 커져서 일반 사회의 공교육 못지않게 "교회교육의 불평등, 불균형"이 초래되고 있다. 이러한 시대의 교육적 요구란 무엇일까?

한국 교회(교회학교)는 이제 기드온의 300용사처럼, 어릴 때부터 성전에서 성장하여 이스라엘 사회의 영적 지도자가 된 사무엘처럼 알차고 튼튼한 믿음의 용사가 더 필요한 시기일지 모른다. 많은 숫자의 어린이와 구름떼 같은 부흥도 우리에겐 너무나 중요하고 귀중한 사명이다. 그러나 이러한 부흥과 더불어 소금 같고 알곡 같은 믿음의 어린이를 길러내는 성장과 성숙도 또한 놓칠 수 없는 과제이다.

그러므로 2010년에는 아동부에서 이와 같은 시대적 사명에 부응하기 위해서 교육 표어를 "튼튼한 믿음으로 자라는 예수님의 어린이"로 정하고 표어 성구에서 보는 바와 같이 "온전한 사람"과 "그리스도의 장성한 분량"을 추구하기로 한다.

이를 위해서 어린이들이 신앙고백을 확고하게 할 수 있는 교육의 기초를 다지면서, 교회 생활의 즐거움과 행복을 누리며, 반목회의 활성화를 통해 신앙공동체의 삶을 누릴 수 있도록 해 줌으로써 어린이들이 스스로 믿음이 자라나고 있다는 것을 실감하게 해 주는 방향으로 2010년의 교육을 전개하려고 한다. 이로 인해서 어린이들이 예수님에 대한 사랑과 신뢰를, 교회에 대한 자부심과 자랑을, 교회 밖에 나가서는 복음을 증거하고 나누는 삶으로 변화될 것이다.

5. 교육 목표

    (1) 월별, 주제별 설교를 통해서 기독교 교리의 전반적인 교육을 강화하도록 한다(교리교육).

    (2) 절기 행사와 주제별 프로그램과 활동, 성서학습을 통하여 성경에 집중되도록 한다(성경교육).

    (3) 공동체적 반목회를 통해서 교회 생활의 즐거움과 행복을 누리며 반이 부흥되도록 한다(관계중심).

    (4) 꾸준한 전도활동을 통해서 복음을 스스로 증거 하는 삶을 살게 한다(전도와 부흥).

6. 부서 조직

    (1) 지도 : (   ) 목사(전도사)

    (2) 부장 : (   ) 장로(권사)

    (3) 교사 임원단 : 총무 / (   ), 회계 / (   ), 서기 / (   )

    (4) 담임교사 :

    (5) 기능(보조) :

    (6) 찬양대 : 지휘 / (   ), 반주 / (   ), 율동팀 / (   )

7. 월별 교육주제

  1월 : 설레는 새해, 희망의 노래 (믿음)

2월 : 예배 속에는 기쁨이 있어요 (예배)

3월 : 골고다 언덕으로 달려가요! (고난)

4월 : 부활 소식 전하는 계절 (전도)

5월 : 사랑의 향기 가득한 5월 (사랑)

6월 : 천국을 발견하는 기쁨 (천국)

7월 : 말씀의 씨앗을 심는 잔치! (성경)

8월 : 말씀 앞에서 충성을 다짐하며 (충성)

9월 : 사랑이 가는 길을 바라보라! (사랑)

10월 : 감사가 흐르는 동산으로 (감사)

11월 : 그 언젠가를 기다리며 (재림)

12월 : 그리운 베들레헴 땅에는 (성탄)

1월

설레는 새해, 희망의 노래

성탄절 캐럴 소리가 채 사라지기 전에 벌써 새해가 시작되었어요. 새 학년, 새 친구, 새 선생님, 새 교재! 모든 것이 새로워지는 1월입니다. 새 것은 좋은 것이지만 아직은 어색하고 친근해지기가 어렵지요. 숨어 있는 긴장감과 낯설음을 살짝 보면서 한편으로는 긴장감 어린 설렘 속에서 희망의 빛을 볼 수 있는 기대에 찬 달이기도 합니다. 그래서 설교는 "올바른 믿음"에 대한 내용으로, 프로그램은 '낯선 것에 친숙해짐'과 '새로운 계획'을 위한 내용으로 준비했습니다.

주일	월	화	수	목	금	토
					1 신정	2
3	4	5	6	7	8	9
10	11	12	13	14	15	16
17	18	19	20	21	22	23
24	25	26	27	28	29	30
31						

1월의 교육계획서

● 1월의 교육주제 : 설비는 새해, 희망의 노래(믿음)

주일	설교	예배위원	성서학습	2부 순서	2부 담당	준비물	주간행사	기타
3일	이사야 43:1 "나는 하나님의 작품"	기도 : ( )선생님 헌금 : ( )반	x	"내 수첩 만들기"	준비: 선생님(본과) 진행: 각 반 교사	색지로 된 설문지, 볼펜류, 호치켓, 리본끈, 장식품	2일(토)/ 교사 신년기도회	출석부, 일지, 생활기록부, 앨범, 문서정리 등 행정자료 준비완료
10일	요한복음 3:3~5 "어떻게? 거듭나야지!"	기도 : ( )선생님 헌금 : ( )반	1과				9일/ 교사 회식 (교사1일 MT)	
17일	여호수아 24:14~15 "신배은 확실하게"	기도 : ( )선생님 헌금 : ( )반	2과					2과는 신임 교사 담당하는 연구수업으로

24일	요한계시록 3:20 "예수님을 어디에 모실까?" 기도 : ( )선생님 헌금 : ( )반	3과	"동네 한바퀴"	준비물: 선생님(분과) 진행: 각 반 별로	4절지, 색연필과 색볼펜	오후/ 교사월례회
30일	창세기 4:3-5 "하나님의 규칙대로" 기도 : ( )선생님 헌금 : ( )반	4과				

* 새해, 새 하나님이 시작되었어요. 새 마음, 새 결심으로 새로운 설계도 알차게 해 보아요.

* 1월의 예배 인도자는 우리 부장님이 담당하십니다. 매월마다 예배 인도자가 되어요.

* 교사 신년기도회와 우리 반 부서 1일 MT에도 적극 참여하는 "예쁜 교사, 착한 교사"가 되어 주세요.

* 1월 30일, 주일 오후에 있을 교사월례회 때까지 반 어린이 신상기록부와 사진을 준비해 주시기 바랍니다. 그래서 1월까지 어린이와 교사 기록에 대한 행정 정리가 잘 되도록 도와 주세요.

* 17일(셋째 주일)의 성서하습 2과는 "신임교사가 참관하는 연구수업"으로 진행할 것입니다. 어느 반이 대상이 될지는 부장님과 교역자, 임원단에서 결정하려고 합니다. 이 날은 반과 반드시 연합하는 중그룹 수업으로 하겠으며, 신임교사들은 정해진 한 반(아직 미정)에서 그 반의 연구수업을 참관하게 됩니다.

* 1월은 겨울방학, 신년맞이 등으로 다소 어수선한 분위기로 진행될 수 있습니다. 이럴 때일수록 더 세밀하게 신경써 주시고, 반 어린이 상황 파악과 각종 문서 정리로 한 해의 기초를 마련해 주세요.

1월의 설교문

1월 3일 / 사 43:1

나는 하나님의 작품

　여러분 이 안경은 누구 것이죠? 이 성경책은 누구 것이죠? 여러분이 가게에서 장난감이나 학용품을 사게 되면 누구 것이죠? 제가 너무너무 유치한 질문을 한 것 같아요. 네! 자기가 돈을 주고 산 물건이나 자기가 만든 것은 확실히 자기 것이라고 말할 수 있어요. 지금부터 전도사님이 들려 주는 이야기를 잘 들어보세요. 들은 후에 퀴즈를 내겠어요. 물론 상품도 따라오는 것 맞지요.

　어떤 소년이 있었어요. 하루는 이 소년이 목공소에서 조그만 나무판을 산 후에 망치, 못, 조각칼을 사 가지고 왔어요. 그리고 아주아주 열심히 정성스럽게 나무배를 만들었어요. 조각칼로 여기저기 잘 다듬고 겉에 물감도 칠하고 돛도 달고 그럴듯한 근사한 배를 하나 만들었어요. 그리고는 그 배를 바라보면서 "으음, 아주 잘 만들었어. 누구 솜씨가 이렇게 좋은 거야? 누군 누구야, 바로 나지, 내 솜씨 최고지, 아암!! 이 배는 정말 내 것이야." 하면서 흐뭇하게 바라보았어요. 소년은 그 배를 가지고 강가로 나갔어요. 배는 강물에 띄워져 살랑살랑 기분 좋게 흔들리고 있었지요. 한참을 즐겁게 바라보면서 놀고 있었는데 어? 이게 웬일! 갑자기 돌풍이 회오리바람처럼 불었어요. 순식간에 바람에 휘말린 파도 때문에 나무배는 강물 가운데로 흘러가 버리고 말았어요. 소년은 그 배를 잡으려고 쫓아갔지만 강물 따라 저만큼 흘러가는 배를 잡을 수가 없었어요. 배를 잃어버린 소년은 너무나 마음이 아팠어요. 며칠이 지나도 소년은 늘 자기의 온 마음과 정성을 쏟았던 그 배가 그리웠어요.

어느 날, 장난감 가게를 지나가다 그 소년은 깜짝 놀랐어요. 진열장에 자기가 만든 그 배가 놓여 있는 것이었어요. 깜짝 놀란 그 소년이 눈을 씻고 다시 보고 다시 보아도 틀림없는 자기의 배였어요. 소년은 가게 주인에게 가서 "아저씨, 저 배는 내 것이에요. 내가 잃어버린 것이에요. 저에게 돌려 주세요."

가게주인 아저씨는 "아니 애야, 너 꿈꾸다 왔니? 정신 차려! 이 꼬마야! 나는 도매상에서 이것을 사 가지고 왔어. 너 이것 가지고 싶어? 그러면 만 원 가지고 와." 하는 것이었어요.

소년은 집에 와서 자기 저금통도 열고 며칠간 열심히 심부름을 하여 돈을 모으고 군것질도 안 하고 돈 만 원을 모았어요. 소년은 얼른 가게로 가서 그 배를 다시 샀어요. 소년은 그 배를 안고 돌아오면서 너무너무 기뻐서 가슴이 벅찼어요. 날아갈 것처럼 황홀했어요.

"너는 이제 확실하게 내 꺼야. 내가 만들었으니까 내 것이었는데 또 잃어버렸다가 다시 샀으니까 이제 너는 확실히 내 것이야. 얼마나 너를 그리워했는지 알아? 다시는 너를 잃어버리지 않겠어. 너와 헤어지지지 않을 거야. 너는 너무너무 소중한 내 작품이고 내 소유라는 것 잊지 마."

자, 이제부터 문제를 내겠어요. 먼저 힌트! 소년은 바로 하나님을 대표하고 있답니다. 문제 ①이야기 속에 나오는 배는 누구와 같을까요? (정답 : 나), 문제 ②이야기 속에 나오는 돌풍과 파도는 무엇을 의미하지요? (정답 : 죄, 사탄), 문제 ③소년이 가게 주인에게 준 만 원은 무엇과 같을까요? (정답 : 예수님, 십자가)

오늘 읽은 성경에 보면 "내가 너를 구속하였고" 라고 하나님이 말씀하십니다. 하나님이 우리를 구해 내셨다고 합니다. 그러면 하나님은 어떻게 우리를 구하셨을까요? 가슴 아프게도 하나밖에 없는 아들이신 예수님을 십자가에 죽게 하셨습니다. 하나님이 사단에게서 예수님의 피를 우리의 값으로 주고 다시 구해 내셨습니다. 하나님은 "내가 너를 지명하여 불렀나니" 전 세계, 이 한국의 수많은 어린이들 중에서 하나님이 손가락으로 지명하여 ○○, ○○, ○○ (이름을 직접 부르면서) 너! 너! 하면서 이름 불러서 불러 내었다는 말씀입니다. 그리고 그 선택한 어린이에게 하나님이 이렇게 분명하게 약속해 주셨습니다. "너는 내 것이다."

여러분, 저를 따라서 한 번 해 보세요. "나는/ 하나님의 / 것이에요./ 나는 / 하나님의 / 작품이고 / 하나님의 / 소유입니다." 여러분은 하나님이 아주아주 정성스럽고 아름답게 만든 최고의 작품입니다. 그리고 여러분은 하나님이 너무나 소중하게 여기고 귀하게 여기는 하나님의 소유입니다. 배를 다시 사서 기쁜 그 소년보다 하나님은 우리를 몇 천 배, 몇 만 배 더 강하게 우리를 사랑하시고 우리를 꼭 품에 안으시고 '너는 내 것이야'라고 말씀하십니다.

오늘은 새해, 첫 주일입니다. 올 한해를 우리 친구 여러분들이 여러분 자신에 대해서 '나는 소중하고 소중한 하나님의 것'이라는 자부심을 갖고, 올 한 해의 그림을 아름답게 그려 보세요. 여러분 모두가 예수님 안에서 하나님의 작품으로서 기쁘게 자랑스럽게 생활하기를 진심으로 바랍니다.

1월10일 / 요 3:3
어떻게? 거듭나야지!

여러분이 좋아하는 계란으로 만든 음식을 생각해 볼까요? 계란 후라이, 계란찜, 햄버거, 각종 부침개, 삶은 계란 등. 우와! 계란 요리는 정말 많네요. 그 계란이 두 종류가 있는 것 아세요? 겉으로는 다 딱딱한 껍질의 계란이지만 나중에 병아리를 낳을 수 있는 계란, 유정란과 병아리를 못 낳는 계란, 무정란으로 나누어진답니다.

그런데 사람은 어떤가요? 모든 사람들은 겉으로는 다 똑같이 옷을 입고 밥을 먹고 학교 다니고 잠을 자고 걸어 다닙니다. 그런 걸 보면 모든 사람이 다 똑같아 보입니다. 우리 눈으로 보이는 사람의 겉모습을 우리는 겉사람이라고 부를 수 있습니다. 웃고 이야기하고 노래 부르고 화나고 찡그리고 밥을 먹고 장난치고 놀고 그러는 행동과 태도가 겉사람의 모습입니다. 얼굴이 예쁜 사람, 조금 덜 예쁜 사람, 안경 쓴 사람, 키가 큰 사람, 작은 사람 등 우리는 겉사람의 모습을 보고 이렇게 말합니다.

그런데 속사람도 있어요. 속사람은 우리의 마음 깊은 부분을 말합니다. 우리 눈으로는 잘 보기 어렵지만 하나님만이 보시는 부분, 우리는 마음이라고도 하고 심령이라고도 말합니다. 이 속사람에는 우리 마음의 생각과 느낌이 다 들어 있지요. 누구를 미워하고 있는지, 누구를 생각하고 있는지 하나님은 아주 정확하게 우리의 속사람의 부분을 다 알고 계신답니다. 그래서 겉사람이 아무리 미남이고 미인이어도 속사람은 아주 지저분하고 단정하지 못한 사람도 있어요. 또 겉사람은 조금 못났어도 속사람은 아주 아름답고 깨끗한 사람도 있습니다.

오늘 읽은 성경 말씀에 보면 니고데모 아저씨가 있었습니다. 이 아저씨는 지금으로 말하자면 구청이나 시청의 아주 높은 자리에 있었던 고급 공무원이었어요. 이 아저씨는 하나님에 대한 관심도 많고 알고 싶은 것도 많고, 질문할 것도 많았어요. 하지만 높은 사람들이 바른 말씀을 전하는 예수님을 싫어했기 때문에 니고데모 아저씨는 다른 사람 눈에 뜨일까봐 한밤중에 몰래 예수님을 찾아왔어요.

"예수님, 어떻게 하면 하늘나라를 볼 수 있을까요? 어떻게 하면 천국에 갈 수 있을까요?"

"니고데모야 하늘나라를 보려면 거듭나야 한단다."

" 뭐라고요? 거듭나야 한다고요? 저에게는 정말 어려운 말이에요."

"거듭난다는 것은 두 번 태어난다는 말이거든."

"예수님, 제가요 엄마 뱃속에서 한 번 태어난 것은 확실히 알겠어요. 그런데 제가 이렇게 컸는데 어떻게 이 몸으로 다시 한 번 엄마 뱃속으로 들어갔다 다시 태어날 수 있나요? 그건 말도 안 됩니다."

예수님은 진지하게 말씀하셨어요.

"니고데모야, 거듭난다는 것은 엄마 뱃속에 다시 들어갔다 나오는 것이 아니란다. 거듭난다는 것은 네 속사람이 새로워지는 것을 의미하지, 네 속사람이 예수님에게서 다시 태어난다는 말이야. 예수님을 몰라서 또는 제대로 믿지 않아서 네 속사람이 지저분하고 죄로 얼룩져 있었는데, 예수님을 네 속사람에 모시고 예수님을 따라 살면서 네 속사람이 새롭게 변화되는 것을 말하는 것이란다. 이제 알겠니?"

거듭난다는 것은 내 마음대로 살지 않고, 내 마음 속에 예수님을 믿기로 작정하는 것입니다. 거듭난다는 것은 내 마음의 가장 높고 귀한 자리에 예수님을 왕으로 모시는 것입니다. 거듭난다는 것은 내 마음, 속사람에 예수님이 계시다는 것입니다. 죄를 버리고 하나님의 말씀을 따라 살기로 결정하고 다짐하는 것입니다.

요한일서 5장 12절에는 이렇게 약속이 되어 있습니다. "하나님의 아들을 모신 사람은 생명을 가졌으나 아들을 모시지 않은 사람은 생명이 없습니다." 속사람에 예수님이 있는 사람에게는 천국이 약속되어 있습니다. 여러분이 천국에 갈 수 있도록 예수님이 이 땅에 오셔서 십자가에서 피 흘리시고 여러분을 위해 천국의 씨앗이 되어 주셨어요.

이제 여러분들은 하나님의 약속대로 속사람에 예수님을 모셔 드리기를 바랍니다. 이미 모셔 드린 친구들은 기뻐하시기를 바랍니다. '나는 아직 모셔 드리지 못했다.', '잘 모르겠다.'는 친구는 빨리 예수님을 마음속에 모셔 드리기를 바랍니다. 그래서 니고데모 아저씨처럼 의문점이 많은 것이 아니라 예수님은 나의 속사람 안에 계시다고 확신하는 우리 친구들이 되시기를 바랍니다.

1월17일 / 수 24:14-15
선택은 확실하게

여러분들은 아침이면 오늘은 어떤 옷을 입을까 하고 생각하고 옷을 골라 입어요. TV 보면서 무슨 프로를 볼까, 학원 다녀오면서 과자를 사먹을까, 가기 전에 사먹을까 하고 생각할 때도 있어요. 그렇지요? 또 학원 숙제부터 할까, 학교 숙제부터 할까 생각하고 선택을 할 거에요. 우리는 매일매일 이렇게 작은 것, 사소한 것을 가지고 어떻게 할지를 결정하고 선택을 합니다. 우리들도, 어른들도 늘 이렇게 무엇을 먼저 할지, 어떤 것이 더 중요한지 선택을 하면서 평생을 살게 되지요.

오래 전에 TV 광고에 "순간의 선택이 10년을 결정한다."라는 전자 제품 광고가 있었어요. 자기네 전자제품을 선택하면 10년 동안 행복하게 살수 있는 좋은 선택이고, 자기네 전자제품을 사지 않으면 10년 동안 불편하게 사는 잘못된 선택이라는 뜻으로 광고를 한 적이 있어요. 전자제품의 수명이 10년이라면, 사람이 사는 동안 평생 걸린 아주 중요한 선택을 해야 할 때도 있거든요.

이렇게 작은 물건, 사소한 것을 선택한 것 말고 평생에 중요한 것을 아주 확실하게 최상의 좋은 선택을 한 사람이 있어요. 그 사람은 정말 똑똑하고 영리하고 현명한 사람이랍니다.

모세가 애굽에서 이스라엘 백성을 이끌고 가나안 땅으로 나왔어요. 모세가 죽은 후에 그 뒤를 이어 여호수아 장군이 백성의 지도자가 되었어요. 여호수아 장군이 가나안에 살던 원주민들을 다 쫓아내고 백성들은 아주 편안하게 잘 살게 되었어요. 그런데 이스라엘 사람들은 그만 하나님을 잊어버리고 가나안 땅의 이상한 우상들을 섬기고 말았어요. 여러 해가 지나서 여호수아의 나이가 110세가 되자 그는 세상을 떠나기 전에 꼭 할 말이 있었어요. 그는 백성들을 다 모이게 하고 그의 인생의 마지막 연설을 아주 간곡하게 시작했답니다.

"하나님께서 여러분에게 약속하신 모든 일들이 다 이루어졌습니다. 이렇게 좋은 땅 가나안에서 넓고 기름진 땅에서 살 수 있게 되었지요? 여러분이 심지도 않은 과일을 먹고 좋은 집에서 지금 너무나 편안하게 살고 있지요? 그런데 여러분은 지금 하나님이 싫어하는 일들을 하고 있습니다. 여러분이 우상을 섬기면 하나님이 여러분에게 벌을 주시고 하나님은 자기에게 순종한 사람에게 복을 주신답니다. 여러분, 여러분은 이제 분명하고 확실하게 어느 한 쪽을 선택하십시오. 가나안 땅의 우상을 섬기든지 아니면 하나님을 섬기든지 둘 중에서 하나를 선택하세요. 나와 내 가족과 친척들은 하나님을 선택하겠습니다. 하나님 편에서 살겠습니다. 자, 여러분은 어떤 선택을 하겠습니까?"

여호수아 장군의 연설이 끝나자 이스라엘 백성들은 다 큰 목소리로 하나님만 섬기겠다고 선택을 했어요. 자, 여러분도 이스라엘 백성들처럼 한 번 외쳐볼까요? (모두: 우리는 하나님만 섬기겠어요!! 외치도록) 여호수아 장군은 백성들의 말을 하나님의 율법에 다 적어놓았어요. 그리고 엄청나게 큰 돌을 하나 가져다가 큰 상수리나무 아래에 세웠어요. 그리고 "이 돌이 여러분의 선택과 약속에 대한 증거입니다."라고 말했어요.

여호수아는 백성들과 함께 많은 원수들과 싸웠고 승리를 거두었어요. 바라던 대로 모든 일이 잘되고 성공했고 하나님은 언제나 함께 해 주셨어요. 여호수아의 일생은 하나님 편에 서기로 선택한 일생이었어요. 여호수아는 가장 좋은 것을, 가장 중요한 하나님을 확실하게 선택했기 때문에 하나님이 축복해 주셨어요.

모든 친구들이 놀러 다니고, 게임방에서 PC방에서, 집에서 TV를 보더라도 나만은 교회 와서 예배드리고 말씀 듣는 것이 가장 확실한 선택입니다. 하나님이 기뻐하시는 선택은 무엇인지 늘 생각해 보세요. 하나님 앞에서 올바른 선택을 하는 어린이는 지혜로운 어린이입니다. 하나님의 기쁨과 하나님의 축복을 누릴 수 있는 복된 어린입니다.

1월 24일 / 계 3:20

예수님을 어디에 모실까?

여러분 집에는 많은 사람들이 찾아오지요. 그런데 여러분들은 자기도 모르는 사이에 찾아오는 사람들을 등급을 정하고 있다는 것을 아세요? 어떤 사람은 현관문만 열고 내다보기만 하고, 어떤 사람은 거실까지만 들어오게 하고 어떤 사람에게는 공부방까지 들어올 수 있게 하지요? 또 어떤 사람에게는 안방까지, 식당까지, 온 집안을 마음대로 다녀도 좋다고 생각하고 함께 지내는 경우도 있어요. 여러분 집을 찾아온 사람이 예수님이라면 여러분은 어떻게 하시겠어요?

　어느 날 예수님은 미란이의 마음 문을 두드렸어요. 미란이는 "예수님, 어서 오세요."라고 현관문을 열고는 바로 자기 방으로 쏙 들어가 버리고 말았어요. 예수님은 그냥 현관에 가만히 서 계시는데도 미란이는 더 이상 예수님을 아는 척도 안 하고 혼자서 밥 먹고 TV보고 공부하고 그랬어요.　예수님은 "난 미란이랑 같이 밥도 먹고 친하게 지내고 싶은데 들어오라고 하지를 않으니." 하면서 슬픈 얼굴로 현관에 서 계셨어요.　미란이 같은 친구는 교회는 다니면서 예수님은 안다고 말하면서 '1주일에 1번 교회만 나가면 되지.'하고 다른 날은 예수님과 상관없이 자기 마음대로 사는 친구들이에요.

　다른 친구 명수에게 예수님이 찾아가셨어요. 명수는 예수님을 모시고는 자기 집 식당의 식탁으로 안내하더니 "예수님, 여기 밥 있어요. 맛있게 드세요"라고 인사하고는 자기 방에 가서 숙제를 하면서 예수님이 자기 집에 오셨다는 사실을 잊어버렸어요. 예수님은 계속 식당의 의자에 앉아 계셨지요. 명수 같은 친구는 오랫동안 습관에 젖어 식사기도는 잘하면서, 교회는 잘 나오면서도 다른 때는 예수님 생각을 안 하고 자기 마음대로 사는 친구들이지요.

다른 친구 유정이에게 예수님이 찾아가셨어요. 유정이는 예수님을 맞이해서 자기 방으로 모시고 갔어요. 그리고는 왠 수다쟁이인지 쉴 사이 없이 예수님을 조르기 시작했어요. "저 공부 잘하게 해 주세요. 이렇게 해 주세요. 저렇게 해 주세요."라고 자기 소원을 계속 이야기하는 거예요. 예수님은 속으로 이런 생각을 했어요. "유정이는 자기가 급할 때만 나를 찾는 아이구나." 유정이 같은 친구는 예수님을 급할 때만 필요할 때만 찾는 친구예요. 배가 많이 아플 때, 엄마 아빠에게 무슨 일이 생겼을 때, 급한 소원이 생길 때만 '예수님, 어디 계셔요?' 라고 찾는 거지요.

다른 친구 철이에게 예수님이 찾아가셨어요. 철이는 예수님을 맞이해서 거실에서 놀았는데 예수님이 자기를 타이르고 가르쳐 주니까 그만 반항심이 생기고 화가 났어요. 자기 마음대로 하고 싶은데……. 저녁때가 되어 가족들이 돌아올 때가 되었는데 철이는 예수님을 소개시키기가 싫었어요. 그래서 예수님을 베란다의 끝 부분 창고에 모시고 가서 잠깐 좀 여기 계시라고 말했어요. 하루 이틀이 지나가도 철이는 오지 않고 예수님은 그 더럽고 지저분한 곳에서 철이가 오기만을 간절히 기다리고 계셨어요. 철이와 같은 친구들은 예수님을 믿다가 마음이 변해서 교회 안 다니겠다고 예수님을 그만 믿겠다고 돌아가 버린 친구들이랍니다.

마지막으로 예진이에게 예수님이 찾아가셨어요. 예진이는 예수님을 반갑게 맞이했어요. 자기 집 구경을 다 시켜 주고 설명해 주고 자기 집의 제일 넓고 중심인 거실에 방석을 깔고 예수님을 앉혀 드리고 가족들 소개도 다 해 주었어요. 자기 방에 모시고 갔는데 예수님이 "예진아, 이 책은 네게 아주 해로운 책인데 버리면 좋겠구나." 하시면 "네 그럴게요." 하고 책을 버렸구요. 예진이가 "예수님, 이 책은 좋은 책이지요?" 하고 의논도 하고 "예수님, TV 보고 싶은데 어떤 프로를 보실래요?" 하고 이야기를 했어요. 예진이는 예수님이 너무 좋아서 예수님에게 같이 살자고 했지요. 예수님도 자기를 이렇게 기쁘게 환영해 주고 따뜻하게 대해 주는 예진이 집에서 함께 살겠다고 약속을 했어요.

이제 5명의 친구 중에서 예수님을 자기 마음의 가장 좋은 곳에 귀한 곳에 모신 친구는 누구인가요? (네! 예진이지요) 예수님은 지금 우리의 마음 문 밖에서 문을 두드리고 계신답니다. 그리고 예수님을 모셔들인 사람들에게 영원한 축복의 말씀을 들려 주시지요. 여러분 모두 예수님을 정말말 소중하게 모시고, 대접할 줄 아는 어린이로 자라나기를 바랍니다. 자, 다 같이 오늘의 말씀을 읽어볼까요? (계 3:20절 읽음)

1월30일 / 창 4:3-5
하나님의 규칙대로

우리가 모두 알고 있듯이 모든 운동경기에는 규칙이 있지요. 규칙을 어기면 반칙이라고 하는 것도 친구들 잘 알지요? 심판은 반칙하는 선수에게 Yellow card를, 어떤 경우에는 Red card를 보여서 경고를 주기도 하고 때로는 퇴장까지 명령하기도 해요.(직접 카드 2종류를 보여 주세요.) 규칙은 힘이 있답니다. 그런데 축구, 야구, 배구에만 규칙이 있는 것이 아니라 공깃돌, 윷놀이에도 규칙이 있어요. 그것뿐이 아니에요. 우리들이 사는 생활 속에도, 사람 사이에도 지켜야 할 규칙이 있고 하나님께 예배드리는 것도 정한 규칙이 있답니다.

두 형제가 있었습니다. 사이가 좋았던 형제였지요. 그 부모의 이름은 아담과 하와였습니다. 형 가인과 동생 아벨은 어린 시절부터 사이좋게 같이 놀고 장난치며 숨바꼭질도 하고 신나게 놀았습니다. 세월이 흘러 이젠 자라서 일을 할 만한 건장하고 우람한 청년이 되었어요. 형 가인은 들판의 곡식을 바라보면서 "아버지 전 농사를 짓고 싶어요. 씨 뿌리고 추수하고 그러는 것 너무 보람 있고 재밌어요. 저에게 농장을 주셔서 농사꾼이 되게 해 주세요."

동생 아벨은 "아버지! 저는 양을 키우는 일을 할게요. 양이 제 뒤를 쫄쫄 따라다니는 것이 너무 좋아요. 제가 양을 꼬옥 안고 있으면 제 품이 너무나 포근해요. 아버지, 저에게 목장을 주셔요. 열심히 양을 키울게요."

아담 아버지는 "그래, 너희들이 좋아하는 일 열심히 해 보렴. 그런데 다음에 하나님께 예배드리러 올 때는 빈손으로 오지 말고 꼭 양 1 마리를 들고 오너라. 깨끗하고 정성스럽게 양 1 마리를 들고 와야 한다. 그것이 하나님이 정한 규칙이란다." 라고 이야기 해 주었어요.

그 후 하나님께 예배드릴 때가 돌아왔어요. 형 가인은 "하나님의 규칙은 양 1마리로 예배드리는 것이라고 했지만 난 싫은데. 난 내 마음대로 내가 기른 밀과 보리와 곡식으로 예배드릴 거야. 하나님은 아무거나 받으실 거야." 가인은 성의 없이 자신이 가꾼 곡식 중 아무거나 가져와서 하나님 앞에 내어 놓았지요.

동생 아벨은 자기가 키우는 양들 중에서 며칠 동안 가장 깨끗하고 털도 고운 양 1마리를 선발했어요. 정성스럽게 목욕을 시켜서 예배 장소로 안고 왔지요. 그런데 아벨은 너무 놀랐어요. 이게 웬일입니까? 형 가인이 돌로 예배단을 쌓아 놓고 그 위에 곡식 단을 가득 펼쳐 놓고 있는 거예요. 아벨은 소리쳤어요. "형. 안 돼, 안 된단 말이야! 형! 하나님은 예물로 양 1 마리를 드리라고 했단 말이야. 그 곡식 빨리 내려 놓아야 해, 빨리. 자기 마음대로 예배드리면 하나님이 싫어하셔. 우리는 하나님의 규칙을 지키면 서 살아야 한단 말이야." 아무리 말렸지만 가인은 끝내 자기 마음대로 곡 식을 놓고 예배를 드렸어요.

어떻게 되었을까요? 하나님은 누구의 예물을 받으셨을까요? 하나님은 아벨의 예물을 기쁘게 받으셨지만 형 가인의 예물을 받지 않으셨어요. 가 인은 인류 역사상 하나님께 최초로 Red card를 받은 사람이 되고 말았 습니다.(레드카드를 보여 줌) 에고, 에고, 쯧쯧. 에덴동산에 쫓겨난 사람. 하나님의 규칙을 소홀히 했던 가인은 살던 곳에서 쫓겨났습니다.

이 세상 모든 사람들은 두 가지의 길 중에서 한 길을 선택하여 걸어가 고 있습니다. 하나는 하나님의 뜻과 규칙을 따라 걸어갑니다. 또 하나는 내 마음 내 뜻대로 걸어가는 길입니다. 사랑하는 친구 여러분, 여러분은 하나님이 정한 규칙대로 예배드리고 있나요? 지금 우리는 양 1마리를 들 고 나와서 예배드리지 않습니다. 그러나 하나님은 우리에게 예배 시간에 규칙을 주셨습니다. 겸손한 마음과 태도로 기도드렸나요? 힘차고 씩씩하 게 찬송의 예물을 드렸나요? 정성스런 마음으로 헌금을 드렸나요? 단정 하고 소중한 마음으로 하나님의 말씀에 귀 기울였나요? 하나님은 교회에 서 지금 드리는 예배를, 또 하나는 매일매일 생활 속에서 드리는 예배를 원하신답니다. 가정에서는 어떠한가요? 부모님의 말씀에 "네!"라고 순종하나요? 형제간에 서로 귀하게 여기나요? 예의 있는 말을 하나요? 학교에서는 어때요? 선생님을 존경하나요? 친구들과 고운 말로 얘기하나요? 먼저 양보하나요? 먼저 화해하나요?

예배를 드릴 때나 집에 있을 때, 사람을 만날 때나 학교에 있을 때, 여러분은 늘 하나님께 이렇게 여쭤보세요. "지금 이 시간 이 장소에서 어떻게 해야 하나님의 규칙대로 사는 건가요? 어떤 생각과 말과 행동이 하나님을 기쁘시게 하는 건가요?"

사랑하는 어린이 여러분, 하나님은 우리들이 하나님이 정한 규칙을 겸손한 마음으로 잘 지키며 살아가기를 원하십니다. 또한 우리들이 하나님이 정한 규칙을 잘 지키고 있을 때, 흐뭇하고 기쁜 마음으로 우리를 바라보고 계신답니다.

1월의 프로그램

1. "우리들의 비밀수첩" 만들기

"내 이름, 내 애칭과 별명, 내 주소, 내 E-mail, 나의 가족, 나의 희망, 어린 시절 제일 부끄러운 일, 교회에서 칭찬받았던 일, 나와 친한 친구, 제일 좋아하는 선생님, 내가 좋아하는 인기스타, 나의 취미나 특기…" 나를 알리고 싶고, 새 친구들에게 궁금한 것이 대충 이 정도 질문 내용을 복사한 여러 장(반 아이들 인원만큼)의 색지로 된 설문지를 준비하세요. 어린이들이 각자 자기소개의 설문지를 여러 장 적고, 한 장씩 나누어 가지세요. 그러면 반 친구들 숫자대로 각각 한 모둠씩 갖게 될 거에요. 친구들이 가져온 사진을 설문지에 적힌 이름에 맞게 오려붙이고 장식(스티커, 꽃, 그림)을 하여 수첩처럼 만들면 됩니다. 끝을 호치켓으로 찍거나 구멍을 뚫어서 리본테이프로 묶어도 좋지요. 이 수첩을 집으로 가져간 후에 친구에게 전화나 E-mail도 보내면서 서로 친해지도록 도와주세요.

2. "동네 한 바퀴"

어린이들은 신체적인 활동을 아주 좋아하지요. 반 친구들의 집을 한 바퀴 순례하도록 해 주면 겨울날의 좋은 신체 활동도 되고 서로 많이 친해지겠지요? 먼저 4절지 정도의 큰 종이와 사인펜을 각 반에 1장씩 줍니다. 어린이들은 누구네 집부터 시작할 것인가 차례를 정하고 출발합니다. 정한 순서대로 집을 찾아다니면서 큰 종이에 친구네 집을 표시하고 약도를 그려오게 합니다. 그냥 돌면 재미가 덜하니까 친구네 집 현관이나 대문에 다녀간 표시로 작은 깃발(이쑤시개로 만드는 초미니 깃발)을 꽂기로 미리 약속하세요. 그리고 꼭 친구네 방까지 밟아보는 것이 원칙입니다. 약도 옆에다 그 집 친구네 방의 특징도 적어 놓게 하세요(방이 지저분함, 침대 시트 분홍색임, 동화책이 많았음). 이때 간식은 아마 센스 있는 부모님들이 잘 해결해 주지 않을까요? 어린이들도 선생님들의 기대를 잘 채워주실 거예요.

이때 먼 거리에서 오는 어린이들 집을 방문하기란 조금 어렵지요? 이런 어린이들에게는 다음 기회로 미루고 스스로 자기 집을 소개하도록 해 보면 좋겠어요. 순례가 다 끝나면 큰 종이에 동네 약도와 친구들 집 표시가 삐뚤삐뚤 그려져 있을 거예요. 반 어린이들은 한겨울인데도 땀방울이 송골송골 맺히겠지요?

◎ 예비 프로그램 / "보물찾기"

　어린이들이 새해의 표어와 주제말씀을 외울 수 있게 하는 프로그램으로 실외에서, 교회 밖에서 '보물찾기'를 해 봅니다. 표어나 주제 성경요절을 단어별로 여러 개의 쪽지를 만들고, 교회 주변의 공원이나 골목길 여러 군데 구석구석에 숨겨 놓으세요. 단어쪽지에는 말을 만들기 쉽게 일련번호를 매겨 주면 좋겠습니다. (예: ①튼튼한 / ②믿음으로 / ③자라는 / ④예수님의 / ⑤어린이) 한 명이 번호대로 다 찾을 수는 없겠지요? 그러니까 친구들끼리 협동해서 찾은 쪽지를 서로 연결하고 함께 외워보는 시간을 갖습니다. 가끔 어떤 단어쪽지에는 단어 외에 특별 보너스도 넣어 주세요. 요구르트 1개, 초코파이 1개, 풍선 1개 등의 보너스가 있으면 교회로 돌아와서 그 쪽지와 교환할 수 있어요. 잘 암기한 내용을 교회로 돌아와서 확인을 받고 함께 체조나 에어로빅을 하면서 즐거운 시간을 가져 보세요. 친구들끼리 재미있게 몰려다니면서 자연스럽게 한 해의 표어와 성경말씀을 외울 수 있습니다.

교사를 위한 프로그램

1. 교사 신년기도회

이 날은 신년 새해맞이를 하면서 바로 시작되는 기도회입니다. 신임교사, 보조교사, 새로 임명된 교사들과 기존 교사들이 함께 머리를 맞대고 새해 설계를 하는 시간을 가집니다.

토요일 오후에 모두 모여서 진지하게 기도회를 가져보세요. 먼저 신년 예배에서 각자가 받은 말씀을 공개하고, 교사로서의 목표와 희망을 서로 나누고 기도해 주는 시간을 가집니다. 그리고 이때 서기교사는 각자 받은 말씀과 교사로서의 목표를 잘 적어놓았다가 교사 게시판에 교사들만 볼 수 있게 게시해 주세요. 또한 부서 공동체의 교육목표와 교육방침들도 함께 기도하고 교회를 위한 기도, 자기 반 어린이를 위한 기도도 합니다. 이런 시간들을 부장이나 교역자들이 진행하고 나면 이제 사회는 총무에게로 넘어옵니다.

총무는 무얼 할까요? 총무는 각 부서 조직과 맡은 일, 각종 통계나 자료에 대한 안내, 교사 회의나 모임 관련, 서류나 행정 안내를 브리핑하겠지요. 올해에는 예배 인도자를 매월마다 한 분씩 차례대로 세울 예정이므로 월 담당 교사를 선정하고, 또 매달마다 간식으로 섬길 당번 교사의 순서를 정해 보세요.

2. 교사 1일 MT

새해 첫 주일을 앞두고 거룩하게 기도회로 가졌다면, 둘째 주에는 화목과 친교를 위한 시간을 가집니다. 반나절 동안 또는 하루 동안 교회를 떠나 오붓한 장소로 이동해 보면 좋을 것 같아요. 오가는 차량 속에서 온갖 이야기를 하면서, 같이 밥도 해 먹고 즐길 수 있는 장소에서 몇 가지 단출한 프로그램을 갖고 서로를 더 깊이 이해하고 인정해 주는 시간을 즐겨 보세요. 3-4명씩 그룹지어 요리경연대회를 하는 것도 좋구요. 각 그룹마다 촌극이나 이스라엘 복장 패션쇼를 해 보는 것도 재미있습니다. 조별 프로그램이 끝나면 개인적으로 서로를 잘 알 수 있도록 10개 정도의 항목으로 설문지를 작성해보고 발표합니다. 너무나 익숙하고 식상한 질문이 아니라, 심도 있게 개인의 신앙과 인생 역정, 은사와 영향력을 이해할 수 있는 질문들이 필요합니다. 예를 들어, 가장 잊지 못하는 선생님은? 가장 많이 울어본 때는? 내 부모에 대해서 실망하고 환멸을 느꼈을 때는? 내 인생의 최고의 성취감은 언제였는가? 꼭 이것만은 나를 본받아도 좋다고 생각하는 자부심을 가질 만한 요소는 무엇인가? 내가 죽으면 가장 많이 슬퍼하면서 애통해 할 사람은 몇 명이나 되며 누구일까? 내가 좋아하는 단어 5가지와 그 이유는? 내가 가장 가 보고 싶은 나라는? 이런 질문과 답변 속에서 서로를 잘 알 수 있는 시간이 되기를 바랍니다.

3. 1월의 교사 월례회

교사 월례회마다 의례히 부장님이 당연히 우리를 대접해야 한다면 우리 부장님이 얼마나 부담이 되겠어요? 매달 월례회마다 간식을 접대하는 교사들은 제비뽑기를 하든지 자원하든지 하는 것이 좋을 것 같아요. 교사들에게 부담 지우기가 싫다면 방향을 학부모님이나 중직자들에게로 돌려보세요. 1년 12월이니까 12분의 섬김이를 기분 좋게 섭외하시면, 그분들도 기분 좋게 빵이나 떡이나 과일을 사 주실 거예요. 그렇게 먹을거리 문제를 해결해 놓고, 교사 월례회를 시작합니다. 1부 예배는, 기도와 찬송은 각 반 순서대로 돌아가면서 정하구요. 말씀은 교역자분이 짧은 설교를 하시고, 2부 월례회 순서는 그달의 진행된 상황 보고(인원보고, 회계보고, 행사보고), 다음 달의 행사 계획과 중요한 지침이나 준비사항을 점검하여 일을 분담하고 조정하세요. 3부는 기도회 시간입니다. 간절한 마음으로 기도하는 이 시간에 첫째는 다음 달 행사와 프로그램들을 위해서, 둘째는 각반 어린이들과 특별한 어린이들을 위해서, 셋째는 교사들의 기도제목을 함께 나누며 합심하여 기도하세요. 그리고 서로 손잡고 사랑의 찬송을 부르며 마칩니다.

예배 속에는 기쁨이 있어요

주일 아침, 차가운 겨울 날씨 속에서 교회로 달려오는 어린이들이 얼마나 사랑스러운지요. 이들을 위해 바쁜 발걸음을 옮기는 우리 교사들이 얼마나 귀하고 아름다운지요. 교사와 어린이들의 믿음의 집이 되고, 하나님의 집이 되는 우리 교회가 얼마나 자랑스러운지요. 하나님의 사람들, 복된 발걸음, 은혜의 발자국이 닿는 교회에서 우리들의 예배시간은 어떤 시간일까요? 우리들의 예배를 통하여 하나님의 사랑이 느껴지는 2월이 되기를 소망하면서 2월은 기도에 관한 설교와 예배와 관련된 프로그램으로 준비했습니다. 예배는 '사랑'이고 '기쁨'이고 '존경'이며 '선물'입니다.

주일	월	화	수	목	금	토
	1	2	3	4	5	6
7	8	9	10	11	12	13
14 설날	15	16	17	18	19	20
21 사순절1	22	23	24	25	26	27
28 사순절2						

2월의 교육계획서

● 2월의 교육주제 : 예배 속에는 기쁨이 있어요 (예배)

주일	설교	예배위원	성서학습	2부 순서	2부 담당	준비물	주간행사	기타
7일	사무엘상 3:10 "네, 저 여기 있어요"	기도 : ( )선생님 헌금 : ( )반	5과	x				겨울 성경학교 준비모임(1): 기획
14일 (구정)	사무엘상 23:1-5 "어떻게 할까요?"	기도 : ( )선생님 헌금 : ( )반	x	선생님께 예배하기, 반별 웅답놀이	( ) 선생님, 또는 ( )분과	세배방석 (교사들 세배준비), 반별 웅답놀이 말판과 윷		겨울 성경학교 준비모임(2): 분담
21일 (사순절 첫째주일)	사도행전 7:59-60 "용서해 주세요"	기도 : ( )선생님 헌금 : ( )반	6과	『옥의 티』를 찾아라	( )선생님, 또는 ( )분과	미리 준비한 비디오, 쪽지들	24(수)밤/ 2월 교사 월례회 겸. 겨울성경학교 최종모임	겨울 성경학교 준비모임(3): 점검

28일 (사순절 둘째주일)	출애굽기 17:10~11 "도와줄 수 있어요"	기도 : ( )선생님 헌금 : ( )반	7과	겨울성경 학교를 위한 예비모임 (반별)				겨울 성경학교 (28~3월1일)

* 2월의 예배 인도자는 ( ) 선생님, 월례회 간식 담당은 ( ) 선생님입니다.

* 이달은 어린이 생활기록부와 교사 기록부를 정비하는 달입니다. 교사들은 잘 적고 챙겨서 총무(서기)에게 제출해 주시기 바랍니다.

* 2월에는 설날이 들어 있어요. 이 날은 어린이들이 많이 결석할 것 예상되어 성서학습 수업은 없습니다. 그 대신 예배드리러 온 어린이들에게는 선생님이 세배를 받아보도록 하겠습니다. 작은 물질이든, 카드든, 약속의 말씀이든 덕담과 함께 준비하였으면 좋겠습니다. 세배 이후에는 반별 윷놀이를 합니다.

* 설날을 전후로 어수선한 명절 분위기에 반 분위기가 흐트러지지 않도록, 잘 집중될 수 있도록 기도해 주시기 바랍니다.

* 2월 28~3월 1(월)을 이용하여 겨울 성경학교를 가집니다. 주일오후부터 시작되는 겨울성경학교 일정을 참고하시어 프로그램 진행 담당교사와 준비물을 담당교사는 힘을 이루어 잘 준비해 주시기 바랍니다. 준비모임에 열심히 참석하여 함께 기도를 모을 수 있도록 해 주세요.

* 21일부터 사순절이 시작됩니다. 주님의 부활을 기쁘게 맞이하기 위해서 사순절을 경건하게 보내도록 준비하기를 바랍니다.

2월의 설교문

2월 7일 / 삼상 3:10

네! 저 여기 있어요!

　우리 친구들 중에 하루 종일 엄마랑 아빠랑 말 한 마디 안 하고 지내기 게임 같은 걸 해 본 친구 있어요? 하루 종일 가족과, 또 친구들과 말 한 마디 안 하고 입 다물고 지내는 것 쉬울까요? 네, 결코 쉬운 일이 아니지요. 말 많이 하고 사는 것이 훨씬 더 쉽지요?

　아주 오래 전에 이스라엘 나라에 한나라는 엄마가 있었어요. 아이 하나만이라도 낳게 해 달라고 하나님께 간절히 기도를 드렸어요. 한나는 마침내 그렇게 원하던 아이를 낳아 사무엘이 세 살이 될 때까지 집에서 곱게 키우다가 사무엘을 성전에 갖다 맡겼어요. 어려서부터 하나님의 성전에서 하나님을 잘 섬기며 자라라고. 사무엘은 1년에 1번씩 만나러 오는 엄마를 기다리면서 의젓하고 착하게 자라났어요. 자, 이제부터는 우리 친구들 귀를 쫑긋 세우면서 잘 들어보세요. 그리고 전도사님이 '엘리 제사장'이라고 말하면 왼손을 들고, '사무엘'이라고 하면 오른손을 번쩍 들었다가 내리는 거예요.

사무엘은 아주 똑똑한 어린아이로 자라났어요. 엘리 제사장의 심부름도 잘하고 어렸어도 성경말씀도 잘 배우고 외웠답니다. 나이 많아서 늙은 엘리 제사장은 사무엘을 볼 때마다 한숨을 쉬었어요. 왜냐하면 엘리 제사장에게는 두 아들이 있었는데 못된 짓만 하면서 하나님께 죄를 짓고 사람들을 속였거든요. 엘리 제사장은 너무나 단정하고 올바르게 하나님을 섬기는 사무엘을 보면서 "내 아들들이 사무엘 같으면 정말 좋을 텐데."하고 슬퍼했습니다.

어느 날 밤, 엘리 제사장은 자기 방에 가서 잠자리에 들었어요. 사무엘도 하나님의 법궤가 있는 하나님의 성전에 누워서 막 잠이 들려고 했습니다. 그런데 갑자기 "사무엘아! 사무엘아!" 하고 부르는 소리가 들렸어요. 사무엘은 막 뛰어가서 "네! 엘리 제사장님, 저를 부르셨어요?" 했어요.

엘리 제사장은 "아니야, 난 너를 부르지 않았다."라고 했어요. 사무엘은 다시 하나님의 성전으로 돌아와 누웠어요. 막 잠이 들려고 하는데 다시 "사무엘아! 사무엘아!" 소리가 들리는 것이었어요. 사무엘은 얼른 일어나 엘리 제사장 방으로 막 뛰어갔어요. 엘리 제사장은 사무엘에게 "아니야. 난 너를 부르지 않았다."라고 했어요.

사무엘은 '내가 잘못 들은 건가?' 라고 생각하며 다시 이불 속으로 들어갔어요. 그런데 이번에는 아까보다 더 크게 "사무엘아! 사무엘아!"라고 부르는 거예요. 사무엘은 '이번에는 분명히 맞다!' 하면서 엘리 제사장에게 달려갔어요. 엘리 제사장은 그때서야 깨달았어요. '아! 이건 하나님의 음성인가 보다.' 하면서 사무엘에게 "사무엘아, 이번에는 돌아가서 누워 있다가 또 너를 부르는 소리가 나면 "하나님, 저 여기 있어요. 하나님이 말씀하시면 제가 듣겠어요 라고 말해 보아라." 라고 일러주었어요.

사무엘이 돌아와서 누워 있었더니 엘리 제사장이 말해 준 대로 "사무엘아! 사무엘아!"라고 소리가 났어요. 사무엘은 너무나 긴장되어 가슴이 떨리고 음성도 떨렸지만 "하나님, 저 여기 있어요. 하나님이 말씀하시면 제가 듣겠어요."라고 했어요. 그러자 마자 곧 하나님의 음성이 들렸어요. "엘리 제사장의 두 아들은 아주 많은 죄를 지었기 때문에 벌을 받게 될 것이다."는 이야기부터 시작해서 그날 밤 사무엘과 하나님은 많은 이야기를 나누었답니다. 자, 여기까지에서 왼손 들기, 오른손 들기는 끝내는 겁니다.

여러분, 하나님이 사무엘을 몇 차례 불렀는지 아시지요? 소리 내지 말고 손가락으로만 저에게 정답을 말해 주세요. 한 번이면 손가락 하나 이런 식으로. 네, 하나님은 4번이나 사무엘을 불렀어요. 사무엘은 4번째에 가서야 "저 여기 있어요. 말씀하세요."라고 했던 거예요.

하나님의 자녀가 된 여러분에게는 엄청난 특권이 있답니다. 예수님을 믿지 않는 사람들은 아무리 갖고 싶어도, 아무리 노력해도 가질 수 없는 권리랍니다. 그것은 바로 기도하면서 하나님과 이야기할 수 있는 권리입니다. 하나님은 우리의 이름을 부르고 우리들에게 알려 주시고 하나님의 생각을 말해 주시기를 너무나 좋아하십니다. 또 우리들이 하는 이야기라면 어떤 것이든지 귀담아듣고 즐겁게 이야기를 들어 주시는 분이지요.

기도는 하나님과 이야기하는 것입니다. 하나님께 부탁하고 싶고, 이야기하고 싶고, 물어보고 싶은 친구는 언제라도 어디서라도 기도를 통해 하나님과 이야기할 수 있습니다. 여러분, 이야기를 많이 해야 친하게 됩니다. 이야기를 많이 하면 더욱 사랑하게 됩니다. 친한 사이에는 이야기하는 것이 너무나 즐거운 시간입니다. 언제든지 "하나님 저 여기 있어요. 저랑 이야기해요. 제가 하나님 말씀을 잘 들을게요. 하나님도 제 말 잘 들어 주실 거죠?" 라고 말하는 친구들이 되기를 바랍니다.

2월 14일 / 삼상 23:1-5
어떻게 할까요?

부모님과 함께 가족여행을 갔다가 길도 잃고 부모님도 잃어버렸다면 여러분은 어떻게 하나요? 아마 여러분은 길을 잘 알 것 같고 잘 가르쳐 줄 것 같은 사람을 찾을 것입니다. 어른이나 안내원, 혹은 경찰 아저씨에게 길을 물어보겠지요. 그런데 아장아장 걸어 다니는 3살이나 5살짜리 꼬마에게 "애, 나 길 좀 가르쳐 줘. ○○ 가려면 어떻게 하면 되니?" 라고 묻는 사람이 있을까요? 우리 친구들 가운데는 어린 꼬마에게 길을 묻는 어리바리한 친구는 없을 거예요.

우리는 살다 보면 이렇게 '어떻게 하지?' 하고 곤란하거나 누구에게 물어보고 싶을 때가 참 많이 있어요. 하나님께 질문이 많았던 사람, 바로 그는 기도대장 다윗입니다.

다윗은 유대의 이웃나라, 늘 괴롭히고 못살게 굴던 블레셋 군대를 물리치고 승리의 장군으로 돌아왔어요. 사울왕은 다윗이 점점 인기가 높아지니까 화가 나고 시기 질투가 생겼어요. 사울왕은 다윗을 죽이려고 군대를 이끌고 쫓아다녔습니다. 다윗은 계속 도망 다니는 피신자 입장이 되고 말았어요.

한번은 다윗과 그 부하들이 평화로운 농촌마을 그일라 지방에 피신하고 있었습니다. 하루는 부하들이 허겁지겁 다윗에게 달려왔어요. "큰일 났어요. 원수 같은 블레셋 군대들이 또 쳐들어왔어요. 그일라 사람들이 농사 지은 곡식을 다 빼앗아갔대요. 소나 나귀는 물론이고 염소도 다 끌고 갔대요. 장군님, 여기 있으면 우리도 위험해요. 빨리 도망을 가야 해요 . 빨리요." 다윗장군은 "어, 그렇게 서둔다고 될 일이 아닙니다. 하나님께 어떻게 하면 좋을지 여쭤보고 나서 행동하지요." 하더니 그 자리에서 조용히 무릎을 꿇었어요. "하나님, 블레셋 군대가 쳐들어왔는데 저는 어떻게 하면 되나요? 어떻게 하면 좋을지 알려 주세요."

하나님은 다윗의 기도에 응답하셨어요. "다윗, 너는 용감하게 블레셋 군대와 싸우도록 하여라. 틀림없이 너는 이기게 된다. 내가 너를 도울 테니 두려워말고 힘껏 싸워라. 이 동네 사람들이 빼앗겼던 곡식과 짐승들도 다시 찾아오게 될 것이다." 한참을 기도한 후에 일어난 다윗은 부하들과 동네 사람들에게 용감하게 싸워보자고 말했어요. 부하들은 "아이구, 장군님, 장군님도 아시잖아요? 블레셋 군대가 얼마나 센데요. 우리가 어떻게 블레셋 군대를 이길 수 있어요? 우리는 사람 숫자도 적은데 빨리 도망을 가야 해요!"

다윗은 다시 하나님께 기도하기 시작했어요. "하나님은 저더러 용감하게 싸우라고 하시지만 제 부하들은 반대를 해요. 도망가자고 아우성인데 하나님, 이럴 때는 어떻게 하면 될까요?" 하나님은 다윗에게 "일어나서 용감하게 싸워라. 내가 꼭 너를 도와줄 것이다. 반드시 이 전쟁에서 너는 꼭 이긴다." 다윗은 하나님의 말씀에 큰 용기를 얻고 부하들에게 하나님이 도와주신다고 자신 있게 말해 주었어요. 어떻게 되었을까요? 물론 크게 승리했답니다. 그리고 블레셋 군대에게 빼앗겼던 곡식과 소와 양, 나귀들을 다시 찾아왔지요.

다윗은 그 후에도 계속 사울 왕을 피해 다녀야 했어요. 사울왕의 군대가 다윗을 잡으려고 포위작전을 펴면 다윗은 "하나님, 저는 지금 포위당했어요. 저는 어디로 어떻게 도망을 가야 되나요? 제가 피할 길을 좀 가르쳐 주세요." 하고 기도했어요. 그때마다 하나님은 아주 자세하게 다윗이 피할 방법과 피신할 곳까지 말씀해 주셨어요. 사울 왕이 아무리 다윗을 잡으려고 애를 써도 그때마다 다윗이 "하나님, 어떻게 하면 될까요?" 기도했고 하나님이 가르쳐 준 대로 어느 때는 산골짜기에, 어느 때는 큰 바위 틈에, 또 어느 때는 동굴 속에 숨기도 했어요. 나중에 다윗은 이스라엘 나라의 두 번째 왕이 되어 나라를 잘 다스린 위대한 왕이 되었습니다.

하나님은 우리가 어떻게 할까요? 하고 물어보는 것을 너무너무 좋아하신답니다. 하나님은 우리와 이야기 나누는 것을 크게 기뻐하시거든요. 우리가 하나님께 질문을 하면 하나님은 굉장히 신나게 우리의 질문에 친절하게 답을 해 주십니다.

여러분, 어떤 것이든지 질문만 하면 가장 좋은 답을 주시는 하나님을 믿지요? 성경에 나타난 많은 위대한 인물들은 하나님께 늘 '어떻게 할까요?' 하고 물었습니다. 하나님께 자주자주 물어보고 의논하는 사람들은 위대한 사람이 됩니다. "어떻게 할까요? 무엇을 할까요?" 하고 하나님께 질문하기를 좋아하는 친구를 하나님은 기뻐하십니다.

2월 21일 / 행 7:59-60
용서해 주세요

여러분의 친구가 여러분을 괴롭게 하거나 약을 바짝 올릴 때에 여러분은 화가 많이 나지요? 갚아 주고 싶고 한 대 때려 주고 싶고 눈도 흘기고 싶고 크게 소리도 지르고 싶고 다른 친구에게 흉도 보고 싶고 그렇지요? 그럴 때에 여러분 마음에 조용히 이런 두 글자를 적어 보세요. "용서" 그리고 몇 번 마음속으로 읽어 보세요.

예수님이 하늘나라에 올라가신 후에 예루살렘에는 예수님의 제자들과 많은 사람들이 모여서 처음으로 교회가 생겼어요. 이 교회에 스데반이라는 집사님이 계셨는데요. 모든 사람들에게 칭찬받는 분이셨어요. 열심히 교회에 다니고 가난한 사람들을 도와주면서 시간 날 때마다 길거리에 나가서 전도를 하셨어요. "예수님은 하나님의 아들이에요. 예수님 믿어야만 천국갈 수 있어요. 하나님이 우리 죄를 용서해 주시려고 예수님을 보내 주셨어요. 여러분 꼭 예수님을 믿으세요."

그런데 많은 사람들은 스데반 집사의 말을 믿지 않았어요. 이상하고 황당한 말을 하고 다닌다고 오히려 스데반 집사님을 꾸짖기도 했어요. 그래도 스데반 집사님은 아주 용기 있게 예수님은 하나님의 아들이라고, 예수님 믿어야만 영원히 하늘나라에서 행복하게 살 수 있다고 말했어요. 사람들은 그래도 예수님을 안 믿겠다고 하면서 미워하기도 했어요.

사람들은 스데반 집사님을 예루살렘 성 밖 낭떠러지로 끌고 갔어요. 그 위험한 순간에 스데반 집사님은 조용히 기도하는 마음으로 하늘을 바라보고 있었어요. 그런데 이게 웬일인가요? 아주 멋있는 하늘나라가 보이더니 하나님이 예수님과 함께 계신 것을 보았어요. 스데반 집사님은 너무나 기뻐하면서 하늘에 있는 그 멋있는 환상에 대해서 이야기를 해 주었는데 사람들은 자기 눈에는 보이지 않으니까 믿지를 않았어요.

많은 사람들이 스데반 집사님에게 큰 돌멩이 작은 놀멩이를 들고 넌지기 시작했어요. 예수님은 하나님의 아들이 아니라고 하면서. 스데반 집사님은 그 자리에서 무릎 꿇고 기도하기 시작했어요. "하나님, 제가 아무리 예수님을 전해도 이 사람들은 믿지 않아요. 나를 돌로 때리고 죽이려고 해요. 하나님, 전 죽으면 천국 가니까 괜찮아요. 그런데 저 사람들은 자기들의 행동이 얼마나 큰 죄인지 모르고 있어요. 하나님 저 사람들의 잘못을 용서해 주세요."

여러분, 여러분은 이런 때 어떻게 했을까요? 나에게 던진 돌멩이를 그 사람들에게 다시 던질까요? 아니면 저 사람들을 혼내 달라고 벌 받게 해 달라고 기도했을까요? 그러나 스데반 집사님은 저 사람들을 용서해 달라고 기도했습니다. 스데반 집사님은 많은 돌에 맞아 피가 많이 흘러서 그만 죽고 말았어요. 스데반 집사님은 죽을 때까지 하늘의 환상을 보면서 기뻐하고, 자기를 향해 돌 던지는 사람들의 죄를 용서해 달라고 기도했습니다.

하나님이 아주 좋아하시는 기도는 겸손하게 용서를 구하는 기도입니다. 내 잘못도 용서해 주세요. 내 친구가 잘못한 것도 용서해 주세요. 그런 기도는 하나님의 마음을 너무나 기쁘게 만들지요. 하나님은 용서하는 것뿐만이 아니라 사랑도 넘치도록 주신답니다.

예수님도 십자가에 달려서 로마 군인들과 제사장들의 죄를 용서해 달라고 하나님께 기도하셨습니다. 여러분, 우리는 모두 예수님을 마음에 모신 예수님의 어린이, 예수님을 내 마음의 주인으로 모신 예수님의 어린이, 맞지요? 우리는 예수님의 기도처럼, 스데반의 기도처럼, 서로 용서해 달라고 기도해야 합니다. 용서의 기도 있는 곳에 사랑이 꽃피게 됩니다. 용서의 기도 있는 곳에 천국이 이루어집니다. 화가 날 때, 미운 마음이 들 때에 스데반 집사님의 용서의 기도를 마음에 담는 친구들이 되기를 바랍니다. 하나님은 우리가 "용서해 주세요." 라고 기도할 때마다 너무나 반가워하시고 그 기도를 기뻐하십니다.

2월 28일 / 출 17:10-11

도와줄 수 있어요

책 1권을 못 들어서 낑낑대면서 "엄마, 나 좀 도와줘요." 하는 그런 친구 있나요? 피아노, 컴퓨터를 한 손에 번쩍 드는 친구 있어요? 그런 무쇠

팔을 가진 친구를 저는 보지 못했어요. 무거운 물건, 힘든 일은 혼자 할 수 없어요. 그때마다 우리는 "도와줘요. Please, Help me. 같이 좀 하자."하고 다른 사람에게 이야기하지요. 그럴 때 쌀쌀맞게 "난 몰라, 네가 알아서 해. Do it yourself."라고 말하는 친구는 아마 없을 거예요. 누가 도와달라고 할 때 친절하게 "물론 도와드릴게요."라고 말하면 얼마나 고마워하겠어요?

이스라엘 사람들은 애굽 나라에서 400년이 넘는 세월 동안 애굽의 노예로 살았어요. 그러다가 하나님의 지시대로 아주 좋은 땅, 젖과 꿀이 흐르는 약속과 축복의 땅, 가나안으로 돌아가기 위해 애굽 땅을 출발하였습니다. 고생도 많고 아주 멀고 긴 여행이 시작되었습니다. 모세를 대장으로 세우고 아수 넓은 사막을 지나살 때였어요. 그 곳에 살던 힘이 센 아말렉 사람들과 전쟁을 하게 되었어요. 이스라엘 사람들은 칼도, 화살도, 무기도, 군대도 아무 것도 없었어요. 그런데 아말렉 사람들은 전쟁을 잘하는 힘센 나라 사람들이었거든요. 긴 여행길에 지친 이스라엘 사람들은 겁이 나서 덜덜 떨고 있었어요. 하나님이 모세에게 말씀하셨어요. "모세야, 너는 두 팔을 번쩍 들고 아주 간절히 기도하여라. 네가 기도하고 있을 때는 이스라엘이 이길 것이다" 이렇게 두 팔을 들고 기도하면 이길 수 있다니 얼마나 신나는 일이예요? 와우, 이것 참 신난다. (Wow, this is a wonderful thing.)

모세는 젊은이들을 뽑고 여호수아를 사령관으로 전쟁터에 내보냈어요. 그리고 모세는 전쟁터가 보이는 높은 산으로 올라가서 두 손을 번쩍 들고 기도를 시작했어요. 누가 이기겠어요? 물론 처음엔 이스라엘 사람들이 신나게 이기고 있었지요. 무기도 없었던 이스라엘 사람들이 힘센 나라 아말렉 군대를 이기는 기적이 벌어지고 있었어요. 어! 그런데요 갑자기, 계속 이기기만 하던 이스라엘 사람들이 점점 후퇴를 하고 아말렉 군대에게 밀리고 있었어요. 어머나! 이게 웬일인가요? (Oh! What happen to this?) 그 이유는, 모세의 팔이 내려와 있었던 것입니다. 오랫동안 팔을 들고 기도하려니까 팔이 너무 아파서 점점 팔이 아래로 내려왔던 거예요. 이 일을 어떻게 해요? 큰일이네! (Oh my God! what I have to do?)

모세 옆에 있던 모세의 형 아론과 친구 훌이 '좋은 방법 없을까?' 하고 주저앉아 손으로 턱을 괴고 생각에 잠겨 있었습니다. 한참 후에 아론과 훌이 갑자기 벌떡 일어나더니 소리를 치면서 "(Oh! That's good idea!) 좋은 생각이 났어, 이거야, 이거!" 환성을 지른 두 사람은 "우리가 모세의 손을 양 옆에서 들어 주면 되잖아!"

아론과 훌은 커다란 돌을 가져다가 모세를 앉게 하고 양 옆에 서서 팔을 들어 올렸어요. 당연히 이스라엘은 아말렉 군대하고 싸워서 크게 이겼어요. 하루 온 종일 모세의 곁에 선 두 사람의 도움으로 모세의 팔은 오랫동안 내려오지 않았어요. 두 사람은 모세의 팔이 아파올 때마다 주물러 주었어요. 두 사람이 도와주지 않았다면 모세는 계속 기도할 수 없었을 거예요.

하나님은 처음에는 모세 한 사람의 기도를 보시고 이기게 해 주셨어요. 나중엔 힘들어하는 모세를 도와준 두 사람, 아론과 훌의 기도를 보시고 약한 이스라엘 사람들이 아말렉 군대를 이기도록 해 주셨어요. 무거운 물건을 여러 사람이 함께 들고 도와주듯이 기도로 다른 사람을 도와줄 수 있어요.(I can help others with my pray.) 언제 도와줄 수 있나요? 친구가 아플 때, 다쳤을 때, 친구에게 무슨 일이 생겼을 때 기도로 도와줄 수 있어요. 우리 부모님이나 친척들, 우리 교회와 학교의 선생님들을 도와줄 수 있어요. 기도로 도와줄 수 있어요.(I can help others with my pray.) 또한 이 세상의 모든 사람들, 북한이나 아프리카의 어려운 사람들, 전쟁이나 지진이나 기상 이변 때문에 고통당하는 지구촌의 모든 어려운 사람들은 기도로 도와줄 수 있어요.

우리는 강한 사람이 약한 사람을, 가진 것이 많은 사람이 가진 것이 없는 사람을 도와주는 것이라고 생각하지요. 아니에요. 하나님은 가장 약한 사람도 남을 돕고 살 수 있다고 말씀하십니다. 우리 친구들은 어른들처럼, 힘도 없고 지혜도 없고 돈도 없어요. 그러나 다른 사람들을 기도로 도와줄 수 있어요. 다른 사람을 도와달라고 요청하는 기도, 다른 사람을 위하여 급하게 S.O.S를 보내는 기도는 하나님도 급하게 움직이시고 도와주신답니다. 여러분이 잘 아는 복음성가를 같이 불러볼까요?

"나와 같은 어린아이도 할 수 있어요. 하나님이 기뻐하는 일 할 수 있어요. 기도하는 일 나는 할 수 있어요. 나와 같은 어린아이도 할 수 있어요." (남을 돕는 일, 기도 돕는 일 등으로 가사를 바꿔서)

2월의 프로그램

1. "옥의 티"를 찾아라

사전에 어린이들의 예배 실황을 캠코더로 촬영을 미리 해 두시기 바랍니다. 모든 순서마다 가까이에서, 중간 정도의 거리, 먼 거리에서 등 여러 각도에서 촬영하고, 약간의 불필요한 부분은 편집 과정에서 삭제를 하는데, 이 비디오의 주안점은 예배드리는 태도입니다. 이 프로그램을 할 때, 어린이들에게 백지를 한 장씩 나눠 주고 비디오를 보여 주세요. 그리고 올바르지 못한 예배의 태도나 장면 등을 발견하는 대로 구체적으로 적어 보게 합니다. 예를 들어 '기도 시간에 떠든다, ○○가 ○○에게 무슨 얘기를 하고 있다, ○○가 기도 시간에 주보를 접고 있다.' 등. 누가 많이 예배 시간의 "옥의 티"를 찾았는지 알 수 있지요? '나에게도 그런 태도가 있었는지' 어린이들이 자신의 예배 태도를 생각해 보도록 하세요. "옥의 티"를 많이 찾은 어린이나 자신의 예배 태도에 제일 많이 반성하는 어린이에게 격려해 주십시오.

◎ **예배 반성문과 선언문 작성하기**

어린이들이 자신의 예배 태도 중에서 잘못된 점 5가지를 찾아서 반성과 후회의 내용으로 5줄을 작성하게 해 주세요. 빨간 색지에 적으면 레드 카드인 것 같아서 더 인상적이겠지요. 녹색이나 보라색 색지에는 예배에 대한 자신의 새로운 결심을 '새 5계명'으로 적어 보세요. 두 색지를 나란히 붙이고 그 종이를 성경이나 공과책에 붙여 놓고 자주 보도록 해 주세요.

◎ **"기도의 파노라마" 만들기**

기도의 다섯 손가락을 아시지요? (하나님, 감사합니다. 용서해 주세요. –주세요. 예수님의 이름으로) 여러 색지에 어린이들이 손바닥을 대고 여러 장의 손 모양을 그리고 오리게 하세요. 각각의 손가락에 해당되는 내용을 적어 보게 하세요. 엄지손가락에는 '하나님!', 둘째손가락에는 '감사한 내용'을, 중지에는 '용서받을 내용', 넷째 손가락에는 '하나님의 도움을 원하는 소원'을, 새끼손가락에는 '예수님의 이름으로 기도합니다.' 라는 내용을 한두 가지씩 쓰게 하세요. 여러 장의 손 모양에 여러 가지 내용으로 기도의 다섯 손가락 내용이 다 들어가게 되지요. 이렇게 써진 기도 손을 옆으로 계속 이어 붙여 보세요. 이 작품을 자기 방에 붙여 놓고 수시로 바라보며 이런 순서로 기도하라고 전해 주세요.

교사를 위한 프로그램

1. 겨울성경학교를 위한 교사 모임

(1) 2월 7일의 준비모임 ① : 기획과 기도모임

여름성경학교를 한 달, 두 달 준비하던 관습에 젖은 교사들은 겨울성경학교도 의례히 그래야 한다고 생각하기 쉽지요. 그러나 준비기간이 얼마나 많은가 보다는 실제적인 효율과 능률이 더 중요합니다. 이번 겨울성경학교는 작은 주제로, 장식이나 요란한 겉치레보다는 실제적인 내용과 프로그램에 더 중심을 둔다면 프로그램에만 집중하도록 하면 됩니다.

첫 번째 모임에서는 프로그램을 기획한 것을 서로 검토하고 수정하고 확정하는 것입니다. 또한 교사들이 어떻게 기도할 것인지, 기도제목과 기도방법을 결정하여 순서를 정하는 일이 두 번째 할 일이구요. 세 번째로는 어린이들 참여와 홍보의 극대화를 위한 의견수렴을 하는 것이지요.

(2) 2월 14일의 준비모임 ② : 분담 조율

　이 날은 설날 명절이므로 교사들도 일부는 참여하지 못할 수도 있습니다. 참석한 교사들만이라도 모임을 갖고 확정된 프로그램의 자료를 준비할 사람과 진행할 사람을 은사별로, 골고루 분담하는 회의를 하는 것이 좋습니다. 명절이라 참석하지 못한 교사들은 부득이하게 적당하게 배치하고 사후 동의를 얻어야겠지요?

(3) 2월 21일의 준비모임 ③ : 점검과 확인

　이 날은 프로그램의 내용과 준비와 진행자의 모든 상황을 점검하는 시간입니다. 혹시 빠진 것은 없는지, 추가해야 할 것은 없는지 꼼꼼하게 체크하고 점검하세요. 준비가 잘 된 만큼 여유롭고 안정되게 진행될 수 있습니다. 또한 각반 어린이들의 상황, 홍보 대책 등을 확인하고 보완할 것을 의논합니다.

(4) 2월24일 밤 준비모임 ④ : 합심기도회

　겨울성경학교라는 대사를 앞두고, 대과업을 위해 출정하는 군인들처럼 교사들이 함께 모여 기도회를 하는 시간입니다. 그동안 교사들이 릴레이든지 날짜별이든지 다양한 방법으로 기도의 띠를 이어왔고, 주일날의 준비 모임 때마다 합심하여 함께 기도했습니다. 이제 마지막으로 함께 모여 준비를 점검하고 오늘은 교사들과 어린이들을 위해, 부서의 부흥과 발전을 위해 깊게 뜨겁게 기도하여 전열을 가다듬을 수 있기를 바랍니다.

2. 2월의 교사 월례회

2월 28일과 3월 1일에 2일간 연이어 진행되는 겨울성경학교 관계로 2월의 월례회는 3월 첫 주로 미루어져서 평가회와 함께 진행될 것입니다. 간식 제공할 선생님은 3월 첫 주일에 준비해 주시기 바랍니다.

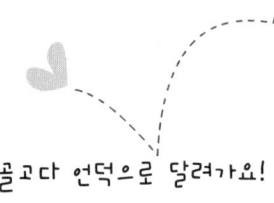

3월

골고다 언덕으로 달려가요!

　　새학기를 맞이하는 3월, 초등학교에 입학하는 새내기들과 한 학년씩 진급한 친구들, 모두들 마음에 긴장감이 돌 것 같습니다. 새봄이라고 하지만 아직은 바람이 차가운 이른 봄 날씨입니다. 이 차가운 꽃샘추위와 바람 속에서 십자가에 달리신 예수님을 잠시 생각해봅니다. 골고다 언덕의 예수님은 제자들의 배신과 베드로의 부인 속에서 얼마나 마음이 춥고 아프셨을까요? 골고다 언덕을 향해 달려가며 우리를 위해 십자가에 달리신 "고난"의 의미를 깊이 새겨보는 3월이 되기를 기도합니다.

주일	월	화	수	목	금	토
	1 삼일절	2	3	4	5	6
7 사순절3	8	9	10	11	12	13
14 사순절4	15	16	17	18	19	20
21 사순절5	22	23	24	25	26	27
28 종려주일	29	30	31			

3월의 교육 계획서

● 3월의 교육주제 : 곰고다 언덕으로 달려가요! (고난)

주일	설교	예배위원	성서학습	2부 순서	2부 담당	준비물	주간행사	기타
7일 (사순절 셋째 주일)	마태복음 21:12-13 "비둘기를 안고 깨끗하게"	기도 : ( ) 선생님 헌금 : ( )반	8과	x			겨울성경학교 자료와 사진 모음	2월 일례회 겸 겨울성경학교 평가회
14일 (사순절 넷째주일)	마가복음 14:3-8 "조금도 아깝지 않아"	기도 : ( )선생님 헌금 : ( )반	9과	'참 부끄러운 물건' 만들기	( )선생님 또는 ( ) 분과	우드락, 은박지, 색지, 눈의, 가시나무, 갈라믹스		
21일 (사순절 다섯째주일)	마태복음 26:69-75 "정말 모른다가요"	기도 : ( )선생님 헌금 : ( )반	10과	사순절 병풍 만들기	( )선생님 또는 ( ) 분과	스티로폼판, 밑그림, 미술도구, 절착테이프		

28일 (종려주일)	마태복음 27:38-46 "끝까지 참으신 예수님"	기도 : ( )선생님 헌금 : ( )반	11과	X	4월2일 성금요일 밤예배 준비	주일 오후 / 교사 월례회

* 3월은 사순절 셋째주일부터 종려주간 종려주일 동안, 그리스도의 고난을 같이 묵상하고 동참하는 "고난"의 기간입니다.

* 3월7일(주일) 오후에는 겨울성경학교 평가회 겸 2월 교사 월례회가 있습니다.

* 3월의 예배 인도자는 ( ) 선생님, 월례회 간식 제공자는 ( ) 선생님입니다.

* 3월의 예배 시간에는 조금 특별한 순서로 설교가 진행됩니다. 이를 위해 교사들의 도움과 협조가 정말 필요합니다. 소품들, 받은 어린이들 연습까지 반별로 분담하여 서로가 예배에 동참하고 만들어가는 사순절 예배가 되었으면 좋겠어요. 중무 선생님이 반별로 분담하거나 꼭 필요한 사항을 은사별로, 어린이별로 연락해 주실 것입니다.

* 교사들의 정건은 그대로 소리 없이 영으로 어린이들에게 전달이 되고 흘러갑니다. 받은 어린이들의 신앙 성장을 위하여 교사들이 먼저 습선수범하여 영적 성장의 깊이를 더해가는 3월이 되기를 기대합니다.

* 그러므로, 교사들은 3월 한 달 사순절을 어떻게 경건하게 보낼 것인지 하나님께 약속하고 실천 약속 3가지 이상 무록을 제출해 주시기 바랍니다. 임원단에서 이름 모아 교사시판에 게시할 예정이며, 열심히 '그리스도의 고난'에 동참한 교사들에게는 특별상을 드려서 희생과 수고에 보답하도록 하겠습니다.

* 5월에 있을 야외견학(아외 소풍) 장소에 대한 좋은 의견을 이견을 기다립니다. 3월 월례회 시간에 장소를 결정할 예정이니 좋은 정보 마련해 오시는 선생님은 간식이 두 배!! 장점이 두 배!!

3월의 설교문

3월 7일 / 마 21:12-13

뒤돌아보고 깨끗하게!

★ 말씀 선포 – 무언극 부분이 포함됨
준비물 / 대사는 설교자, 동작은 담당교사나 어린이 : 사전연습이 필요하다.
등장인물 / 예수님, 장사꾼 2인, 제자 2인

옛날 이스라엘 사람들에게는 아주 엄한 예배의 규칙이 있었습니다. 하나님이 정해 주신 규칙은 첫 번째는 예배드리기 위해서는 예루살렘 성전으로 모이는 것이었습니다. 멀고 먼 시골에서 가까운 도시까지 꼭 예루살렘으로 모여야 했습니다. 두 번째는 빈손으로 오지 않고 반드시 하나님께 드린 제물(동물)을 가지고 와야 했습니다. 사람들은 흠 없고 깨끗한 양과 소를 가지고 와야 했습니다. 사람들은 점점 꾀가 생겨서 무거운 양이나 소를 들고 오기가 싫었습니다. 그러다 보니 점점 성전 바깥에 장사꾼들이 생겼습니다. 사람들은 돈을 갖고 와서 성전 문 바깥에서 양이나 소나 비둘기를 사곤 했습니다. 나중에는 성전 안마당까지 와서 테이블을 놓고 장사하기 시작했습니다. 여기저기에서 사고파는 사람들의 고함소리, 양 울음소리, 비둘기 소리, 그러니 얼마나 시끄러웠겠어요?

(무언극이 진행되는 부분)

바로 이때 예수님과 제자들이 성전으로 들어오고 계셨어요. (예수님과 제자들이 통로를 따라 걸어오시는 장면을 재현한다) 양들과 비둘기 소리 때문에 (제자들, 귀를 막는 시늉) 좋지 않은 냄새들 때문에 (코를 막아 쥐고) 저절로 인상이 찌 뿌려졌습니다. (인상을 쓰는 모습) 거기다가 얼마나 비좁은지 장사하는 테이블 때문에 지나다니기도 힘이 들었습니다. (비좁은 길을 간신히 지나가는 모습) 예수님은 깊은 한숨을 쉬고 계셨습니다. (한숨 쉬는 모습) "하나님의 성전이 왜 이렇게 되어 버렸을까? 이건 아니야! 아, 이래서는 안 되지, 이건 아니야." (고민하다가 손을 내젓다가 다시 고민하는 모습)

예수님은 이런 성전을 보고 너무나 마음이 아팠습니다. "아, 아, 내 가슴이 너무 아프다."(가슴을 쓸어 쥐면서 아파한다) "이대로 둘 수는 없다. 하나님의 집, 교회는 거룩하고 깨끗해야만 해. 교회를 깨끗하게 해야겠어!" (결심했다는 표정과 주먹을 불끈 쥐고)

장사꾼들에게 성전 바깥으로 나가라고 말씀하셨습니다. (장사꾼들에게 손가락으로 지시하면서 나가라는 표현을 한다) 그런데 장사꾼들은 들은 척도 하지 않고 사람들을 불러 모았습니다. (예수님을 한번 쳐다보고는 다시 사람들에게 손짓하고 있다)

나중에는 예수님이 큰 소리로 꾸중하시면서 (장사꾼들에게 큰 소리 지르는 모습)

내쫓으셨습니다. (손으로 밀어낸다) 장사하는 테이블도 엎으시고 (테이블을 엎는 모습)

채찍으로 때리시며 몰아내었습니다. (채찍질하며 강하게 밀어낸다)

제자들도 예수님을 거들어서 장사꾼들을 내쫓았습니다. (제자들도 장사꾼들을 밀어낸다) 그리고는 그 넓은 성전 안을 제자들은 물을 뿌려가며 청소하기 시작했습니다.

(물 뿌리며 빗질하는 장면) 땀을 뻘뻘 흘리면서 먼지 속에서 청소를 했습니다.

(땀을 닦는 모습, 빗질하는 모습을 재현한다) - 잠시 후 예수님과 제자들 퇴장한다.

청소를 다 마친 제자들이 예수님께 물었습니다. "예수님, 아까는 정말 많이 화가 나신 것 같았어요. 왜 그러셨어요? 장사꾼들을 다 쫓아내고 이렇게 대청소를 하는 이유가 뭐죠?" 예수님은 간단하게 말씀하셨지요. 하나님의 집은 기도하는 집이라고 예배하는 집이라고요. 하나님은 하나님의 집이 깨끗하고 아름다운 것을 좋아하신답니다.

그런데 우리의 예배실은 어떤가요? 한번 둘러보세요. 주보를 접어서 혹시 비행기를 날리지 않나요? 여기저기 주보를 버리지는 않았나요? 과자 부스러기나 봉지들이 바닥에 있지는 않나요? 여러분의 의자가 삐뚤삐뚤하지는 않나요?

하나님은 하나님의 백성들이 깨끗하고 단정하게 예배드리는 것을 기뻐하십니다. 죄악과 아무 죄가 없으신 예수님은 함께 계실 수가 없어요. 우리 마음속에 죄가 있으면 예수님은 너무나 불편해 하시지요. "제발 너의 마음을 깨끗하게 해 다오. 나는 죄와 함께 살 수는 없단다." 라고 강력하게 요구하신답니다. 사랑하는 여러분, 깨끗한 예배실과 깨끗한 마음으로 예배하는 여러분들이 되시기를 바랍니다.

3월 14일 / 막 14:3-8

조금도 아깝지 않아

★ 말씀 선포 - 전반부 / 시각자료, 후반부 / 입체낭독
  준비물 / ① 시각자료
          ② 입체 낭독할 어린이 4명, 교사 2인 : 내용적은 편지지

여러분, 작은 물건 (학용품, 과자) 정도면 아마 친구들과 잘 나눠 쓸 수도 있을 거예요. 그렇지요? 그런데 만약 여러분의 집을 친구에게 준다거나 피아노, 컴퓨터를 친구에게 서슴없이 줄 수 있을까요? 여러분이 놀라

는 소리가 제게도 들렸어요. 그렇게 비싼 물건을 친구에게 주고 나서 아깝다고 후회하지 않을까요?

그런데 오늘 성경에는 예수님께 가장 비싼 향유를 아낌없이 부어 드리고 후회하지도 않고 아쉬워하지도 않았던 굉장한 한 여인이 있어요. 예수님이 베다니 마을에 가셨을 때입니다. 문둥병자였던 시몬의 집에 식사 초대를 받아서 그 집에 가셨어요. 제자들과 함께 유쾌하게 웃고 맛있게 식사를 하시고 계셨어요.

그때 방안으로 어떤 여인이 조심스럽게 살며시 들어섰어요. 그 여인의 손에는 향기 나는 기름(향수)을 담은 은빛 그릇이 들려 있었지요. 여인은 예수님 앞으로 다가가서 조용히 앉았어요. 그릇의 꼭지를 뜯고는 그 향유를 예수님의 머리에 붓기 시작했어요. 사람들은 너무나 놀라서 그만 말을 잊고 가만히 있었어요. 온 방안에는 향수 냄새가 진동을 했어요.

잠시 후에 제자들이 중얼거리기 시작했어요. "어, 이 향유 굉장히 비싼 건가봐. 향기가 벌써 다른 것과 너무나 달라." "이건 말이야. 최고급 나드 향유인 것 같아." "와, 이 향유는 부자들도 쉽게 살 수 없는 최고급품인데." "어떻게 이 여자가 이렇게 비싼 것을 살 수 있었지?" "그런데 이 향유를 예수님 머리에 부어버리면 어떻게 해!" "그래, 그래. 차라리 이 향유를 300 데나리온 넘게 팔아서 그 돈으로 가난한 사람을 도와주었더라면 좋았을 텐데, 그렇지?" "그럼, 그럼. 가난한 사람 도와줄 것을 그랬어."

수군거리는 말들을 들은 예수님은 "그 여인을 괴롭게 하지 마세요. 그 여인은 나를 최상으로 대접한 것입니다. 자기가 가진 것 최선을 다해서 나에게 최고의 존경과 사랑을 표현했습니다. 가난한 사람을 돕는 것도 중요한 일이지만 내가 죽을 것을 알고 값비싼 향유를 내게 부은 이 사랑의 행동도 너무나 귀한 것이에요."

그 여인이 산 나드 향유는 당시의 부자들도 사기 어려운 최고로 비싼 향수였습니다. 1년 동안 번 돈을 한 푼도 안 쓰고 모아야만 겨우 살 수 있는 것이었습니다. 여인은 자기 전 재산을 다 털어서 그 향수를 샀던 것입니다. 그 향수를 예수님 머리에 부어서 자기가 얼마나 예수님을 사랑하는지를 표현했습니다. 그리고는 "난 조금도 아깝지 않아!"라고 말했지요.

예수님은 자신의 생명을 우리에게 아낌없이 내어 주셨습니다. 온 몸의 피를 다 흘려서 우리를 구원하셨습니다. 예수님은 우리의 구원을 위해서라면 생명까지도 죽음까지도 아까워하지 않고 아쉬워하지 않고 다 주셨습니다. 이 여인도 자기가 가진 것 모두를 다 바쳐서 예수님에 대한 사랑을 표현했습니다. 여러분은 예수님께 드리기 아까운 것이 있나요? 하지만 사랑은 무엇이든지 주고 싶고 더 주고 싶어 하는 마음입니다. 여러분도 이 여인처럼 예수님께 가장 귀한 것을 아낌없이 드릴 수 있기를 바랍니다.

3월 21일 / 마 26:69-75

정말 모른다니까요!

★ 말씀 선포 - 일기 낭독 (또는 영상 자막 글씨로)
  준비물 / ① 그림 판 2 개 - 부엉이 그림, 인형그림
         ② 일기노트(영상 자막으로)

여러분, 이 그림 2개를 보고 낱말을 만들어 보세요. 어떤 단어가 나올까요? (부인) 네! 부인이란 단어가 나오지요. 부인(否認)은 모른다는 것을 인정한다는, 더 쉽게 말하면 "난 모른다. 난 상관없다." 라는 말이에요. 그러면 부인의 반대말은 무엇일까요? 네! 시인이라는 단어입니다. 시인은 알고 있다는 말이거든요. 시인해야 하는 것을 부인했다가 평생 마음속에 후회를 품고 산 한 남자의 일기노트를 살짝 공개해 보겠습니다.

"지금 난 일기를 쓰면서도 가슴이 너무 떨린다. 왜 그런 일이 생겼을까? 차라리 꿈이었다면. 어제 저녁, 예수님과 함께 겟세마네 동산에 갔었다. 예수님은 기도하시는데 난 왜 그리 졸리던지 정말 괴로웠다. 아무리 안 자려 해도 나의 눈은 감기고 고개가 자꾸만 아래로 떨어졌다. 가끔 졸린 눈을 떠 보면 저 멀리 예수님이 꼼짝 않고 기도하시는 뒷모습이 보였다. 잠시 후에 그 고약한 놈 유다 녀석이 로마 군인들을 데리고 나타났다. 그리고 예수님은 붙잡혀 가셨다.

예수님이 잡혀 가시면 나는 어쩌지? 예수님이 왕이 되실 줄로 알고 있었는데 난 예수님과 함께 다닌 제자인데 나도 붙잡아가지 않을까? 난 괜찮을까 고민이 되었다. 사람들이 나를 해치면 어떡하나 불안했지만 예수님이 어떻게 되셨는지 궁금했다.

나는 살금살금 예수님이 끌려가신 대제사장님의 넓은 뜰 안으로 들어가 보았다. 저기 저쪽에 예수님이 밧줄에 묶여서 병정들 사이에 앉아 계셨다. 어두운 밤인데도 그곳엔 사람들이 많이들 몰려 있었다. 그런데 분위기는 썰렁했다. 전에 예수님을 따라다니던 많은 사람들이 이제는 막 예수님을 흉보고 욕하고 있었다.

마당 여기저기에는 군데군데 모닥불이 피워져 있었고 사람들은 불가에 모여 있었다. 며칠 전에는 예수님이 성에 들어오실 때에 호산나를 부르고 요란스럽게 환영을 하더니 이렇게 예수님을 비난하고 사람들이 어쩜 그렇게 변덕을 부릴까, 나쁜 사람들이야.

나는 밤공기가 너무 추워서 모닥불 가에 앉았다. 거기에 앉아 있던 여자 종이 나에게 "당신도 저 예수를 따라다녔던 것 같은데."하면서 내 얼굴을 쳐다보는 것이었다. 아! 그 순간 나는 심장이 멈추는 것 같았다. '나는 이제 꼼짝없이 잡히는구나.' 공포감 속에 "아, 아니오. 난 그런 적이 없어요. 난 저 사람을 몰라요"라고 큰소리로 말했다. 두근거리는 가슴을 안고 가만히 앉아 있는데 잠시 후에 다시 또 다른 여자 종이 나에게로 다가왔다. "난 당신이 예수와 함께 다니는 것을 여러 번 본 적이 있어요. 당신 저 예수를 알지요?" 나는 놀라서 더 크게 "무슨 소리예요? 난 저 사람을 본 적이 없어요. 정말 저 사람을 몰라요"하고 외쳤다. 2번이나 예수님을 모른다고 소리치고 나니까 마음이 괴로워졌다.

그래서 예수님이 앉아 계신 곳을 뒤돌아보았다. 예수님은 나를 조용히 바라보고 계셨다. 그 슬픈 눈동자를 보고 나는 얼른 고개를 돌렸다. 그 곳을 빠져 나오려고 걸어 나왔다. 출입문 가에서 어떤 남자가 내 팔을 꽉 붙들더니 "당신, 거짓말 하지 마! 당신 예수의 제자 맞지? 아무리 봐도 당신은 예수의 사람이 분명해! 당신도 저 예수를 따라다녔잖아!" 라고 거칠게 말했다. 난 "저 사람 몰라요. 하늘을 두고 맹세하는데 난 저 사람을 본 적도 없어요. 정말 모른다니까요! 난 정말 저 예수하고는 아무런 상관이 없어요!"라고 소리를 쳤다.

그 순간 새벽닭이 우는 소리가 들렸다. 나는 순식간에 예수님이 하신 말씀이 생각났다. 아까 저녁 식사 하실 때에 "네가 오늘 밤 닭이 울기 전에 나를 세 번 부인할 것이다." 하셨는데. 난 다시 고개를 돌려서 예수님을 바라보았다. 예수님은 여전히 그 슬픈 눈으로 나를 바라보고 계셨다. 난 너무나 마음 아파서 울면서 그 뜰을 뛰쳐나왔다.

갈릴리의 가난하고 무식한 어부였던 나를 제자 삼아 주신 예수님, 베드로(반석)란 좋은 별명을 붙여 주신 예수님, 내가 거칠고 부족해도 사랑하고 인정해 주신 예수님. 내가 "몰라요, 모른다니까!" 하고 부인하다니 어떻게 내가 그럴 수가 있을까? 내가 "난 정말 몰라요. 저 사람을 몰라요." 라고 소리쳤던 그 음성이 자꾸만 내 귀에 메아리쳐 온다. 아~, 정말 어떻게 하지? 예수님은 얼마나 마음이 아프셨을까? 아, 난 정말 이제 어떻게 하나? 왜 내가 그랬을까. 난 바보, 멍텅구리, 겁쟁이이다. "난 예수님의 제자예요."라고 소리칠 것을. 왜 그랬을까. 왜 그랬을까."

여러분, 친구들에게 교회 열심히 다니는 것을 숨기지 않았나요? 전도하는 것이 부끄러워서 가만히 있을 때가 있었나요? 학교에서나 학원에서도 예수님 이야기 한 마디도 안 하고 있었나요? 그런 것은 바로 "나는 예수님을 몰라요, 나와 상관이 없어요."하는 것과 같지요. 여러분이 사람들 앞에서 예수님을 모른다고 하면 예수님이 얼마나 마음 아프실까요?

예수님은 여러분들을 위해 십자가에서 흘린 피를 자랑스러워하고 계십니다. 그리고 여러분들이 예수님을 마음껏 자랑하기를 원하고 계신답니다. 예수님이 구원받은 여러분들을 천사들 앞에서 자랑하고 여러분들이 세상 많은 사람들에게 십자가의 예수님을 마음껏 자랑한다면 여러분들의 마음속에 이미 천국이 와 있습니다. 여러분, 예수님을 많이많이 자랑합시다.

3월 28일 / 마 27:38-46
끝까지 참으신 예수님

1994년에 알프스 산맥의 마테호른 봉우리(해발 4,478m)를 정복했으며 1995년에는 아프리카의 최고봉인 킬리만자로(5,685m)를 정복한 사람이 있었습니다. 그는 외국인이 아닌 바로 한국인이었는데 '털보 산악인'으로 유명한 김태웅 씨와 두 아들이었습니다. 아버지와 12살 난 아들 인식이와 9살짜리 아들 영식이 3부자가 세계의 높은 봉우리를 정복했습니다. 등산인을 알피니스트라고 하는데 등산인에게 가장 고통스러운 것은 바로 저산소증입니다. 그것은 산 정상으로 올라갈수록 산소 층이 엷어져서 공기 중의 산소 부족으로 숨쉬기가 굉장히 어렵습니다. 그래서 산소통을 메고 올라가는 것을 여러분이 TV에서 보았을 것입니다. 또한 심장이 쪼개지는 것 같고, 온 몸의 근육이 산산이 찢기는 것 같은 통증을 느낀다고 합니다.

사람으로서 견디기 어려운 지독한 고통을 참아 내신 예수님이 계신 현장으로 자, 출발하겠습니다. 시간은 오전 시간, 그 찬란한 햇빛 속에 바위와 풀들이 있는 그 언덕에 십자가 세 개가 높다랗게 서 있었습니다. 많은 사람들이 웅성거리며 몰려들고 있었습니다. 예수님의 손과 발을 못 박으신 자리에서 예수님의 피가 계속해서 흘러내리고 있었습니다. 로마 군인들에게 채찍으로 맞은 상처와 십자가에 못 박힌 것 때문에 얼마나 온 몸이 아프셨든지 예수님은 가끔 몸을 흔들며 경련을 일으키시고, 가느다란 신음소리만 계속 흘러나왔습니다. 십자가 아래에는 예수님의 피가 고여서 핏물이 넓게 번져가고 있었습니다. 예수님은 온 몸이 다 벗겨져 있었습니다. 온 몸에 옷 하나도 없으니 예수님 마음은 어떠했을까요?

골고다 언덕까지 오기 전에 예수님은 많은 조롱과 놀림을 받으셨습니다. 견디기 어려운 수치스러운 일도 당해야 했습니다. 로마 군인들은 예수님의 머리를 갈대로 툭툭 치면서 장난을 치면서 예수님 얼굴에 침을 뱉었습니다. 그리고는 '이게 하나님의 아들의 얼굴이란 말인가? 하하하!' 가시나무로 면류관 모양으로 엮어서 예수님 머리에 씌우고 갈대를 예수님 손에 억지로 들게 하고 '아, 자칭 유대인의 왕이십니까? 평안하세요? 하하하!' 라고 놀려대었습니다. 예수님은 그 수치와 모욕과 조롱을 꾹 참고 계셨습니다.

십자가에 달려서 피를 흘리고 계신 예수님께 "네가 만일 하나님의 아들이어든 자기를 구원하고 십자가에서 내려오라."고 대제사장들과 서기관들이 놀리고 유혹을 하고 있습니다. 그러나 하나님과 예수님 사이의 약속은 예수님이 가장 비참한 죄인의 모습으로 십자가에 죽으시고 그 피로 모든 사람의 죄를 용서해 주시기로 했던 것입니다. 그런데 대제사장들과 서기관들은 하나님과의 약속을 깨라고 계속 예수님을 유혹하고 있었습니다. 인류를 구원하시려는 하나님의 계획을 중단하고 내려오라는 무서운 유혹입니다.

여러분, 만약 예수님이 그 유혹에 져서 십자가에서 내려와 버렸다면 우리는 어떻게 되었을까요? 예수님의 십자가는 구원의 최후의 수단이고 마지막 방법이었습니다. 모든 사람의 구원을 포기하라는, 십자가에서 내려오라는 그 오랜 시간 동안의 유혹에서 예수님은 이기셨습니다. 결코 십자가에서 내려오시지 않았고 끝까지 견디시다가 십자가에서 죽으셨습니다.

예수님은 하나님과의 약속을 지키셨습니다. 그리고 우리는 구원을 얻었습니다. 등산인이 정상에 오르면 그동안의 모든 고통을 잊고 즐거워하고 자랑스러워합니다. 예수님은 지금 하나님 보좌 우편에서 그렇게 즐거워하시고 자랑스러워하십니다. 히브리서 12장 2절에 "저는 그 앞에 있는 즐거움을 위하여 십자가를 참으사 부끄러움을 개의치 아니하시더니 하나님 보좌 우편에 앉으셨느니라" 예수님은 지금 이렇게 말씀하고 계실 것입니다. "내가 너희의 구원을 위하여 십자가에서 죽었노라. 6시간 동안의 그 지독한 고통과 아픔을 너희를 위하여 참았노라. 이제 내가 구원의 열매들인 너희 때문에 이렇게 영원토록 기뻐하고 즐거워하고 있노라."

요한복음 13장 1절에 보면 "세상에 있는 자기 사람들을 사랑하시되 끝까지 사랑하시니라"고 말씀하셨습니다. 우리를 끝까지 사랑하시고 구원을 이루기 위해 죽기까지, 끝까지 참으신 예수님을 생각하면서 우리 친구들도 작은 유혹 하나라도 물리치고 참고 믿음으로 이기고 살기를 바랍니다. "좀 더 자자, 좀 더 더 있다가 가자, 교회 좀 늦으면 어때? 좀 지각해도 별 일 아니야, 학교도 아닌데." 또는 "예배 시간에 대충대충 예배드리면 어때! 꾸중 들을 일도 아닌데, 조금 떠드는 정도는 아무려면 어때?" 또는 "성경이나 찬송가 그것 무거운데 가져가지 말자. 오늘은 빈손으로 교회 가도 괜찮겠지?" "성경 안 읽고 말씀대로 안 살아도 별일 없잖아. 맘대로 욕을 한 번 해 볼까? 저 애 뒤통수를 뒤에서 한 대 그냥." 하는 유혹이 생깁니까?

유혹이나 고통을 끝까지 참지 못하고 중단한 사람에게는 후회와 부끄러움이 남습니다. 그러나 끝까지 참고 견디어 낸 사람에게는 영원한 즐거움과 보람과 기쁨이 있습니다. 유혹의 순간마다 고통의 순간마다 끝까지 참으시고 유혹을 이기신 예수님을 기억하면서 부활절을 기다리면서 살기로 해요.

3월의 프로그램

1. '참 부끄러운 물건!' 만들기

사순절을 생각하면 떠오르는 물건, 예수님의 고난과 관련 있는 물건들을 만들어 봅니다. 먼저 벽에 우드락이나 하드보드지 전지로 크게 공간을 만들어 주시고 한 칸에 한 인물씩 그림을 그려 주세요. 가룟 유다, 베드로, 예수님, 로마병정들, 이스라엘 사람들, 이렇게 다섯 종류의 인물을 다섯 칸에 너무 크지 않게 그려 주세요. 어린이들을 다섯 그룹 정도로 나누고, 유다 그룹에 속한 어린이들은 유다가 예수님을 팔고 받았던 은 30개를 만들어 봅니다. 우드락을 동전모양으로 자르고 은박지(쿠킹 호일)로 감싸고 이 은박지 동전들을 본드나 글루건으로 유다 그림 옆에다 붙여 주세요. 선생님이 부직포로 동전주머니(복주머니) 모양을 한 개만 크게 만들어서 동전들 옆에 붙여 주시면 더욱 좋습니다. 베드로 그룹에 속한 어린이들을 색지로 닭을 여러 마리 만듭니다. 노란 색지에 닭을 오리고 '눈의'를 한 개 붙이시고 빨간 색지로 닭 벼슬을 만들어 머리에 얹어 주면 완성. 닭 여러 마리를 베드로 옆에 붙이면 되지요.

예수님 그룹에 속한 어린이들은 가시나무로 머리에 쓰는 관을 여러 개 만들어 예수님 머리에 한 개, 발치 주변에 가시관을 붙여 놓으면 됩니다. 로마 병정에 속한 그룹은 칼라믹스로 망치와 못을 많이 만들어서 붙이면 됩니다. 이스라엘 백성들에 속한 그룹은 주먹 쥔 손이나 집게손가락을 쳐든 손 그림을 자신의 손에 대고 오리고 손 모양 그림 안에 "예수님을 못 박으시오. 십자가에 못 박으시오!" 대사도 적어 넣으세요. 이 손 모양을 붙이는데 여러 개의 손가락 방향이 일제히 예수님을 향하도록 붙이는 신중한 배려가 필요합니다. 이 프로그램을 하는 동안 예수님의 수난에 대한 찬송가나 복음성가를 CD나 Tape로 들려 주면 더 좋은 효과가 있을 것입니다.

2. 사순절 병풍 만들기

사순절 기간 동안 큰 병풍을 만들었다가 부활주일이나 종려주일 예배 시간에 예배 소품이나 장식으로 사용하면 좋습니다. 이 프로그램은 반별로 하는 협동 프로그램이며, 준비물은 병풍 한 폭 크기의 두꺼운 스티로폼 판 여러 개, 밑그림 여러 장, 연결할 수 있는 청테이프와 강력한 접착테이프, 밑받침으로 필요한 각목 등입니다. 매직으로 선만 그린 밑그림은 예수님의 마지막 일주일간의 행적에 대한 그림입니다. 예루살렘 입성, 성전 청소, 바리새인들과의 논쟁, 한 여자의 귀한 선물, 유월절 만찬, 세족식, 겟세마네 동산에서의 기도, 유다의 배신, 빌라도 앞에서, 십자가상의 예수님 등입니다. 한 그룹이 밑그림 한 장씩을 맡아서 색연필이나 물감으로 칠하고, 모자이크 식으로 찢어 붙여도 됩니다. 스티로폼 판에다 직접 그림을 그리기는 어렵거든요. 스티로폼 판을 다소 진한 접착 시트로 발라 놓고 큰 종이에 그린 밑그림을 어린이들에게 주세요.

완성된 그림을 스티로폼 판에 붙여서 병풍 한 폭을 만들고 여러 장을 병풍처럼 연결시키면 됩니다. 처음에는 그림 붙은 스티로폼을 두 장 놓고 뒷면을 청테이프로 붙이고 다시 한 장을 더 붙일 때는 앞면에서 붙이고 이런 식으로 하면 접이식 병풍이 완성됩니다. 병풍이 다 완성되면 이제는 지탱하는 것만이 문제로 남습니다. 이때는 병풍의 한 폭 가로와 같은 길이의 나무 각목을 본드로 스티로폼 판과 접착을 시키면 고정이 됩니다. 완성된 병풍을 종려주일이나 부활절 예배에 사용할 수 있습니다.

◎ 사순절 달력 만들기

먼저 사순절 동안의 달력을 복사해서 나누어 주고 어린이들이 40일 동안 스스로 절제할 것과 성경 읽는 범위들을 매일매일 달력에 적어 보게 합니다. 어린이들이 스스로 어떻게 해야 할 것인지 정하기는 어렵습니다. 선생님이나 진행부에서 다양한 예시를 해 주면 어린이들이 선택할 수 있습니다. 예를 들어서 '오늘만은 과자나 군것질을 절대 안 한다. 오늘은 저녁에 잠들기 전에 친구 전도를 위해 기도한다. 오늘은 마가복음 11장

27-33절을 읽는다. 오늘은 어제 읽은 성경을 정성들여 써 본다. 가족들과 함께 가정예배를 드린다. 오늘은 새벽기도회에 참석한다. 등' 특히 성경읽기나 성경쓰기는 어린이들이 부담가지지 않도록 2-5절 정도만 범위를 정하고, 신약의 누가복음이나 마가복음의 예수님 일생에 관한 성경 구절이 좋습니다.

이렇게 스스로 작정한 사순절 달력을 집으로 가지고 가서 매일매일 실천하고 있는지 부모님의 사인이나 칭찬의 말을 기록하여 오게 하고 주일날 교회에서 선생님께 확인 스티커를 받게 하여 사순절을 보냅니다. 부활절이 지나고 성실하게 잘 해 온 어린이들에게 시상을 해 주면 어린이들이 보람을 느낄 것입니다. 온 가족이 경건하게 사순절을 지낼 수 있도록 좋은 신앙교육의 기회로 삼으시기 바랍니다.

◎ 성 금요일 "고난의 밤, 용서의 밤"

대부분 교회에서는 성 금요일 날 어른들을 위한 특별한 예배와 기도회가 있습니다. 이 성금요일 밤, 어린이들을 교회로 불러 보면 어떨까요? 가족들과 함께 교회에 와서 어른들이 예배드릴 때에 어린이들만 별도의 공간에서 별도로 준비한 프로그램을 합니다. 먼저 차분하게 고난에 관계된 찬양을 몇 곡 배운 다음 "예수" 영화를 상영합니다. 예수님이 예루살렘에 입성하신 다음부터 십자가에 못 박히고 숨지시는 장면까지만 상영하고 영화가 끝나면 바로 준비한 십자가 앞으로 모두 모입니다. 이 십자가는 예수님의 피를 상징하는 빨간 물감이 칠해져 있습니다. 이 십자가 밑에는 비닐을 깔고 빨간 물감을 흥건하게 많이 풀어놓아서 예수님이 흘리신 피를 연상하게 해 줍니다.

　십자가 주변에서 준비된 종이에 죄를 고백하는 내용을 적게 합니다. 이때 영화의 장면을 다시 보여 주거나 고난에 관련된 찬송 테이프를 들려 주어도 좋습니다. 어린이들이 자신들의 죄를 고백한 쪽지를 십자가 밑에 흥건하게 고인 핏물(물감)에 적셔 놓고 세족식을 합니다. 선생님들은 "예수님이 우리의 죄를 다 씻어 새사람을 만드셨으니 이제 선생님이 너희들을 그 사랑으로 씻겨 준다."고 말하고 어린이들을 의자에 앉히고 밑에 엎드려서 정성껏 발을 씻어 줍니다. 이때 진행자인 교사나 전도사님이 어린이들이 산만하고 떠들지 않도록 세족식의 의미를 설명하는 멘트를 들려 주면 좋겠습니다.

교사를 위한 프로그램

1. 겨울성경학교 평가회

흔히들 평가회라고 하면 회식하는 시간으로 생각하기 쉽습니다. 회식 자리에서 먹으면서 수고함에 대한 위로와 감사와 격려를 나누는 것도 의미가 있지요. 그러나 더 나은 교육을 위하여 심도 깊은 평가와 분석이 이루어진다면 더욱 좋은 자리가 될 것이라고 생각합니다. 보통의 경우에는 음식점에 가서 먹다 보면 분위기가 집중이 안 되고, 한 분이 어떤 프로그램 이야기만 하면 연속해서 그것에 대한 화제가 줄을 잇더군요. 그래서 여러 분야의 사항을 골고루 평가하지 못하고 지엽적인 것만 건드리게 되고, 평가회의 본질은 흐지부지되고 먹고 떠들다 보면 평가회는 끝나 버립니다.

이러한 평가회를 지양하고 다양한 것을 검토하려면 이런 방법이 좋을 것 같습니다. 일단 모여서 준비된 설문지를 작성해 보는 것입니다. 다양한 검토와 평가 항목을 표로 만들어서 평가점수와 평가의견을 골고루 적어 봅니다. 프로그램에 대한 평가와 아울러 진지하게 적어서 제출하고 음식점으로 이동하여 마음껏 먹고 수고한 교사들을 격려하고 칭찬 릴레이를 해 보는 것은 어떨지요?

다음 주에 통계를 내어 게시하여 여러 교사들이 볼 수 있도록 하구요. 이 평가서 모음과 통계자료를 잘 보관하여 두면 다음 해에는 조금 더 발전되는 부서의 교육을 시도할 수 있을 것입니다.

2. 교사 월례회

이번 3월은 사순절을 보내는 달이지요? 교사들 중 한 분에게서 신앙 간증을 들어보면 좋겠습니다. 교사들 중에서 제일 연장자이든지, 자원하는 교사든지 한 분에게서 예수님을 알고 믿게 된 동기, 구원의 간증과 그이후의 생활 속에서 체험한 은혜의 간증들을 들으며 함께 하나님께 영광을 올렸으면 합니다. 또는 교사교육의 연장선상에서 작은 세미나를 열어서 미니 특강을 들어 보는 것도 좋습니다. 자원하는 교사 한 명이 미리 책을 읽고 요약 정리하여 세미나 준비를 해 오시면 됩니다. 교사들에게는 요약 내용을 프린트물로 나누어 주면 더 좋지요. 3월 월례회시간에 특별 순서로 미니 세미나를 진행하실 선생님은 (   )이며, 제목은 "어린이가 꼭 필요로 하는 일곱 가지"입니다. 참고 도서는 『어린이가 꼭 필요로 하는 일곱 가지』, 존 드레서 지음, 김인화 옮김, 생명의 말씀사입니다

4월

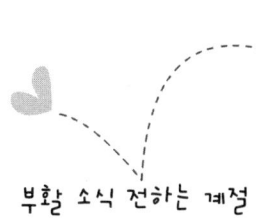

부활 소식 전하는 계절

4월이 되면 날씨는 점점 따뜻해지고 교회학교가 힘차게 약동할 수 있는 시기입니다. 예수님이 무덤에서 부활하셨던 것처럼 아동부도 힘찬 도약을 위해 일어나 걸어야 할 때입니다. 그래서 활기차고 신나는 4월을 보내기 위해 '전도'를 주제로 하였습니다. 친구를 전도하며 친교를 나누며 즐거운 4월이 되기를 바랍니다. 부활하신 예수님과 동행하는 길이 되기를 기도하면서 출발! 전진! 친구들 앞으로! Go! Go! Happy Together!

주일	월	화	수	목	금	토
			1	2	3	
4 부활주일	5 식목일	6	7	8	9	10
11	12	13	14	15	16	17
18	19	20	21	22	23	24
25	26	27	28	29	30	

4월의 교육계획서

● 4월의 교육주제 : 부활소식 : 부활소식 전하는 계절 (전도)

주일	설교	예배위원	성서학습	2부순서	2부담당	준비물	주간행사	기타
4일 부활주일	마태복음 28:1-6 "나는 부활을 믿는다"	기도 : ( )선생님 헌금 : ( )반	x	부활찬양 부르기 대회(반별)	( ) 선생님, 또는 ( ) 분과	어린이들- 헌옷종류, 부활절카드, 아동부- 영상, 전도지, 포장된 계란, 반사상품, 예찬식용 배설기떡과 포도주스, 그릇들.	4월: 선생님들은 4월 한 달동안 반대심방을 해 주세요. 주중이나 주말 시간을 이용하시기 바랍니다.	4월2일/ 성금요일 밤예배
11일	열왕기하7:9 "빨리 소식을 전해야지"	기도 : ( )선생님 헌금 : ( )반	12과	전도 복주머니 만들기	( ) 선생님, 또는 ( ) 분과	한지, 바늘, 실, 편지, 리본테이프, 간식류, 교회안토록지		

날짜	제목 / 본문	기도 / 헌금	과	"꿈고" 기도회	반 교사	이름카드, 사진기	새 친구	오후/ 교사월례회
18일	에스겔 3:16~19 "우리는 파수꾼"	기도 : ( )선생님 헌금 : ( )반	13과			이름카드, 사진기		교사월례회 (준비물: 어린이 주일 축하카드)
25일	사도행전 16:30~32 "어디에서나, 누구에게나"	기도 : ( )선생님 헌금 : ( )반	14과	모여, 모여, 다 모여!!	( ) 선생님. 또는 ( ) 분과	종이사진 az롤, 사진, 비크레이션, 반별로 간단한 요리	새 친구 명단과 연락 열심히 하기	

* 4월의 첫 주일은 부활주일입니다. 이 날은 계단포장과 부활주일 예배 장식과 예배 순서 준비 등 많은 준비가 필요한 주일입니다. 그래서 3일(토) 오후부터 선생님들이 모여서 함께 준비하려고 합니다. 흥겹게 함께 예배 일을하고 협탁하면서 우리 부서의 함과 화목을 길러나갈 수 있도록 그날은 모두 오세요! 먹는 것도 물론 풍부합니다.

* 사순절을 경건하게 잘 보냈다고 칭찬해 주고 싶은 교사는 3월 월례회에서 추천하여 부활주일에 시상해 드립니다.

* 4월의 예배 인도자는 ( ) 선생님, 월례회 간식 제공은 ( ) 선생님입니다.

* 4월은 어린이들에게는 "전도"에 대해서, 선생님들에게는 "반 어린이 대심방"을 강조하려고 합니다. 4월내에 각 반의 어린이 심방을 반별로 마치고 교역자에게 심방 보고를 해 주시기 바랍니다.

* 새 친구, 잘 안 나오는 어린이들에게 관심 갖고 전화하고 만나 주세요.

* 5월에 있을 야외견학(소풍) 장소는 ( )로 확정하였습니다.

4월의 설교문

4월 4일 / 마 28:1-6

나는 부활을 믿는다

　　예수님이 돌아가신 후 3일째 되는 날 새벽, 이상한 일이 생겼습니다. 땅이 흔들리는 지진이 나고 예수님의 무덤이 있던 동굴도 흔들거렸습니다. 하늘에서 천사가 내려오더니 무덤을 막고 있던 굉장히 큰 바윗돌을 굴려 버렸습니다. 돌로 굳게 막혀 있던 무덤이 열려졌습니다. 무덤을 지키고 있던 군인들은 너무나 놀라서 그만 기절해 버렸습니다. 그리고 그대로 잠이 들어 버려서 꼼짝도 안 했습니다.

　　예수님은 다시 살아나셔서 무덤을 걸어 나오셨습니다. 그 무덤에는 예수님의 시체를 쌌던 흰 천만 남아 있었습니다. 바로 그때, 막달라 마리아와 다른 여자 두 명이 무덤에 찾아왔습니다. 여자 세 명은 그만 너무 놀라서 발을 멈추고 서 버렸습니다. 무덤은 열려져 있고 군사들은 기절해 있었고 예수님은 거기에 안 계셨습니다.

놀란 세 여자에게 천사가 나타나서 예수님이 살아나셨다고 얘기해 주었습니다. 예수님이 살아 계실 때에 죽은 후 삼일 만에 다시 살아날 것이라고 하셨던 약속을 분명히 지키셨습니다. 예수님은 다시 살아나셨습니다. 여러분, 예수님의 부활은 무슨 의미일까요?

첫째로 우리의 모든 죄가 깨끗이 용서되었다는 의미입니다. 죄를 지으면 죽게 된다는 하나님의 심판의 법이 있었습니다. 죄와 죽음은 항상 같이 붙어 다니는 말이었지요. 부활하신 예수님은 그 죄와 죽음의 연결고리를 끊으셨습니다. 이제는 죄 때문에 하나님께 심판을 받는 법에서 예수님께서 대신 죽음으로 죄의 저주를 끊으셨습니다. 이제는 구원과 영생의 새 법이 생겼다는 의미이고 새로운 약속입니다.

둘째로 하나님의 새로운 구원 계획이 생겼다는 약속입니다. 이제는 어린양의 피 대신에 예수님의 피로 구원받는다는 하나님의 구원 계획이 완성되었습니다. 이제는 행동이나 율법이나 어린양의 피의 제사로 구원받지 않고 예수님을 믿고 구원받는다는 약속이 생긴 것입니다.

셋째로 천국과 영생의 약속이 확실하다는 의미입니다. 예수님은 부활하셔서 하늘나라로 돌아가셨습니다. 예수님이 하늘나라로 돌아가 그곳에 계신다는 것은 우리에게 천국이 정말로 존재하며 영생이 사실이라는 것이 분명하다는 것을 보여 주는 증거입니다. 예수님은 부활하심으로 천국과 영생을 증명해 주셨어요. 그것은 우리도 곧 언젠가는 천국으로 돌아갈 수 있다는 것을 보여 주는 또 하나의 증거입니다.

예수님의 부활은 곧 나의 부활이 됩니다. 예수님이 천국에서 영원히 누릴 영생이 바로 우리의 것이 되었기 때문입니다. 십자가에서 죽으실 때는 가장 불쌍하고 가장 비참한 죄인의 모습으로 죽으셨지만 부활하신 주님은 가장 영광스럽고 승리에 빛나는 부활의 아침을 맞으셨습니다. 부활절 예배를 드리는 우리 모두는 예수님께서 이루어 놓으신 이 구원의 길을 신나게 노래하며 큰 소리로 찬양하며 기쁘게 걸어가야 합니다. 우리는 마음껏 소리 높여 영원히 예수님께 찬양을 불러드려야 합니다. 또 우리 혼자만이 가기에는 너무나 아름다운 영원한 하늘나라, 천국에 예수님은 이 시간 모든 사람들을 초청하고 계십니다. 여러분, 예수님의 부활을 믿나요? 이 아침, 부활절의 축제를 즐기면서 전도하고 찬양하고 기뻐하는 시간을 갖도록 합시다.

4월 11일 / 왕하 7:9
빨리 소식을 전해야지!

"이 성안에는 사람이 안 사나? 참 이상하네, 돌아다니는 사람도 없고 놀고 있는 아이도 없어. 시장에는 사람도 없고 물건도 없고. 참 별 일이군. 허~참! 아무리 다녀 봐도 아이들 웃음소리도, 아기 우는 소리도, 어른들 말소리도 안 들리네. 이건 유령도시 같아." 너무나 조용하고, 조용하다 못해 이상하게 무서운 느낌이 드는 성이 있었습니다. 그곳은 이스라엘 땅, 사마리아였어요.

왜 그럴까요? 이웃나라 아람하고 전쟁을 하게 되었는데 아람나라 군대들이 이스라엘 사마리아 성문 앞을 지키면서 쌀이나 밀가루나 채소들, 야채들, 짐승들이 성안으로 못 들어가도록 막았어요. 포위작전을 편 거예요. 이스라엘 성안에 있던 시장에 물건이 다 떨어졌는데 성 밖에서 들어와야 할 곡식, 채소, 짐승이 안 들어오니까 굶어죽는 사람이 생겼어요.

처음에는 "배고파, 먹을 것 좀 줘요." 라는 말소리가 들렸지만 이러기를 몇 달째가 되니까 사람들은 돌아다닐 기운도, 말할 기운도 없어서 그냥 누워 있기만 했어요. 그러다가 굶어죽어도 산에다 묻어 줄 사람도 없었지요. 시체를 메고 갈 기운도 없고, 땅을 팔 기운도 없으니까요. 사마리아 성안의 사람들은 무엇이 가장 필요할까요? 오직 먹을 것, 먹을 것이지요.

사마리아 성문 안쪽에 있는 들판에는 4명의 나병환자들이 천막을 치고 살고 있었어요. 옛날에는 나병에 걸리면 마을에서 가족들과 살지 못하고 성 밖으로 쫓겨 나와서 들판이나 산골짜기에 천막을 치고 거지처럼 얻어먹으며 살았거든요. 성안에 있던 사람들도 먹을 것이 없어서 굶어 죽고 있는데 누가 나병환자들에게 누가 먹을 것을 주겠어요? 그래서 이 네 명도 기운 없어서 누워서 숨만 쉬고 있었어요.

그 중에 한 명이 "우리는 곧 굶어 죽을 거요. 차라리 성 밖에 진치고 있는 아람 군대에 항복하러 갑시다. 그 사람들이 우리를 살려 주고 먹을 것을 주면 좋고, 우릴 죽이면 그냥 죽기로 합시다." 세 명이 "그래, 그러자." 하고 찬성을 했어요. 새벽에 네 명의 나병환자들은 항복하기 위해서 성 밖에 있는 아람군대의 천막으로 갔습니다. "어! 어! 이상해. 사람들이 전부 자나 봐.", "아니? 자는 소리도 안 들리고?", "다 없어진 거야?" 그 많던 아람군인들이 한 명도 없이 사라졌습니다. 천막은 텅텅 비어 있었어요. 어제까지만 해도 그 많았던 군인들이 어디로 갔을까요? 놀라운 일이지요?

하나님이 그날 밤에 큰 기적을 만드셨어요. 아람 군인들이 다 자고 있을 때, 그들의 귀에 엄청난 군대의 함성 소리, 말발굽 소리, 마차 바퀴 소리를 천둥치듯 들려 주셨어요. 자다가 깬 아람 군인들은 굉장히 많은 군대들이 아람 군대들을 치러오는 줄 알고 놀라서 정신없이 다 자기 나라로 도망가 버렸답니다.

천막에 들어가서 보니 먹을 것이 너무나 많았어요. 이 네 사람은 닥치는 대로, 보이는 대로, 먹고 또 먹고, 일어서지도 못할 만큼 배가 실컷 부르게 먹었어요. 그때서야 성안의 사람들이 생각났어요. "우리만 배불리 먹고 있으면 별로 안 좋은 것 좋아. 성 안의 사람들이 굶어 죽고 있는데. 먹을 것이 많이 있다고 빨리 전해 주자. 얼마나 좋아하겠어? 우리만 먹고 있으면 하나님이 우리를 꾸짖으실 지도 몰라. 빨리 가서 말해 주자." 이 소식을 전해 들은 사마리아 백성들은 성 밖으로 몰려나와서 아람 군대가 남긴 많은 음식을 먹고 살아났어요.

굶어죽는 것 보다 더 무섭고 슬픈 일이 있어요. 그것은 예수님을 몰라서, 천국 가는 길을 몰라서 지옥으로 가는 사람들이예요. 예수님이 우리를 위해 십자가를 지시고, 그 피로 우리의 모든 죄를 용서해 주셨다는 것을 몰라서 못 믿고 있는 사람들이지요. 먹을 것을 욕심내는 사람을 욕심쟁이라고 하지만 예수님의 기쁜 소식, 천국에 대한 기쁜 소식을 전하지 않는 사람도 세상에서 제일 나쁜 욕심쟁이랍니다. 자기만 혼자 천국 간다면 행복할까요?

여러분, 우리는 빨리 전해야 해요. 한 사람이라도 더 듣고, 빨리 교회에 나오도록, '나중에 나중에' 하다가는 후회하게 돼요. 사마리아 성에 기쁜 소식을 전해 준 4명의 나병환자처럼 우리들도 친구들에게 친척들에게 빨리 복음을 전하기로 해요. 하나님이 여러분을 도와주실 것입니다. 전도는 급하게 빨리 전해야 할 하늘나라 숙제입니다.

4월 18일 / 겔 3:16-19
우리는 파수꾼!

지금부터 오래 전, 여러분의 엄마 아빠가 세상에 태어나기 전, 1945년이었어요. 그때 세상은 제2차 세계대전으로 나라들끼리 서로 전쟁하고 많은 사람이 죽고 우리나라도 일본에 식민지가 되어서 여러분의 할머니 할아버지가 무척 고생하던 때였거든요.

이때, 일본의 히로시마 시 하늘에 미 공군 비행기가 나타나서 하얀 종이를 눈송이처럼 하늘에서 뿌리고 사라졌어요. 그 종이에는 "히로시마 시민들에게 경고한다. 모든 시민들은 8월 6일 아침 0시까지 50리 밖으로 멀리 대피하라."로 큰 글씨로 쓰여 있었어요. 하지만 많은 시민들은 "뭐야? 이건 괜히 겁 줄려고 그러는 것 아냐? 우리 보고 대피하라고? 쓸데없는 이야기지 뭐!" 하면서 그냥 무관심하게 종이쪽지들을 버렸습니다. 그러나 아주 적은 몇 백 명은 급히 짐을 꾸려 가족들과 함께 다른 도시로 대피했지요.

쪽지에 쓰인 날, 1945년 8월 6일 아침, 그 쪽지에 적힌 그 시각에 히로시마 하늘에 미국 공군 비행기가 한 대 지나가더니 곧 버섯 모양 같은 큰 구름 모양의 폭풍이 일어났습니다. 인류 최초의 원자폭탄이 터진 것이었습니다. 이 원자폭탄 때문에 일본은 미국에 항복을 하고 2차 세계대전이 끝났어요.

히로시마는 시민 50여만 명이 죽고 집과 건축물이 다 잿더미가 되어버린 폐허의 도시, 죽음의 도시로 바뀌었어요. 그때 살아남은 사람은 물론, 그 후손들은 지금까지도 원자폭탄의 후유증으로 기형아로 태어나 평생 불구로, 흉측한 모습과 팔다리의 장애자로 살아가고 있습니다. 죽지 못하고 가까스로 살아남았지만 기형이 되고, 불구 장애자가 되어 버린 히로시마 시민들, 지금은 늙어 버린 그들은 지금 무슨 생각을 하면서 60년 동안 살고 있을까요?

"그 종이에 적힌 말을 믿을 것을. 대피하라고 했을 때 멀리 대피할 것을. 왜 그 말을 믿지 않고 무시했을까? 그 경고의 말을 믿었어야 했는데." 라고 얼마나 많이 후회하고 살아갈까요?

오늘 읽은 말씀에서 하나님은 우리를 파수꾼이라고 하셨습니다. 군대에서 망을 보며 수상한 사람이나 이상한 일이 있는지 없는지 살피고 지키는 사람을 요즘은 보초라고 하지만 옛날에는 파수꾼이라고 불렀어요. 파수꾼은 성벽의 높은 곳에서 사방을 지켜보고 있다가 위험한 일이 발생하며 빨리 경고의 나팔을 불어서 위험신호를 알려 주었습니다.

여러분은 하나님의 파수꾼입니다. 파수꾼이 나팔을 부는 것처럼 세상 모든 사람들에게 전도해야 합니다. 하나님이 우리를 창조하시고 사랑하신다는 것을 전해야 합니다. 예수님이 우리를 위해 십자가에서 죽으시고 우리를 구원하신 기쁜 소식을 전해야 합니다. "예수님을 믿지 않으면 심판이 있고 지옥으로 갑니다. 거기로 가면 위험해요. 하나님께로 돌아오세요. 빨리 빨리 천국에 갈 준비를 하세요."라고 경고의 나팔을 불어 주어야 합니다.

파수꾼이 망보기 싫다고 게임을 하고 있거나, 귀찮다고 책을 읽거나 다른 곳으로 가 버리고, 졸리다고 꾸벅꾸벅 졸고 있다가는 어떻게 될까요? 눈앞에 위험이 닥쳐왔는데도 경고의 나팔을 불어 주지 않으면 어떻게 될까요? 오늘 말씀에서 우리가 열심히 전도했는데도 친구가 교회에 나오지 않으면 우리는 죄가 없다고 했습니다. 우리는 분명히 전했는데 그들이 우리말을 안 들었기 때문에 그들이 벌을 받는다고 하셨습니다.

그런데 반대로 우리가 열심히 전해 주지 않아서, 경고의 나팔을 불어 주지 않아서, 친구가 예수님 소식을 몰라서 지옥에 갔다면 하나님은 우리에게 죄를 묻겠다고 하셨습니다. 하나님은 그 친구들에게 전도하라고 우리를 파수꾼으로 세웠는데 우리가 전하지 않았기 때문에 우리가 잘못한 것이라고 하십니다. 하나님은 우리가 전도하지 않으면, 아무 말도 않고 가만히 있으면 우리에게서 예수님이 피 흘리신 값을 찾겠다고 하셨습니다.

우리는 파수꾼입니다. 열심히 전도의 나팔을 불어 주세요. 친구들에게 부지런히 전도하세요. 그들이 듣든지 안 듣든지 부지런히 구원의 소식, 경고의 소식을 전해 주는 나팔을 부는 여러분이 되시기를 바랍니다.

4월 25일 / 행 16:30-32

어디에서나, 누구에게나

이 사람은 누구일까요? 여러 나라에 전도하러 돌아다닌 사람이지요. 배타고 가다가 배가 파도에 부서져서 아프리카 까지 가게 된 일도 있었고, 공부를 아주 많이 했어요. 또 제자들에게 편지도 많이 써 보냈어요. 신약 성경에는 이 사람이 쓴 편지가 많아요. 평생을 전도하는 일에 정열을 쏟은 사람, 전도하러 다니다가 감옥에도 갇히고 매도 맞고, 돌도 맞았어요. 별명이 전도대장인데 수만 명도 넘게 전도했지요. 누구지요? 네, 바로 바울 선생님입니다.

빌립보 성에서 하루는 바울이 실라라고 하는 친구와 함께 열심히 길거리에서 "예수님을 믿으세요." 라고 사람들에게 권하고 있었어요. 사람들은 바울과 실라가 이상한 말을 퍼뜨린다고 경찰서에 끌고 갔어요. 감옥의 관리들은 사람들의 말만 듣고 바울과 실라 두 사람을 매를 많이 때려서 감옥에 가두었어요. 두 사람은 감옥에서 제일 더럽고 캄캄한 방에 갇혔어요. 발을 나무판자 속에 넣고 손은 쇠사슬로 묶어 버렸기 때문에 편하게 누울 수도 없고 앉을 수도 없고, 맘대로 돌아다닐 수도 없고 두 사람은 너무나 불편하고 힘들었어요.

두 사람은 매 맞은 상처가 쓰라리고 아파서 누울 수가 없어서 벽에 비스듬히 기대앉아서 "우리는 절대로 나쁜 일한 적이 없어. 우리는 예수님 믿으라고 전한 것뿐이야. 하나님이 우리가 열심히 전도했던 것을 다 보셨을 거야. 우리는 잘못한 것이 없거든." 그들은 조용히 기도하면서 함께 찬송을 불렀습니다.

　감옥의 간수들도 죄수들도 다 잠이 든 한밤중, 몇 사람의 죄수들만 잠들지 못하고 깨어서 바울과 실라의 찬송 소리를 듣고 있었어요. 그런데 갑자기 지진이라도 난 걸까요? 땅이 흔들리고 감옥 건물이 덜덜 떨면서 흔들리기 시작했어요. 흔들리던 감옥 문이 저절로 활짝 열리고 죄수를 묶었던 죄 사슬이 뚝뚝 떨어지는 것이었어요. 잠시 후 정신 차린 간수들은 죄수들이 다 도망갔으면 큰일이라고 생각하며 어쩔 줄 몰라서 허둥지둥 했지요.

　이때 바울이 외쳤어요. "우리 모두 도망가지 않고 여기 있으니 안심하시오." 간수는 매우 기뻐하면서 '아! 저 사람이 말하는 하나님이 오늘 밤 지진이 나고 감옥 문이 열린 기적을 만드셨구나!' 라고 생각했어요. 간수는 "어떻게 하면 당신들이 믿는 하나님을 나도 믿을 수 있을까요?" 바울은 "주 예수님을 믿으세요. 그러면 당신과 당신 가족 모두가 죄를 용서받고 하나님의 자녀가 될 것입니다." 그날 밤, 간수와 그 집 가족들은 모두 다 예수님을 믿게 되었습니다.

　바울 선생님은 이처럼 감옥에서도 전도를 했고, 성경의 다른 곳에 보면, 시장 거리에서도, 강가에서도 전도를 했고, 배 타고 가다가 전도를 했답니다. 또 만나는 사람이 어부든지, 장사꾼이든지, 고급 공무원이든지, 누구에게나 예수님의 복음을 전했습니다. 그렇기 때문에 바울 선생님은 전도 대장이라는 가장 영광스러운 별명을 얻을 수 있었지요.

　여러분, 친구에게 전도하다 보면 약을 올리기도 하고, 말도 잘 안 듣고, 교회에 오겠다고 약속해 놓고 안 나타나고 그래서 속상할 때도 있지요? 그렇지만 애써서 전도한 친구가 교회에 나왔을 때의 그 기쁨은 말로 할 수 없는 기쁨이지요. 여러분은 내 맘에 드는 친구에게만 전도하나요? 자기가 싫어하고, 별로 예쁘지도 않고, 잘 생기지도 않고, 그런 친구에게는 전도 안 하는 사람은 아마 없을 거예요. 남자, 여자, 부자, 가난한 사람, 잘생기고 못생기고, 공부 잘하고 못하고 그런 것 보지 말고 누구에게나 전도하는 여러분들이 되기를 바랍니다.

우리 친구들에게 하나님이 부탁합니다. 여러분이 사는 곳 어디에서나, 만나는 사람 누구에게나 예수님을 전하라고 부탁하십니다. 하나님은 모든 사람이 구원을 받으며 천국에 오기를 원하십니다. 하나님은 모든 사람이 예수님의 십자가의 피로 구원 받기를 원하고 기다리고 계십니다. 여러분, 이 찬양을 우리 큰 소리로 함께 불러보면서 "함께 갑시다" 하늘나라에 함께 갈 친구들 이름을 떠올려 볼까요?

"함께 갑시다. 내 아버지 집, 내 아버지 집, 내 아버지 집,

함께 갑시다. 내 아버지 집, 참된 사랑 있는 곳,

어둠이 없고 항상 빛나는 내 아버지 집, 내 아버지 집,

함께 갑시다. 내 아버지 집, 참된 평화 있는 곳"

4월의 프로그램

1. 부활절 아침 예배

기독교교육에서 절기(명절)는 하나님께 드리는 정성스런 선물, 함께 나누는 축제와 같은 잔치, 어렵고 가난한 이웃을 돌아보는 섬김, 복음 전도의 요소를 다 갖추고 있는 훌륭한 교육의 장(場)입니다. 그러한 교육적 요소를 다 실행할 수 있도록 세밀한 준비가 필요하답니다. 올해의 부활절은 1부 예배, 2부는 반별로 부활 찬양 부르기 대회, 3부는 전도활동, 4부는 애찬식으로 이어서 진행되도록 기획하였습니다.

그전 주일날 부활절에 대해서 자세한 광고가 필요하겠지요. 어린이들의 준비물은 흰 옷 종류와 자신이 준비한 부활절 카드 2가지입니다. 이날 아침 어린이들은 부활의 상징인 흰 옷(흰 블라우스, 흰 T셔츠, 흰 바지, 흰 스카프나 수건이든 뭐든지 한 가지는 흰색으로) 입고 오도록 미리 광고해 주세요. 또는 아동부에서 흰색 부직포로 수건을 만들어서 여자 어린이들에게는 머리에 쓰게 하고, 남자 어린이들에게는 스카프처럼 목에 두르게 한 다음에 예배로 들어갈 수도 있어요.

1부 예배를 마치고 나서, 준비된 영상으로 예수님이 무덤에서 부활하셔서 제자들에게 나타나신 장면을 보여 주고 찬양대회를 시작하는 것입니다. 반 어린이들은 그동안 연습한 부활찬송을 부르며 부활에 관련된 성경 구절을 낭송하기도 합니다. 대회가 끝나면 부활절 인사와 카드를 서로 교환하게 하세요. 시상품도 받았고, 이제는 전도하려 나가야지요? 미리 준비한 교회의 전도쪽지나 교회 주보를 동네에 다니면서 붙이도록 하세요. 골목길 벽에 상가 문에 붙이고 돌아와서 전체가 다 모여 교역자님의 인도로 흰 떡과 포도 주스로 애찬식을 합니다. 다른 주일과는 조금 특별한 순서를 가진 것만으로도 어린이들은 특별한 부활절을 지냈다고 기쁘고 흐뭇하게 생각할 것입니다.

2. 전도 복주머니 선물 만들기

전도할 대상에게 선물을 주면서 친해지기 작전으로 복주머니 선물을 하게 합니다. 재료는 한지, 바늘, 실, 펀치, 리본 테이프, 사탕+껌+캔디+방울토마토 등을 준비하세요. 한지를 사각으로 오려서 입구만 제외하고 3면을 실로 바느질하는데 끝까지 하지 말고 접어서 넘길 부분만 남기고 바느질을 합니다. 입구 부분을 접어서 놓고 그 안에다 펀치로 구멍을 뚫고 리본테이프로 끈을 맨 다음 복주머니 안에 사탕, 껌, 캔디, 방울토마토 등을 넣으세요. 먹을 것 외에도 교회이름과 약도가 적힌 조그만 종이를 같이 넣습니다. 학교에서 전도 대상 친구에게 선물을 하도록 합니다.

3 "OO를 품고 기도회"

그전 토요일에 담당 교사가 전도대상이 많은 학교 앞에서 어린이들 사진을 찍어 줍니다. 카메라로 전도할 친구와 전도대상 친구를 교문 앞에서 나란히 사진을 찍어 주는 것입니다. 세 번째 주일, 성서학습 후에 반별로 교사와 함께 기도회를 갖도록 하세요. 전도는 하나님의 역사와 도우심이 있어야 한다는 사실을 알게 하고 기도회를 시작합니다. 어린이들이 전도대상 친구들 이름을 교사에게 적어내면 교사는 그 이름을 한 장씩 적은 다음, 이름 카드를 바닥에 놓고 모든 어린이들이 손을 그 위에 얹고 합심해서 기도하세요. 한 장 한 장 이름을 불러가며 기도한 후, 자신의 전도대상 친구의 이름을 찾아들고 가슴에 품고 기도하고 끝을 맺습니다.

4. 모여, 모여 다 모여!!

이 날은 전도대상 친구를 초청하는 날. 지난주에 찍었던 사진을 종이 사진틀에 끼워서 예배실 입구에 진열해 놓고 그 친구들 이름표도 준비해 놓고 기다립니다. 전도된 어린이들이 예배실에 들어오면서 이름표와 사진을 받게 되지요. 함께 예배를 드린 다음 한 명씩 환영하고 축복해 줍니다. 어린이들의 어색함을 지우기 위해 즐거운 춤과 간단한 레크레이션을 하며 분위기를 즐겁게 하여 전도대상 어린이들이 친근감을 갖도록 배려합니다. 그 후에 식당으로 이동하여 그룹(반)별로 요리를 만들어 먹습니다. 뭐니뭐니해도 먹는 즐거움이 최고! 떠들면서 만드는 그 재미도 최고이지요? 요리 종류는 화채, 떡볶이, 과일샐러드, 파전, 핫케이크, 샌드위치 등, 어린이들이 할 수 있는 것은 생각보다 많아요.

◎ "복음의 연" 날리기

바람이 많이 부는 4월 초순, 동심에 젖어 복음의 연을 만들어 바람에 날려볼까요? 북한이나 소외된 제3세계의 사람들을 기억하면서 동산으로 공원으로 "복음의 연"을 가지고 나가 보세요. 연 만들기 재료를 구입하거나 이미 나온 기존 제품들을 활용하여 다양한 장식을 오려 붙이면 됩니다. (예: 가오리연에 오징어모양으로 발을 많이 달아보세요. 연발에 예수님에 대한 사랑 고백이나 자신의 이름과 별명을 적어 넣기도 하고) 바람 부는 주일 오후에 연날리기 좋은 곳에 가서 연을 날리며 재미있게 놀고 오세요. 연싸움도 하고, 누구 연이 더 높이 오르는지 시합도 하면서, 남자, 여자, 고학년, 저학년 모두가 좋아하는 프로그램입니다.

교사를 위한 프로그램

1. 교사 월례회

이 날 월례회에서는 5월의 어린이 주일을 준비하기 위한 시간을 가집니다. 부서에서 준비한 예쁜 카드를 받아 가셔서 정성껏 축하카드를 쓰셔서 어린이 주일날 가져오세요. 또 이날은 미니 세미나가 끝나면 교회에서 영화를 한편 보는 것은 어떨까요? 그러면 영화 보느라고 온 몸이 굳어져 있겠지요? 그러면 간단히 게임도 하고 몸도 풀면서 유쾌한 시간을 가져보지요. 사다리 게임을 해서 당첨된 2-3분이 지갑을 다 털어서 접대하는 것도 한번 고려해 보세요. 지갑 털렸다고 화낼 교사는 아무도 없겠지요. 또는 이 좋은 4월에 태어나신, 생일 맞이한 분이 생일 턱을 내셔도 좋겠네요.

5월

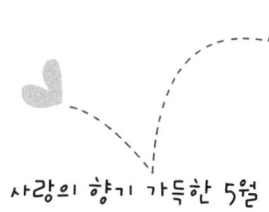

사랑의 향기 가득한 5월

　　옷깃을 스치는 바람도 다정하고, 창가에 쌓이는 햇살도 감미로운 5월이 되었어요. 만나는 사람마다 사랑의 인사를 나누고 싶은 5월입니다. 사랑만큼 행복하고 즐겁고 신나는 것이 또 있을까요? 예수님사랑, 가족사랑, 친구사랑. 사랑의 향기가 가득한 아동부가 되기를 바라면서 즐겁게 5월을 시작합니다! 향기 솔솔, 기쁨 솔솔. 은혜 솔솔 퍼지는 아동부 파이팅!!

주일	월	화	수	목	금	토
						1
2 어린이주일	3	4	5 어린이날	6	7	8 어버이날
9 부모님주일	10	11	12	13	14	15 스승의날 가정의날
16	17	18	19	20	21 석가탄신일	22
23 성령강림 주일	24	25	26	27	28	29
30	31					

5월의 교육계획서

● 5월의 교육주제 : 사랑의 향기 가득한 5월!! (사랑)

주일	설교	예배위원	성서학습	2부 순서	2부 담당	준비물	주간행사	기타
2일 (어린이 주일)	창세기 13:8 "네가 먼저 좋은 것을"	기도 : ( )선생님 현금 : ( )반	x	love table party	학부모님들이 자라는 간식 Table, 부서에서 준비한 선물	부서-선물 2~3종류, 제비뽑기 쪽지들.	5일(수) 어린이날, 축하문자 발송	어린이주일 축하카드 나누어 주기
9일 (부모님 주일)	마태 21:28-30 "나는 예수맨이 되고 싶다"	기도 : ( )선생님 현금 : ( )반	15과	사랑의 훈장 만들기	( )선생님 또는 ( )분과	하드보지 (우드락), 리본테이프, 가위, 풀 등		야외견학(소풍)에 대한 가정통신문 배부
16일	누가 5:18-20 "함께 힘을 모으면"	기도 : ( )선생님 현금 : ( )반	16과	우리 집 가계도	( )선생님 또는 ( )분과	전본 가계도 그림, 배지, 연필 (볼펜), 색연필, 자		

날짜	본문	기도 / 헌금	공과	특이사항	준비물
23일 (성령강림주일)	에베소서 4:29 "말에는 힘이 있습니다"	기도 : ( )선생님 헌금 : ( )반	x	예배 후, 야외전하(소풍) 장소로 출발!	차량, 점심과 간식, 프로그램 일정표
30일	사도행전 5:8~9 "비밀은 가라"	기도 : ( )선생님 헌금 : ( )반	17과		
					29일 오후/ 교사월례회 (야외)

* 5월의 예배 인도자는 ( )선생님, 월례회 간식 제공은 ( )선생님입니다.

* 5월은 사회적으로, 교회적으로, 가정적으로 모임과 행사가 잦은 달입니다. 교회학교도 어린이들의 출석률이 불규칙하고 분위기가 어수선해질 수도 있습니다. 또한 교사들도 가정이나 교회와 부서의 행사를 치르느라고 많이 피곤하고 힘에 겨울 수도 있습니다. 서로 서로 칭찬하고 격려하면서 효과적으로 일을 분담하면서, 이 때문에 지치는 것이 아니라 일을 즐기고 누리는 교사가 되기를 바랍니다.

* 5월 넷째 주일(23일)에 있을 야외전하(소풍)에 대한 내용은 교사모임에서 자세하게 알려드립니다.

* 그동안에 많이 수고한 우리 부서 교사들을 위해 5월의 월례회는 야외에서 가지려고 합니다. 29일(토)에 가까운 야외에 나가 교사 월례회를 하려고 합니다. 기대 많이 해 주시고 기다려 주세요. 봄바람을 맞으며 따뜻한 햇살 속에서 야외에서 간식과 주식 뿐 아니라 주식도 마음껏 먹고 놀고 쉬는 것도 지칠 무렵이 되면 월례회를 간단하게, 명료하게 끝내고 돌아오려고 하지요. 이럴 때 빠지는 교사가 없기를 바랍니다.

5월의 설교문

5월 2일 / 창 13:8 / 양보

네가 먼저 좋은 것을

　여러분들이 간식을 먹고 있을 때, 저는 속으로 '마음이 아름다운 친구를 오늘 만나고 싶다.' 그런 생각을 합니다. 그런 어린이를 만나면 하루 종일 기분이 너무 좋아요. 그런 친구를 하나님에게 "하나님, 저 아이를 보세요. 너무 예쁘지 않나요?" 그렇게 자랑하고 싶어져요.

　어느 날 하나님은 아브라함에게 이곳을 떠나 다른 곳으로 이사를 가라고 말씀하셨어요. 아브라함이 75세가 되던 그 해에 아브라함과 부인 사래, 조카 롯은 많은 하인들과 가축들을 데리고 떠났어요. 하나님이 말씀하신 좋은 땅에 도착하기 전, 잠깐 머물러 살던 곳에서 안 좋은 일이 생기고 말았어요.

아브라함네 하인들과 조카인 롯의 하인들이 날마다 서로 다투고 싸움을 하곤 했어요. 왜 그랬을까요? 양쪽 집에는 양떼들이 굉장히 많았거든요. 양들이 먹을 풀도 있어야 하고, 물도 있어야 하고, 하인들이 많으니까 천막도 여러 개 쳐야 하는데 땅은 좁았기 때문에 그런 거지요. "저리 비켜, 안 비키면 그냥 안 놔 둔다. 빨리 안 비킬 거야? 저리 가란 말이야, 여긴 우리 풀밭이니까 침범하면 죽어! 몰라, 몰라, 물 좀 먹게 좀 비켜 줘! 절대 못 비켜 줘. 아브라함이 대장이니까 이 땅은 우리 땅이라구! 아니다, 롯이 더 대장이다!" 정말 시끄럽고 요란스런 싸우는 소리, 다투고 때리고. 이 모습을 보던 아브라함은 마음이 너무나 슬펐어요. 고민도 되구요.

조카 롯을 부른 아브라함은 "얘, 조카 롯. 우리는 한 가족인데 이렇게 매일 하인들이 서로 다툰다면 하나님께서 기뻐하지 않으신다. 서로 평화롭게 살아야 하는데 이게 뭐니? 이렇게 살면 안 되겠구나. 그러니 이제 우리 이렇게 하자. 이 땅이 너무 좁아서 그렇다면 서로 헤어져서 편안하게 살 땅을 마련하는 것이 좋겠어. 그러면 네가 살고 싶은 땅을 먼저 선택하여라, 너에게 먼저 고를 수 있는 선택권을 줄게. 네가 만약 왼쪽으로 가면 나는 오른쪽으로 갈 거고, 네가 오른쪽을 먼저 선택한다면 나는 왼쪽으로 갈 거야."

롯은 "어디가 살기 좋은 땅이지? 여기가 좋을까? 저쪽이 좋을까?" 한참을 두리번거리며 돌아다니다가 드디어 결정했어요. "아브라함 삼촌, 저는 이 동쪽 요단들에는 시냇물도 많고 넓은 풀밭이 있어서 살기가 아주 좋을 것 같아요. 전 동쪽 요단 땅에서 살게요." 아브라함은 "그래. 그럼 네가 동쪽을 먼저 선택했으니까 나는 그럼 반대쪽 서쪽으로 옮겨가야겠구나,

잘 지내도록 하여라."하고 서쪽으로, 서쪽으로 이사를 갔어요.

그 서쪽은 광야와 바위로 된 큰 산밖에는 없는 메마른 땅이었어요. 그러나 아브라함은 물도 없고 풀도 거의 없는 그 산에서 살겠다고 결정했어요. 아브라함은 조카 롯에게 좋은 땅을 먼저 양보한 것이 아깝다는 생각도 들지 않고, 후회하는 마음도 들지 않았어요. 하나님은 바로 그 바위산에서 "아브라함, 너는 동서남북으로 한 바퀴 돌아보아라. 네 눈에 보이는 이 넓은 땅을 다 줄 것이다. 롯에게 양보한 너를 롯보다 더 큰 부자로 만들어 줄 것이다"라고 약속해 주셨어요. 아브라함은 나중에 롯보다 몇 배 더 부자가 되었어요.

아브라함은 참 멋있는 사람이지요? "네가 먼저 좋은 것을, 나는 나중에." 하고 양보했기 때문에 하나님의 복을 받을 수 있었어요. 우리 친구들은 동생과 친구들과 놀 때, 간식 먹을 때에 "네가 먼저 좋은 것을, 더 많이 가져도 좋아." 하는지요? 교회에서 만들기 활동을 할 때, 풀이나 가위를 고를 때, "네가 먼저 골라, 나는 나중에 고를게."라고 하는지요?

오늘은 어린이주일이랍니다. 해마다 5월이면 돌아오는 어린이날, 교회에서는 어린이주일로 지키는 날이지요. 하나님은 여러분의 앞날에 많은 복을 주시고, 많은 은혜를 주시지요. 또한 많은 것을 기대하고 희망하면서 여러분을 바라보고 흥미진진하게 지켜보고 계신답니다. 오늘 하나님은 여러분에게 창세기를 통해서 여러분들에게 "양보하는 어린이가 되어 달라."고 말씀하고 계신답니다.

여러분 마음속에 "양보"가 심어져 있나요? 양보는 손해가 아니라 하나님께 받을 복을 저축하는 것과 같습니다. 양보는 심을수록 더 많이 자라나는 사랑의 열매입니다. "네가 먼저 좋은 것을." 양보하는 사람들이 세상에 사랑을 만들어 갑니다.

5월 9일 / 마 21:28-30 / 순종
나는 예스맨(Yes-man)이 되고 싶다

어떤 어린이는 늘 대답을 거꾸로 합니다. "네."라고 대답해야 할 때는 "아니오.", "아니오."라고 해야 할 때에는 "네."라고 대답을 하지요. 장난기가 많은 이 친구는 식사시간에 밥 먹으라고 하면 "아니오.", 밤에 잠자라고 하면 "아니오." 그래서 이 친구 별명은 "거꾸로"입니다. 누가 생각날까요? 전도사님은 우리 나라 전래 동화 중에서 엄마 말씀대로 하지 않고 매일 거꾸로만 하는 청개구리가 생각납니다.

예수님이 들려 주신 이야기인데요. 아주 큰 포도농장을 가진 어떤 집에 아들이 두 명 있었답니다. 바람도 약간 불고 햇빛 따뜻한 아주 좋은 여름날, 아버지는 큰 아들을 불렀어요. "큰 아들, 오늘은 포도를 따는 날이거든. 농장에 일손이 많이 필요한데 좀 도와주지 않겠니? 네가 가면 모두 좋아할 것 같구나!" 이 큰 아들은 아주 씩씩하게 "아버지, 물론이죠. 제가 곧 준비하고 갈게요." 그렇지만 아들은 농장에 갈 준비를 하다가 마음이 변해 버렸어요. "아! 날씨가 이렇게 좋은데, 땀을 뻘뻘 흘리면서 포도를 따야 한다고? 난 일하기 싫다, 싫어!" 아들은 수영복과 모자를 꺼내들고 바다로 놀러가 버렸습니다.

아버지는 둘째 아들을 불렀어요. "둘째 아들, 오늘 우리 포도 농장이 추수하는 날인 것 알지? 일꾼도 많이 불렀지만 너도 같이 가서 도와주었으면 좋겠구나!" 둘째 아들은 "아휴, 싫어요, 안 해요. 일할 사람도 많은데 난 안 가도 되잖아요? 전 안 갈 거예요." 거절을 했어요. 아들은 놀러나 갈 준비를 하다가 문득 '내가 거절했더니 아버지가 마음이 상하신 것 같았어. 난 일하는 것이 너무 싫지만 오늘 하루만이라도 농장에 올라가자. 내가 아버지를 도와드리면 아버지가 기뻐하실 것 같으니까.' 그런 생각이 들자 아들은 일할 준비를 하고 바로 농장으로 올라갔어요.

여러분은 어떤 아들이 되고 싶으세요? 어떤 아들이 순종의 대답을 했을까요? 둘째 아들이지요. 입술로 말하는 것보다는 행동으로 말하고 옮기는 것이 더 좋은 순종의 대답입니다. 입술의 대답도 "네" 행동으로도 "네." 하면 최고로 좋은 순종의 대답입니다. 그렇지만 처음엔 "아니오." 했어도 나중에 잘못을 깨닫고 "예"라고 바꾸는 것도 좋은 순종의 대답이 됩니다.

예수님도 어린 시절에 부모님과 함께 살 때에 부모님께 순종하면서 살았다고 하셨어요. 왜 우리는 부모님께, 어른들에게 순종해야 할까요? 하나님이 사람을 창조하실 때에 하나님의 생긴 모습과 똑같이, 하나님의 성품, 지식, 지혜 등 모든 것을 그대로 담아 주셨기 때문입니다. 모든 사람들에게는 하나님의 모습이 숨겨져 있습니다. 부모님 말씀 안 잘 듣고 불순종하고 걱정을 많이 시키는 것은 바로 부모님 속에 계신 하나님을 무시하고 잘 안 듣고 불순종하고 걱정시키는 것과 같습니다. 그래서 우리는 부모님을 공경하고 순종해야 합니다.

또한 하나님은 이 세상에 태어난 모든 사람들에게 순서를 정해 주셨어요. 어떤 사람은 형이 되고, 동생이 되고, 부모가 되고, 아들이 되고, 손자가 되고. 그것이 하나님의 질서랍니다. 그리고 하나님은 부모님들과 어른들에게는 순종 받을 권리를 주셨고, 우리들, 어린이들에게는 어른들과 부모님들에게 순종해야 할 의무를 주셨어요. 우리가 부모님에게 순종의 대답을 하지 않는 것은 하나님이 세운 질서를 무시하고 제멋대로 하는 것과 같습니다.

예수님은 그 아버지 하나님에게 한번도 "싫어요, 안 해요. No!"이렇게 거절 안 하셨어요. 언제나 대답은 "네, Yes!"였지요. 하늘을 떠나 이 세상에 보내셨을 때도 "네."하고 말구유에서 태어나셨구요. 부모님을 모시고 30년간을 살 때도 부모님께 극진히 공경하고 순종의 대답을 하는 아들이었구요. 하나님이 십자가에 달려 죽어서 그 피로 모든 인류를 구원하라고 명령하셨을 때도 예수님의 대답은 "네."였습니다.

예수님을 믿고 마음에 모신 여러분, 이제 예수님처럼 어른들에게 순종의 대답을 하기로 약속해요. 하나님의 기쁨을 위하여, 부모님의 기쁨을 위하여 언제나 즐겁게 "네."라고 대답하는 친구들을 하나님이 계속 찾고 계신답니다.

5월 16일 / 눅 5:18-20 / 협동
함께 힘을 모으면

운동 경기 중에 단체경기는 어떤 것이 있을까요? 야구, 농구, 배구, 축구. 그러면 개인경기와 단체경기가 다른 점이 무엇일까요? 대답해 보세요. (대답: 함께 마음을 합쳐야, 마음이 맞아야, 연습을 오래 해야, 서로 사이가 좋아야.)

여기 단체경기처럼 협동하고 힘을 모았던 친구들이 있습니다. 마음도 척척, 손발도 척척 맞는 친구들이었나 봐요. 그들에게는 한 명의 친구가 있었어요. 손발을 자기 마음대로 움직일 수 없는 중풍병이 든 환자, 그는 늘 침대 위에서 "아~ 나는 언제나 일어나서 한번 걸어 볼 수 있을까? 손도 발도 움직여지지 않으니, 어쩌다 내가 이런 병에 걸렸을까. 마음대로 돌아다니는 친구들이 너무나 부러워." 하고 한숨만 쉬고 있습니다.

이 아저씨 집에 친구들이 문병을 왔습니다. "너 이젠 병이 나을 수 있어. 어디 갈 데가 있단다." "뭐? 나를 데리고 어딜 간다고?" "응, 너를 예수님께 데려가려고 해" "예수님? 누군데?" "우리 마을에 예수님이라는 분이 지금 오셨는데, 그분에게 너를 데리고 가면 너는 병이 나을 수 있어. 예수님은 하나님의 아들인데 하나님의 나라를 전하면서 가르쳐 주기도 하고, 또 많은 병자들을 고치셨단다. 나병도, 피부병도 고쳐 주셨대."

친구들은 어떻게 데려갈지 수군수군 의논하고 있습니다. 잠시 후 "너를 침대 위에 눕혀서 그대로 데려가기로 했어. 넌 그대로 누워 있기만 하면 되니까 걱정하지 마." 친구들은 예수님께 이 친구를 데리고 가면 꼭 병이 나을 수 있을 거라는 생각을 하며 기분 좋게 웃으며 침대를 메고 집을 나섰지요. 드디어 예수님이 머물고 계신 집 앞에 도착을 했습니다.

그런데 사람이 너무 많아서 도저히 방안으로 뚫고 들어갈 수 없었어요. 친구들은 좋은 지혜를 찾으려고 의논을 했어요. "음, 음. 이렇게 하자!

지붕으로 올라가보자!" "뭐? 지붕? 지붕에 올라가서는 어떻게 해?" "지붕을 뚫어서 이 친구가 누운 들것을 예수님 앉아 계신 방바닥으로 내리게 하면 될 것 같아." 친구들은 "그래, 그게 좋을 것 같아, 해 보자구!" 친구들은 조심조심 지붕으로 올라가서 지붕을 뚫고 큰 구멍을 만들었어요.

방 안에 있는 사람들은 깜짝 놀랐어요. 지붕에서 이상한 소리가 툭툭 들리더니 구멍이 뻥 뚫리잖아요? 친구들이 구멍 뚫린 곳으로 들것에 줄을 매어 내려 보내고 있어요. "조심조심, 잘 해야 해! 천천히, 천천히, 하나둘! 하나둘! 조심조심." 방안에 있던 예수님과 사람들은 기가 막히고 놀라서 어안이 벙벙해서 가만히 지켜보고 있었어요. 드디어 방바닥까지 들것이 다 내려왔어요. 지붕에 있던 친구들이 구멍 뚫린 곳에 얼굴을 쑥쑥 내밀고는 "예수님, 죄송해요. 지붕을 뚫어서 죄송해요. 사람들이 너무 많아서 어쩔 수 없었어요. 예수님, 이 사람 좀 고쳐 주세요. 우리 친구는 오랫동안 중풍병으로 누워 있었어요. 제발 우리 친구 낫게 해 주세요."

예수님은 감동받은 표정으로 '친구를 낫게 해 주려고 이렇게 수고를 하다니. 친구들의 협동심이 참 보기 좋다. 그래, 내가 병을 낫게 해 주지' 예수님은 "일어나 걸으라."고 명령을 했어요. 그 친구는 자리에서 일어나 천천히 걷더니 조금 후에는 힘차게 뛰었습니다.

힘이 없어 힘들어하는 친구, 나보다 잘하지 못하는 친구, 다른 사람의 도움을 기다리는 친구, 마음이 아픈 친구, 무엇인가 필요한 것이 있는 친구들이 여러분 곁에 있나요? 여러분 혼자서는 도와주기 어려워도 여러 명이 힘을 합치면 잘 도와줄 수 있어요. 중풍병 걸린 사람의 친구들처럼 같이 의논하고 회의하고 힘을 모으면 어려운 일도 쉽게 할 수 있어요.

남을 도와주고, 남의 부탁을 들어 주려는 사랑의 마음만 있으면, 여럿이 함께 하는 협동의 마음만 있다면 놀라운 기적도 만들어 낼 수 있습니다. 하나님은 여럿이 함께 할 때, 능력도 지혜도 넘치도록 주시는 분입니다. '나 혼자서는 아무 것도 할 수 없어!' 그런 생각이 아니라 '여럿이 함께 하면 무슨 일이든지 할 수 있어!' 그런 협동심을 가진 친구들, 파이팅! 하나님도 그렇게 여럿이 함께 하는 것을 잘 하는 친구들을 보시면 감탄을 하십니다. 어떤 감탄을 하실까요? "와우!" "올레~" "하이~" 하나님이 놀라고 감탄하시는 그런 멋쟁이 친구들, 협동심 강한 우리 교회 친구들이 되기를 바랍니다.

5월 23일 / 엡 4:29 / 좋은 말
말에는 힘이 있습니다

2003년, 중국에서 시작되어 아시아로 퍼진 전염병이 있었어요. 우리나라 말로는 "중증급성 호흡기 증후군"이라고 하고, 일명 "사스"라고 불렸지요. 아시아에서 500명이 넘게 죽었던 전염병, 유럽에서 이 병에 걸릴까 봐 아시아에 여행을 오지 않았을 정도로 무서운 전염병인 "사스"는 숨 쉴 때나 말할 때 입에서 나오는 침 등으로 병균이 옮겨지게 된다고 해요.

그 뿐만이 아니지요. 작년부터 온 세계를 무섭게 흔들었던 두려움의 공포, 무엇이지요? 네! 신종 인플루엔자. 우리나라에서도 여러 명이 죽고, 학교도 휴교했고, 여러분은 예방 접종이다 손 씻기다 하고 법석을 떨었던 전염병을 알지요? 이 전염병도 호흡기를 통해서 전염이 된다는 것을 알지요?

입에서 나오는 침은 병균을 옮기지만 우리가 하는 말도 때로는 다른 사람들에게 마음의 병균이 되기도 합니다. 오늘 읽은 성경 말씀을 쉬운 성경으로 읽으면 이렇게 되어 있습니다. "남을 해치는 말은 입 밖에도 내지 마십시오. 오히려 기회 있는 대로 남에게 이로운 말을 하여 도움을 주고 듣는 사람에게 기쁨을 주도록 하십시오."

우리들이 매일매일 다른 사람들과 이야기하는 말에는 첫째로 힘이 있습니다. 아주 독한 말로 다른 사람의 마음을 새까맣게 죽일 수도 있고, 말 때문에 살인과 폭력이 벌어지기도 하고, 자살하려던 사람이 용기를 얻어, 힘차게 사는 경우도 좋은 말의 힘 때문입니다. 둘째로 말에는 무게가 있습니다. 하나님의 말씀처럼 무겁고 진실하고 함부로 할 수 없는 말이 있는가 하면 장난치는 말, 농담, 흉보는 말처럼 가볍고 진실하지 못하고 기억할 필요도 없는 가벼운 말이 있습니다.

셋째로 말에는 전염성이 있습니다. 우리나라에도 "가는 말이 고와야 오는 말이 곱다"라는 속담이 있지요? 친구를 화나게 하는 나쁜 말, 해치는 말을 하면 그 친구에게서 나쁜 말이 다시 돌아옵니다. 좋은 말은 주변 사람들을 기분 좋게 만들지만 나쁜 말은 다른 사람들도 기분 나쁘게 만들어 버립니다. 넷째로, 말에는 향기가 있습니다. 다른 사람들의 마음을 좋게 하는 향수 같은 말이 있는가 하면, 들으면 기분 나빠서 화가 나는 악취 같은 말이 있습니다.

성경에 나오는 "남을 해치는 말, 나쁜 말"은 어떤 것일까요? 첫째, 독화

살 같은 말입니다. 들으면 기분이 상해서 너무나 마음 아픈 말이지요. 둘째는 불과 같은 말입니다. 화가 나서 참을 수 없는 말, '나는 이 말만 들으면 도저히 못 참는다.' 그런 말이군요. 셋째는 돼지 같은 말인데 들으면 기분이 영 나쁘고 나를 약 올리는 말입니다. 넷째는 뱀 같은 말인데 거짓말이나 다른 사람 흉보고 몰래 수군 수군거리는 말입니다. 다섯째는 개구리 같은 말인데 나중에 생각날 때마다 기분이 영 더러워지는 말이지요. 여섯째는 독거미 같은 말인데 기분 나쁘다고 툭툭 쏘는 말, 팩 토라지는 말, "몰라요! 싫어요! 안 해요!" 이런 말입니다.

다른 사람에게 도움과 기쁨을 주는 유익한 말은 어떤 것들이 있을까요? 첫째는 꽃과 같은 말인데 향기롭고 좋은 칭찬의 말들입니다. 둘째는 나비 같은 말로 들으면 기분이 좋아지는 말, 날아갈 것처럼 기분이 행복해지는 말이구요. 셋째는 양과 같은 말인데 "다시 해 봐, 잘할 수 있을 거야."라는 격려의 말입니다. 넷째는 비둘기 같은 말인데 싸움을 그치고 평화를 가져오게 하는 말, "미안해." "내가 잘못했다." 그런 말입니다. 다섯째는 아이스크림과 같은 말인데 마음을 시원하게 해 주는 말입니다. "그래, 좋아, 네 맘대로 하자!" 이런 말이지요. 여섯째는 잘 익은 사과 같은 말인데 맛있고 또 듣고 싶은 말들입니다.

여러분의 입에서 독화살이 튀어 나오고 불이 나오고 돼지, 개구리, 독거미가 튀어나온다면 누가 여러분을 좋아하겠어요? 그러나 여러분의 입에서 꽃과 나비, 양과 비둘기, 아이스크림, 사과가 나온다면 모든 친구들이 얼마나 좋아하겠어요? 여러분의 말에는 아무 모양이 없는 것 같아도 잘 생각해 보면 여러 모양들이 있답니다.

이제부터 전도사님 들려 주는 말을 잘 듣고, 손으로 표시해 주세요. 좋은 말이면 O 표를, 나쁜 말이면 X 표를 크게 표현해 보세요.

① 참 잘했구나!

② 네가 좋아하는 대로 할게.

③ 너 때문에 잘못되었잖아!

④ 이 바보야!

⑤ 미안해, 내가 잘못했어.

⑥ 아이구, 이것도 못하니?

⑦ 정말 고마워!

⑧ 잘할 수 있어.

⑨ 내가 도와줄게.

⑩ 싫어! 너랑 안 해!

⑪ 넌 항상 그래서 너를 못 믿어.

⑫ 괜찮아,

⑬ 몰라, 모른다니까.

⑭ 난 너를 믿어.

⑮ 너는 잘하는 것이 많아.

여러분, 우리의 말들이 사람을 살리는 힘이 있는 말이 되어야 합니다. 유익하고 무게가 있는 진실한 말, 꽃처럼 나비처럼 향기가 있는 말이 되기를 바랍니다. 한주일 내내 살리는 말을 하고 다시 만나요!

5월 30일 / 행 5:8-9 / 정직

비밀은 가라 !

여러분은 아무에게도 알리지 싶지 않은 비밀이 있나요? 남이 안 볼 때에 살짝 나쁜 일을 한 것이나 거짓말을 하거나, 작은 물건이라도 아무도 안 본다고 살짝 훔치기도 하고 안 들켰다고 기분 좋아한 때가 있었나요? 여러분이 지하실이나 화장실이나 또 이불 속에서 소곤거려도 다 듣고 보고 계시는 분이 계신다는 것을 여러분도 알지요? 하나님은 여러분에 대해서 모르는 것이 없을 만큼 여러분의 생각과 마음까지도 다 알고 계시고 보고 계신답니다.

그런 하나님에게 비밀을 가지려고 했던 매우 어리석은 사람이 있었어요. 예수님이 부활하시고 하늘에 올라가신 후에 예루살렘에 맨 처음으로 교회가 세워지게 되었어요. 많은 사람들이 예수님을 믿으려고 교회로 몰려들었어요. 그 중에 '아나니아'라는 남편과 '삽비라'라는 아내가 있었어요.

교회에서는 믿음이 좋은 사람들이 헌금을 하고 어려운 사람들을 도와주었어요. 그걸 본 남편 아나니아는 "나도 돈을 많이 바치면 다른 사람들이 나를 존경하고 칭찬해 주겠지."라고 생각했어요. 그래서 자기 집의 많은 땅 중에서 일부분을 팔았어요. 많은 돈이 생기고 보니까 욕심이 생겼지요.

아나니아는 삽비라 부인에게 "여보, 이 돈 다 교회에 바치기가 너무나 아깝지? 이 돈 절반만 교회에 바칩시다. 누가 이 돈이 땅 판 돈 전부냐고 물어 보면 전부라고 대답해요. 아무도 본 사람이 없잖아. 이 돈 절반은 감추어 놓자구!" 부인은 "그래요, 그래. 정말 다 바치는 너무 아까워. 나도 그런 생각을 했어요. 몰래 숨겨 놓으면 아무도 모르거든요. 그 돈 보따리는 제가 잘 숨겨 놓을게요!"라고 말했어요.

아나니아는 돈 보따리를 들고 베드로님에게 찾아갔어요. "베드로 사도님, 저도 불쌍한 사람들을 돕기 위해서 저의 집 땅을 팔아서 여기 가져 왔어요." 그런데 베드로 사도에게는 이미 하나님이 이런 이야기들을 다 알려주셨거든요. 베드로 사도는 이미 알고 있었기 때문에 다시 물었어요. "이 돈 보따리가 땅 판 돈 전부란 말이지?" 아나니아는 시치미를 떼고 "네. 이것이 전부예요."라고 말했어요.

베드로 사도는 아나니아에게 "어찌하여 네 마음속에 거짓말하는 마귀가 들어갔을까. 왜 하나님을 속이고 거짓말을 하느냐? 네가 땅 판 값 절반을 너희 집에 감추어 두지 않았느냐? 네가 거짓말을 하고 나를 속인 것은 나뿐만 아니라 하나님을 속인 것이다. 하나님 앞에서 너의 거짓말과 비밀이 탄로 나지 않을 줄로 알았느냐? 하나님을 속이지 말라!"라고 꾸짖었어요.

아나니아는 그 자리에서 푹 엎드리더니 그만 조용히 죽어 버렸어요. 사람들은 깜짝 놀라서 시체를 들고 나가서 땅에 묻었어요. 그 후에 남편이 죽은 줄도 모르고 베드로 사도를 찾아온 부인 삽비라에게 "아까 너희 남편이 가져온 돈 보따리는 전부를 가져온 것이냐?" 다시 물었어요. 부인 삽비라는 "정말 다 갖고 온 거라니까요." 여전히 거짓말을 했어요. 자기 집 땅 판 돈 전부를 가져왔다고.

결과는 어떻게 되었나요? 부인도 그날 죽어서 같은 날, 예루살렘 뒷동산에 두 부부의 무덤이 생기게 되었어요. 이 소문을 들은 예루살렘 교인들은 하나님을 속이고 거짓말하면 절대로 안 된다는 것을 알았어요.

조그만 거짓말은 괜찮을까요? 아닙니다. 조그만 돈 백 원짜리 동전을 슬쩍 하는 건 괜찮을까요? 아닙니다. 남에게 피해 안 간다고 농담 같은 장난 같은 말은 괜찮을까요? 아닙니다.

하나님은 정직한 사람을 좋아하십니다. 아무도 안 본다고 함부로 말하고 행동하고 다른 사람을 속이면 하나님을 속이는 것입니다. 하나님 앞에서는 부끄러운 비밀이 없어야 합니다. 하나님 앞에서는 어떤 비밀도 숨길 수 없습니다. 우리 다 함께 큰 소리로 외쳐 볼까요? "비밀은 가라! 내게 비밀은 없다!" 하나님은 손이 깨끗한 사람, 마음이 깨끗한 사람, 입술이 깨끗한 사람을 좋아하신답니다.

5월의 프로그램

1. 어린이 주일에

　어린이주일 예배에 입장하는 어린이들에게 꽃을 한 송이씩 달아 주세요. 다소 어리둥절해진 어린이들에게 "오늘은 꽃주일, 바로 너희들의 날이기 때문에 달아 주는 거란다."라고 말하면서 악수를 청해 보세요.

　어린이주일 예배를 마치고 광고시간에 미리 준비한 축하카드를 배달해 주세요. 교사 한 명이 특이한 복장(이스라엘 사람들이나 한복이나 농악대 차림)으로 북을 들고 나와서 반별로 배달해 주면 기분이 들뜨겠네요! 축하카드를 이렇게 해 보면 축복이 두 배로, 사랑이 두 배로 넘치지 않겠어요? 그 전(前)주일 교사 월례회 시간에 한 명의 어린이 카드마다 여러 선생님들의 축복의 인사말을 다양하게 적는 것입니다. (예: 나는 너의 환한 웃음이 너무나 좋단다.　○○○ 선생님이 / 이 믿음 이대로 튼튼하고 깨끗하게 간직하기를. OOO 선생님이 / 하나님이 인도하시는 너의 앞날을 나도 기대하고 있지. OOO 선생님으로부터 / 30년 후에 이 세상의 빛과 소금처럼 살고 있을 너를 꼭 만나고 싶어 OOO 전도사님이)

어린이주일은 거의 모든 교회들이 의례히 부모님을 모시고 초대예배를 드리기도 하는데요. 그것도 좋지만 교회 안의 어른들도(항존직) 초대해 보세요. 교회 어르신들의 축하 특송, 부모님들 중의 한두 분이 미리 준비한 우리 아이 성장일기 영상앨범, 부모님의 사랑의 편지, 담임목사님과 어르신들의 축하 영상 메시지 등을 예배 중의 특별 순서로 넣어도 좋습니다.

어린이주일 예배가 마치면 바로 이어서 부모님들, 특히 어머님 몇 분이 준비해 주신 각종 간식 뷔페를 열어 줍니다. 어린이들은 개인접시를 들고, 아동부실 코너마다 차려진 식탁에서 다양한 메뉴의 간식을 조금씩 다양하게 가져다 먹을 수 있습니다. 선물 코너도 일률적으로 하지 말고 어린이들이 제비 뽑은 쪽지대로 선물 코너에 가서 교환하게 해 보면 좋습니다. 이 선물들도 부서 예산으로만 사용할 것이 아니라 교회 어른들의 기념품이나 증정품으로도 대치할 수도 있구요.

이 모든 행사가 끝나면 예배실 출입문에 교사와 교역자들, 교회 안의 장로 권사님들이 모여서 터널을 만드세요. 한 명 한 명 지나갈 때마다 번쩍 들어 올려 안아 주거나 악수하며 축복의 말을 해 줍니다. 어린이들은 의아해 하면서 "오늘은 도대체 왜 이래? 어린이주일이라고? 아이구, 쑥스러워라. 그래도 축복받고 사랑받으니 기분이 좋네."라고 생각하면서 속으론 기뻐할 것입니다.

2. 사랑의 훈장 만들기

　해마다 5월이 되면 거리마다 카네이션 꽃이 가득한 부모님 주일입니다. 너무나 흔한 카네이션 꽃 대신에 올해는 "사랑의 훈장"을 달아 드리면 어떨까요? 하나님이 부모님께 수여하는 "사랑의 훈장"을 만들어서 가슴에 꽂아드린다면 얼마나 기뻐하실까요?

　종이 훈장일지라도 색지로 만들면 너무 가벼우니까 오리기 조금 힘들어도 두꺼운 종이를 준비하세요.(두꺼운 마분지, 딱딱한 재질의 종이) 작은 원 모양으로 오리고, 안쪽 원 부분에 별 스티커(꽃모양, 은색 금색의 화려한 색으로)를 붙여 주세요. 제일 안쪽 원에는 엄마 이름을 쓰세요. (똑같이 만들어서 다른 한 개에는 아빠 이름을)

　훈장 모양이 완성되면 이제는 중간의 연결 부분을 만들어 보아요. 예쁜 색지를 직사각형으로 오리고 그 면에 "사랑 훈장" 이라고 크게 쓰고 아래에는 "친절하고 자상한 우리 엄마(아빠)에게" 등의 내용을 적어 넣습니다. 이렇게 세로로 길게 사각형과 동그란 원 모양으로 오린 부분을 연결하시고, 이제는 훈장의 맨 윗부분을 만들 차례입니다. 훈장의 맨 윗부분은 두꺼운 종이를 옆으로 작게 자르고 그 위에 여러 색의 색지나 리본테이프로 색동무늬를 만들어 보세요. 뒷면에 스카치테이프로 옷핀을 고정하고, 만들어 놓은 원모양과 중간 사각형 모양에 연결하면 드디어 훈장 완성!! 이제는 훈장 수여식을 합니다. 부모님 앞으로 정중히 나아가서 "자, 김OO의 부모님께 하나님이 보내신 사랑 훈장을 수여하겠습니다. 받아 주세요."라고 말하면서 훈장을 달아 드리세요. 또 한 가지! 부모님 뺨에 뽀뽀를 하면서 사랑과 감사를 맘껏 표현하는 멋진 어린이들이 되세요!

3. 우리 집 가계도(믿음의 족보) 만들기

우리 어린이들 집안에는 예수님 믿는 사람이 얼마나 될까요? 아직도 믿지 않는 가족들을 위해 기도하고 전도를 다짐해 보는 시간을 가져보기로 합니다. 1주일 전에 준비한 가계도(家系圖)를 나누어 주고 평상시에 이름을 잘 알지 못하는 이모부, 백부, 백모, 외숙모, 고모나 고모부 등 친척의 이름은 전화를 걸어서 이름을 적어 오게 하세요. 이번 기회에 양가의 많은 사연(이모의 결혼 에피소드, 할머니의 옛이야기 등)들을 부모님이 이야기해 주신다면 아주 정겹고 따뜻한 대화를 나눌 수 있습니다.

교회에서 이 프로그램을 할 때는 어린이들에게 견본을 보여 주는 것이 빠른 이해에 도움이 되지요. 색지에 크게 가계도를 그리고, 미리 알아 둔 친척들 이름과 사연을 간단하게 기록하게 하세요. 지금 교회에 다니고 예수님을 믿고 있는 친척 이름 옆에는 십자가를 오려서 붙여 주세요. 아직 예수님을 모르는 친척 이름 옆에는 하트 모양을 붙여 주고, 반 친구들과 선생님과 함께 친척 이름을 불러가며 기도해 보세요. 이 가계도는 집에 가져가서 벽에 붙여 놓고 늘 기도하도록 해 주세요.

◎ 가족 앨범 만들기

책장 깊숙이 넣어 둔 앨범에서 의미 있는 사진 몇 장을 꺼내어 사연과 함께 가족의 성장사를 적어 놓고 전시한다면, 이런 작업을 부모님과 함께 한다면 더욱 귀한 시간이 될 것입니다. 부모님의 만남, 연애 시절, 결혼과 신혼 시절, 어린이들의 출생과 성장, 유치원과 학교 입학에 이르는 시기까지 몇 장의 사진을 골라 보세요. 휴가 갔던 해수욕장과 가족끼리 즐겼던 가족 여행의 장소들에 얽힌 추억담이 있는 것도 좋겠지요. 준비한 A4용지 색지 여러 장에 사진을 여러 모양으로 오려 붙이고 사연을 적어 보세요.

사진 주위에 꽃모양도 오려붙이고 재밌는 스티커도 붙이고, 다 완성되면 코팅을 하고 책 모양으로 끈으로 묶어서 거실 장식장이나 벽에 걸어 두면 좋은 장식이 됩니다. 또한 자꾸만 보아도 지루하지 않을 우리 가족의 역사가 되지요? 앨범 가운데서 깊이 잠자던 사진이 햇빛을 보면서 걸어 나오는 시간이 되었습니다.

교사를 위한 프로그램

1. 교사 월례회

5월의 월례회는 야외에서 열린다고 교육계획서에 나와 있지요? 1월부터 시작하여 2월의 겨울성경학교, 3월의 사순절, 4월의 부활절과 전도행사, 5월의 어린이주일과 야외견학(소풍)등. 숨 돌릴 틈도 없이 바쁘게 지내온 우리 선생님들을 위로하는 야외 월례회를 마련해 보세요. 주일날 오후는 다른 모임도 많을 테니 5월의 날씨 좋은 토요일에 모여서 가까운 야외 장소를 찾아가 보세요. 피크닉 장소는 얼마든지 많을 것입니다. 이때는 부장님과 교회 여전도회나 늘 섬기기 잘하시는 어른들의 도움을 받아서 먹을거리도 풍성하게 준비하고, 공동체와 화목을 즐길 수 있는 몇 가지 게임도 준비하고, 그 장소에서 놀 거리를 마련하시고. 모든 스트레스와 힘든 것들을 웃으며 털어내고 날려 버릴 수 있도록 임원단에서 잘 준비하였으면 좋겠어요.

　사람은 먹는 것, 노는 것에서 정이 들고 공동체성을 강하게 느낀다고 하지요? 고기도 굽고, 과일도 풍성하고, 먹는 것도 풍성하고, 노는 것도 풍성한 하루를 마음껏 즐겨 보세요. 그런 다음에 간단하게 6월을 대비한 월례회와 미니 세미나를 하시고, 신나게 즐길 때는 우리의 본분이 교사라는 사실을 잠시 잊었다가 돌아오실 때는 그 신분을 챙겨 와야 하겠지요? 다 함께 손잡고 서로를 위해, 교회와 부서를 위한 중보기도를 하세요. 특히 반 아이들을 위해 이름 불러가면서 축복하고 기도하며 봄 햇살 속에 따뜻한 어린이 사랑을 간직하며 돌아오기를 바랍니다.

천국을 발견하는 기쁨

신록이 날로 윤기와 푸름을 더해 가는 6월입니다. 그러나 우리나라 역사에 전쟁의 상처와 아픔이 깊게 남겨진 6월이기도 합니다. 언론에서도 학교에서도 전쟁의 상처를 되살리는 시간이 많아지는 6월에, 교회학교에서는 오히려 '하늘나라'를 깊이 생각해 봅니다. 우리 마음속에 심겨진 하늘나라를 발견하기 위해서 6월의 아동부를 "천국"으로 디자인해 보았습니다. 이제 교회학교의 부흥과 성장을 위해 힘껏 발돋움할 수 있는 시기가 왔지요? 다가올 올해 여름성경학교의 천국잔치를 소망하는 마음으로.

주일	월	화	수	목	금	토
		1	2	3	4	5
6 현충일	7	8	9	10	11	12
13	14	15	16	17	18	19
20	21	22	23	24	25 6.25 전쟁	26
27	28	29	30			

6월의 교육계획서

● 6월의 교육주제 : 천국을 발견하는 기쁨!! (천국)

주일	설교	예배위원	성서학습	2부 순서	2부 담당	준비물	주간행사	기타
6일 (현충일)	요한계시록 22:1-2 "천국에 있는 것들"	기도 : ( )선생님 헌금 : ( )반	18과	"천생-비참한 현장" 공동작업	( ) 선생님, 또는 ( )분과, 반별자료- 반에서 준비하기	게시판용 우드락, 풀(위경접체, 사진(인쇄물) 설명죽지들		
13일	요한계시록 21:4, 22:5 "천국에 없는 것들"	기도 : ( )선생님 헌금 : ( )반	19과	"평화의 나라- 천국 비엔날레"	( ) 선생님, 또는 ( )분과, 반별자료- 반에서 준비하기		여름성경 학교를 위한 교사 강습회 참석	
20일	요한계시록 21:8 "절대로 가지 마세요"	기도 : ( )선생님 헌금 : ( )반	20과		( ) 선생님. 또는 ( )분과			여름 성경학교 준비모임(1)

27일	기도 : ( )선생님 헌금 : ( )반	21과	1학기- 사랑감사 페스티발	( ) 선생님 또는 ( ) 분과	파인간식 밤페, 시상품, 응원과 보좌, 가마굿, 금종	여름 성경학교 준비모임(2) 겸 월례회
요한계시록 20:15, 21:27 "내 이름이 있나요?"						

* 6월의 예배 인도자는 ( ) 선생님, 월례회 간식 제공은 ( ) 선생님입니다.

* 6월은 여름 성경학교를 앞두고 반 어린이들을 향상시키는데 역점을 두려고 합니다. 반 공동체 안에서 전구의 이루어지고 화목함과 협동성을 배양하려고 노력하겠습니다. 반의 충동원과 세 친구와 자주 빠지는 어린이들에게 많은 관심을 가져 주시고 적극적인 만남을 가져 주세요.

* 6월의 두 가지 프로그램은 모두 반 어린이들이 사전 준비를 해 와야 할 프로그램입니다. 인터넷이나 책, 잡지 등에서, 영상자료를 다운받거나 전쟁의 참사에 관한 자료들, 또는 전구의 분위기와 이미지와 관련 있는 것들에 대한 자료를 모으고 주일날 가져오도록 연락해 주세요.

* 여름 성경학교 교사강습회는 ( )입니다. ( )시까지 교회에서 모여서 함께 가거나 개인적으로 오실 수 있습니다. 교사들 중에서 전양운동팀장( ), 성사학습팀장( ), 예배와 프로그램팀장( )를 중심으로 하여 골고루 참여하실 수 있기를 바랍니다.

* 6월부터 여름 성경학교 교사 모임에 이어 매주 오후에 준비모임이 연속됩니다. 체력 관리, 영적 관리, 시간 관리 등 많은 면에서 교사 여러분들의 현명하고 지혜로운 자체관리로 마음 모으기가 필요합니다.

* 1학기를 정리하는 의미로 갖는 6월 27일의 페스티발에 많은 어린이들이 참석하여 즐겁게 동참할 수 있도록 노력과 정성을 모아 주세요.

6월의 설교문

6월 6일 / 계 22:1-2

천국에 있는 것들

저에게는 꿈이 있어요. 제가 먼저 천국 가서 살다가 여러분이 천국에 도착했다는 연락을 받으면 빨리 꽃다발을 준비해서 여러분을 맞이하러 천국 문으로 달려 나가는 꿈이랍니다. 여러분도, 저도 얼마나 반갑고 기쁘겠어요? 아직 가 보지 않은 천국이지만 저는 크게 궁금해 하지 않아요. 이미 성경 속에, 요한계시록 속에 천국에 대해서 나와 있거든요.

예수님의 제자 중에 요한이라는 사람이 있었어요. 요한은 "하나님, 천국이 어떻게 생겼는지 너무나 궁금해요. 천국은 어떤 곳인지 좀 보여 주세요. 미리 살짝 조금만이라도 보여 주세요."라고 아주 아주 간절히 기도를 했어요. 그랬더니 하나님이 요한에게 하늘나라, 천국을 데려가서 천국을 보여 주었어요. 요한은 자기가 본 천국을 요한계시록에 이렇게 적어 놓았어요.

(준비한 영상자료 화면 시작)

1. 천국의 한가운데 생명수의 강이 흐르고 있습니다.

천국의 한가운데는 큰 강이 하나 흐르고 있습니다. 그 강은 생명수의 강이라고 부릅니다. 너무너무 깨끗하고 맑은 물이 가득 흐르고 있어요. 천국에서는 누구나 이 생명수의 강에서 강물을 마십니다. 신기하게도 이 물을 먹는 사람은 누구든지 아프지 않고 늙지 않고 영원히 살게 된답니다.

2. 천국에는 생명나무가 있습니다.

생명수의 강 양쪽에는 생명나무가 있습니다. 매달마다 한 가지 과일이 돌아가며 열리는 과일나무랍니다. 여러분, 이렇게 신기한 나무 보셨어요? 이번 달에는 사과가 열리고, 다음 달에는 복숭아가 열리고, 그 다음 달에는 포도가 열리고, 계속 달마다 과일이 바꾸어 달리는 나무입니다. 천국에서는 일 년이면 12가지 과일을 마음껏 먹을 수가 있지요. 이 과일은 아무리 먹어도 배탈이 안 나고 몇 년을 먹어도 질리지 않을 만큼 맛있는 하늘나라 양식이지요.

3. 천국에는 보석으로 만든 집이 있습니다.

여러분의 집은 시멘트와 흙과 나무로 지어진 집이지요? 여러분이 천국에서 살 집은 황금과 번쩍번쩍 빛나는 보석으로 만든 집이랍니다. 화려한 많은 보석들이 수없이 반짝거리고 빛나는 그런 집이 지금 여러분들을 기다리고 있어요. 그런 집에서 살면 기분이 어떨까요? 여러분은 들어오고 나갈 때마다 여러 빛깔의 보석 때문에 황홀해질 것입니다.

4. 천국에는 진주 대문이 있습니다.

여러분의 집은 나무로 만든 대문이나 철문이 있지요? 천국의 대문은 모두 12개인데 나무 대문이 아니고 12가지 색깔로 된 진주 보석으로 만들어진 대문이랍니다. 여러분이 들어오고 나갈 때마다 번쩍 번쩍 빛이 나고 반사되는 진주대문, 생각만 해도 "와~!" 소리가 저절로 나올 것 같지 않으세요?

5. 천국에는 황금길이 있습니다.

여러분은 오늘 아침 걸어온 길은 시멘트, 아스팔트길이었지만 천국의 골목골목 길은 유리보다 더 밝고 빛이 나는 황금으로 만든 황금길이랍니다. 거울이 필요 없을 만큼 빛나고 먼지 하나 없는 그런 깨끗한 길을 여러분은 언젠가는 걸어 다니게 될 것입니다. 황금 중에서도 가장 비싸고 맑고 깨끗한 황금으로 덮여 있다고 합니다.

6. 천국에는 착한 동물들이 있습니다.

지금 이 세상에서는 코끼리도 무섭고 호랑이도 무섭고 뱀도 무섭지요? 그런데 천국에서는 아무리 무섭고 사나운 동물이라도 우리를 해치지 않고 우리말을 잘 듣고 우리의 친구가 되어 준다고 합니다. 우리가 앉으라면 앉고, 서라고 서고, 사자도 호랑이도 우리를 무서워하고 시키는 대로 말 잘 듣는 우리의 장난감 같고 친구처럼 친하게 지낼 수 있어요.

7. 천국은 빛나는 밝은 나라입니다.

지금 여러분들은 형광등 불빛 아래서 예배를 드리고 있고 어두운 밤이 되면 형광등을 켜야만 해요. 그런데 천국은 태양이 없는데도 전혀 캄캄하지 않고 한낮보다 더 환하게 빛나는 나라입니다. 왜 그럴까요? 하나님이 계신 곳에서, 하나님에게서, 황금보석들에게서 나오는 빛이 천국을 다 비추고도 남을 만큼 환하게 빛나거든요. 천국은 밤이 없는 나라, 따로 불이나 빛이 필요 없는 나라입니다.

8. 천국은 즐거움과 행복의 나라입니다.

천국은 영원히 즐겁고 신나고 행복의 나라입니다. 모든 사람들이 짜증나고 화나고 불평할 일이 전혀 없어요. 여러분은 지금 컴퓨터 게임이 제일 신나는 놀이라고 대답을 하겠지만 천국에는 컴퓨터가 없어도 게임기가 없어도 영원히 신나고 즐거운 곳입니다. 천국은 사랑하고, 즐겁고, 신나고, 칭찬하고, 찬양하고, 행복함이 영원히 계속되는 곳입니다.

여러분, 오늘은 천국에 있는 8가지를 여러분에게 알려 드렸어요. 분명한 것은 천국과 지옥이 분명히 있다는 것, 예수님을 믿어야만 천국 간다는 사실입니다. 여러분을 위하여 준비된 천국, 하나님이 기다리고 계시는 천국으로 가기 위해 지금부터 준비하시는 여러분이 되기를 바랍니다.

6월 13일 / 계 21:4, 22:5
천국에 없는 것들

지난 주일에는 천국에 있는 것 8가지를 말씀드렸어요. 지금도 기억하고 있지요? 다시 한 번 손가락을 꼽아 보면서 생각해 보기로 할까요? 생명수의 강, 생명나무, 황금길, 황금보석집, 12개의 진주문, 착한 동물들,

밝고 빛나는 나라, 웃음과 행복의 나라, 그렇지만 천국에도 없는 것이 있답니다. 무엇이 없을까요?

(준비된 영상화면 시작)

1. 천국에는 교회가 없습니다.

여러분, 이상하지요? 왜 교회가 없을까요? 이 세상에서 교회는 예수님을 믿고 천국 갈 사람들이 모여서 천국생활을 연습하는 곳이에요. 예배드리고 찬송하고 서로 사랑하고 도와주는 일은 우리가 천국 가서 할 일이거든요. 천국에 있는 모든 사람들이 다 예수님을 믿고 왔고, 따로 모일 필요가 없으니까 따로 교회를 지을 필요가 없기 때문이고 어디서나 하나님을 바라보며 찬양할 수 있어요.

2. 천국에는 해와 달과 별이 없습니다.

천국은 밤도 없고 24시간, 백 년 천 년 언제나 빛나는 나라입니다. 하나님이 빛이 되시고 등불이 되고도 남을 만큼 초강력으로 빛나는 나라이기 때문에 해와 달과 별이 필요 없습니다. 천국에는 밤이 없으니까 언제 자지? 하고 궁금한가요? 놀라지 마세요. 천국에는 밤이 없지만 잠을 안 자도 전혀 피곤하지 않고 졸리지도 않는 곳이 바로 천국이랍니다. 우리가 사는 세상은 잠을 안 자면 피곤하고 병이 나지만 천국은 이 세상과는 너무나 다른 신기한 나라입니다.

3. 천국에는 죄인도, 죄도 없습니다.

천국에 오는 사람은 예수님을 믿고 모든 죄가 용서된 사람입니다. 마음속에 죄를 품고 나쁜 생각을 가진 사람은 천국에 올 수 없어요. 만약 천국에 죄인들이 들어온다면, 들어와서 칼 들고 강도짓하고 남을 때리고 못

살게 굴고 거짓말 한다면 천국에 있는 사람들이 얼마나 불편하고 마음이 상하겠어요? 그러면 천국이 영원히 행복하고 신나고 즐거운 나라가 못되거든요. 천국이 영원히 행복한 나라가 되기 위해서 죄인들은 못 들어옵니다. 천국은 죄인이 없는 나라, 죄가 없는 나라입니다.

4. 천국에는 병이나 약이 없습니다.

천국에서는 병이 안 생깁니다. 이 세상에는 감기나 배탈부터 시작하여 암이나 에이즈, 같은 무서운 병이 많이 있어요. 교통사고, 아파트에서 떨어지는 추락사고도 많고 다치기도 많이 하지요. 신기한 것은 천국에서는 아무리 심하게 놀아도 높은 데서 굴러서 다치지도 않고 아프지도 않아요. 천국에서는 병원도 없고 주사기도 없고 약국도 없고 수술하거나 입원할 일이 없어요. 당연히 의사도, 간호사도, 약사도 없지요. 여러분의 몸이 천국에 가면 슈퍼맨보다 더 강하고 튼튼하고 신기하게 변해서 바위랑 함께 굴러도 조금도 안 다치고 멍도 안 드는 희한한 몸이 되기 때문이에요.

5. 천국에는 눈물이 없습니다.

여러분들은 화난다고 울고, 다쳤다고 울고, 약 올라서 울고, 슬픈 장면 보고 울고, 참 눈물이 많아요. 친구랑 놀다가도 울고 조금만 피가 나도 울고. 천국에는 눈물이 전혀 없어요. 왜 그럴까요? 천국에는 영원한 기쁨이 있다고 했지요. 화나고 속상할 일이 없거든요. 매일매일 기분 좋은데 기분 나쁠 일이 전혀 없는데 친구랑 사이좋게 노는데 무슨 화가 나겠어요? 친구랑 부딪히고도 히히 하고 웃어 버리고 마음이 상하거나 화나고 슬플 일이 전혀 없으니까 눈물 날 일이 없답니다.

6. 천국에는 무덤이 없고 죽음이 없습니다.

천국은 영원히 사는 나라입니다. 천국에서는 장례식도 없고 무덤도 없습니다. 왜요? 천국에서는 죽는 사람이 단 한 사람도 없기 때문입니다. 한번 들어가면 수백 살, 수천 살이 되도록 살거든요. 그런데도 늙어서 허리가 꼬부라진 할머니도, 할아버지도 없지요. 여러분이 아는 모세, 다윗할아버지도 수천 살이 되었지만 건강하고 씩씩하게 천국에 살고 계신답니다. 영원히 죽지 않는 나라, 죽음이 없는 나라가 천국입니다.

예수님의 제자 요한은 요한계시록에 자기에게 보여 준 하늘나라를 자세히 적어놨어요. 그러면서도 자기가 본 것을 다 적지 못했고, 그 아름답고 좋은 것을 어떻게 표현하지 못할 만큼 화려하고 빛나는 나라라고 했어요. 여러분, 천국에 꼭 가고 싶지요? 천사들이, 예수님이, 하나님이 우리를 기다리고 계십니다. 지금부터 준비하며 천국 생활을 연습하는 여러분들이 되시기를 바랍니다.

6월 20일 / 계 21:8

절대로 가지 마세요

만화 속에서, 동화 속에서 말하는 지옥은 상상으로 생각하는 지옥이지만 하나님이 말씀하신 지옥은 더 무섭고 소름끼친답니다. 하나님은 성경 속에서 지옥의 모습은 많이 말씀하지 않으셨습니다. 천국 이야기를 더많이 하신 것은 지옥이 무서우니까 천국으로 오라는 것이 아닙니다. 하나님은 "나를 사랑하고 나의 말씀을 순수하게 믿기 때문에, 내 약속을 믿기 때문에 편안하게 천국으로 오라.”는 초대를 더 많이 하시는 것입니다.

(준비된 영상을 보여 주며)

1. 지옥은 커다란 불연못입니다.

오늘 읽은 성경 본문에도 나왔지만 지옥은 커다란 불바다와 같습니다. 여러분은 혹시 화산이 폭발하는 장면을 TV에서 본 적이 있나요? 화산이 갈라지면서 그 틈으로 불덩어리 같은 불의 강물이 강물처럼 빠른 속도로 흘러가는 것을 보았나요? 이 용암덩어리의 온도가 섭씨 3천도를 넘는다고 합니다. 활활 타오르는 불이 강물처럼 흐르는 무척 넓은 불연못이 지옥입니다. 여기에서 하루에도 수백 번, 수천 번씩 “앗, 뜨거워, 앗 뜨거워!”라고 뜨겁다고 살려달라고 소리를 지르면서 높이뛰기를 하고 비명을 질러보지만 구해 주는 사람도 없고, 불온도가 식지 않지요. 온 몸이 불에 탔다가 다시 새살이 돋고 다시 타는 것을 수천 년씩 계속하면서 살아야 합니다.

2. 지옥에도 죽음이 없습니다.

너무나 뜨겁고 아프고 괴로워서 “제발 죽여 주세요.”라고 아무리 소원해도 결코 죽음이 없습니다. 천국에 들어간 사람도 영원히 죽지 않듯이 지옥에 간 사람도 한 번 들어가면 거기서 영원히 죽지 않고 지옥의 고통을 당하면서 살아야 합니다. 이 세상에 살 때 예수님 믿지 않았던 것을 너무 너무 후회해도 소용이 없습니다. 이미 때는 늦었습니다.

3. 지옥에는 먹을 것, 마실 것이 전혀 없습니다.

천국에는 생명수의 강과 생명나무가 있어서 마음껏 먹고 마실 수 있었습니다. 그러나 지옥에는 마실 물도, 먹을 양식도 전혀 없습니다. 누가복음 16장에 보면 어떤 부자가 천국을 향해서 이렇게 소리칩니다. “내가 너무 목말라요. 정말 물 한 모금만 먹었으면 좋겠어요. 천국에 있는 나사로에게 손가락 끝에 물 한 방울이라도 찍어서 여기로 내려와서 내 혓바닥에 넣어주세요"라고. 그러나 그 간청은 거절당했지요. 지옥에는 물 한 방울도 없다고 합니다. 수천 년, 수백 년 동안 그 뜨거운 불연못에서 살면서 물 한 방울 마시지 못하는 것을 상상해 보세요.

4. 지옥에는 미움과 원망과 다툼만 있습니다.

평화가 없고 사랑이 없고 착한 마음이 없습니다. 천국에서는 서로 사랑하고 신나고 즐겁고 행복하게 모두 평화로운 나라였는데 지옥에 오면 사람들은 좋은 말, 좋은 생각, 좋은 행동들을 다 잊어버린답니다. 옆 사람이 싸우니 나도 싸우고, 옆 사람이 때리니 나도 때리고, 서로 미워하고 욕하고 난폭하게 싸우고 지치지도 않고 그런 행동과 말만 하면서 살게 됩니다. 뜨거운 불연못에서 매일매일 "앗, 뜨거워!" 하고 계속 뛰면서도 서로 싸우고 때리고 걷어차고 그런 사람들과 생활을 하는 것이 얼마나 힘들겠어요?

5. 지옥에는 징그러운 벌레와 곤충들이 있습니다.

여러분은 어떤 벌레를 싫어하세요? 저는 발이 많이 달린 벌레들, 지네, 노래기, 송충이. 생각만 해도 소름끼치게 무섭거든요. 구약성경 이사야 14장 11절에 보면 지옥은 이런 곳이라고 소개합니다. 구더기라고 번데기와 모양이 비슷하고 꿈틀 꿈틀거리는 징그러운 벌레가 있는데, 이런 구더기 벌레와 지렁이들이 여러분의 몸 밑에 가득 깔리고 몸 위로 기어오른답니다. 여러분의 온 몸에, 귀와 코로, 입으로 독거미, 구더기, 지렁이, 뱀, 지네 등 징그러운 벌레들이 한두 마리가 아니라 수천 마리, 수만 마리가 기어오른다고 생각해 보세요. 어떨까요? 여러분, 이런 벌레들하고 수천 년 살아야 할 지옥에 가고 싶으세요?

지옥은 뜨거운, 너무나 뜨거워서 온도를 잴 수 없는 불연못입니다. 징그러운 벌레들이 계속 기어 올라옵니다. 마실 물도 먹을 것도 없는 곳입니다. 서로 미워하고 싸움과 불평만 있는 나라입니다. 지옥은 불연못이지만 지옥 전체는 어두움에 싸여 있는 공포스러운 곳입니다.

이번 주 한 주간 동안 여러분은 예수님 믿는 친구들에게 "천국에 함께 가자." 예수님을 모르는 친구들에게 "절대로 지옥에 가지 말자." 라고 말해 주세요. 하나님은 천국에서 여러분을 기다리고 계십니다.

6월 27일 / 계 20:15, 계 21:27
내 이름이 있나요?

아주 훌륭하고 착한 사람이 있었지요. 가난한 사람들도 많이 도와주었고, 외로운 할머니 할아버지들, 불쌍한 고아들도 많이 도와주었어요. 또 돈이 없어서 치료받지 못하고 고생하는 병든 사람들과 장애자들에게 많은 도움을 주었어요. 이 사람의 착한 행동이 많이 알려지게 되었고 그래서 상도 많이 받고 메달이나 훈장도 받았어요. 이렇게 좋은 일 많이 한 사람이 죽었을 때, 많은 사람들은 슬퍼하며 아쉬워했지요.

그런데 이 사람은 어디로 갔을까요? 입으로 소리 내지 말고 잘 생각한 다음에 손가락을 펴서 신호해 주세요. ① 지옥 ② 천국 ③ 천국과 지옥 중간, 자, 어디일까요? 정답은 ① 지옥입니다. 여러분, 놀랐지요? 왜냐구요? 제 이야기를 잘 들어 보면 어디에서도 "예수님 믿는다."는 말이 한 번도 없었지요?

아무리 착한 일을 많이 해도, 착한 일은 좋은 것이지만 예수님은 분명하게 말씀해 주셨습니다. 요한복음 14장 6절에 "내가 곧 길이요 진리요 생명이니 나로 말미암지 않고는 아버지(하나님)께로 올 자가 없다."고 예수님이 하나님이 계신 하늘나라로 가는 길이라고 하셨어요. 또 요한복음 5장 24절에는 "내 말을 듣고 또 나 보내신 이를 믿는 자는 영생을 얻었고 심판에 이르지 아니하나니 사망에서 생명으로 옮겼느니라."고 하셨어요. 예수님을 믿는 사람은 심판을 받지 않고 영원한 생명이 있는 나라, 천국으로 옮겨간다고 하셨지요.

여러분, 천국에 가고 싶지요? 어떻게 하면 천국에 갈 수 있을까요? 여러분이 다 아는 답은 '예수님을 믿으면' 입니다. 오늘 말씀에서는 한 가지 더 조건이 있다고 합니다. 그건, 그건 천국에 있는 "어린양의 생명책"에 이름이 적혀 있어야 합니다. 여러분의 이름이 "생명책"에 있지 않으면 천국문 앞에서 아무리 울고 떼를 써도, 몸부림쳐도 천사가 입장을 시켜 주지 않습니다. 그 "생명책"에 이름이 없으면 천국 백성이 아니기 때문에 결코 천국에 들어오지 못하는 것입니다.

공항에서 비행기를 타고 해외 여행할 때 여권이 없으면 절대로 비행기를 탈 수가 없지요. 대한민국 국민이라는 신분이 확실해야만 비행기도 타고 다른 나라에도 갈 수 있는 것처럼, 대한민국 국민이라면 누구나 반드시 주민등록번호가 있고 주민등록증을 가지게 되어 있어요. 주민등록증이 없으면 외국인이거나 불법 체류자이거든요. 여러분의 학교 출석부에 여러분의 이름이 없으면 그 학교 학생이 아닌 것과 마찬가지 입니다.

"생명책"은 어린양처럼 우리의 죄를 용서해 주시려고 십자가에 달려 피흘려 돌아가신 예수님, 우리 위해 이 땅에 오셨던 예수님을 우리(나)의 구세주로 믿는 사람들(어린이들)의 이름을 적어 놓은 책이랍니다. 천국 문앞에서 천사가 펴 보고 읽어 보고 입장을 시킬지, 지옥으로 보낼지를 결정하게 되는 아주 중요한 책이지요.

여러분(나)의 이름이 생명책에 있나요? 여러분이 예수님을 나의 구세주로 마음에 모셨으면 분명히 이름이 적혀 있습니다. 여러분(나)의 이름이 생명책에 있나요? 천국에 가 보지 않아도 여러분은 알 수 있습니다. 지금 현재의 믿음을 보면 압니다. 여러분(나)의 이름이 생명책에 있나요? 먼 훗날 천사들과 함께 웃으며 천국 문을 열고 천국으로 들어오게 될 것입니다. 여러분(나)의 이름이 생명책에 있나요? 내 이름이 있는지 없는지 잘 모르겠다고 생각되는 친구들은 진심으로 "예수님을 나의 구세주로 믿겠습니다. 제 이름을 생명책에 꼭 적어 주세요."라고 기도하기를 바랍니다.

나의 이름이 "어린양의 생명책"에 분명히 있다고 믿고 확신할 수 있는 친구는 이미 하늘나라 백성이고 천국의 시민입니다. 오늘도, 내일도 생명책에 있는 내 이름을 자랑하면서 나의 죄를 용서하시고 구원해주시고, 천국을 예비해 주신 예수님께 감사하면서 기쁘게 즐겁게 지내기를 바랍니다. 여러분의 기쁨은 하나님의 기쁨입니다.

6월의 프로그램

1. "전쟁—비참한 현장" 고발 전시회

평화시대를 살고 있는 우리 어린이들에게는 전쟁의 참혹함은 먼 나라처럼 실감나지 않는 경험입니다. 한 주일 전에 미리미리 광고해 주세요. 전쟁의 참혹함을 알릴 수 있는 사진이나 자료들을 인터넷에서 구하거나 잡지나 사진, 자료들을 준비해 오라구요. 특히 우리나라 6.25에 관련된 자료들, 아프간이나 이라크 전쟁이나 지금도 벌어지는 세계 각국의 내전과 테러와 전쟁에 관련된 자료들을 준비해 오도록 하세요. 그리고 첫째 주일에 반별로 공동 작업을 통해서 전시회 준비를 하는 것입니다. 반별 게시판을 만들어서 교회 벽에 죽 걸어서 전시해 놓고 어른들도 볼 수 있도록 해 주시면 좋습니다.

더욱더 효과적인 것은 교회 교인들의 목격담이나 경험담이지요. 교인들 중에서 6.25 전쟁에 참여했던 분들, 6.25사변 당시에 피난이나 굶주림, 전쟁의 공포를 직접 경험했던 어른들의 사진과 함께 회고의 글을 미리 받아서 큰 글씨로 출력하여 모두가 읽을 수 있도록 게시해 주시면 좋습니다. 특히 올해는 6.25사변이 60주년이 되는 해입니다. 그 해에 태어난 어르신들이나 그때에 10살 미만이었거나, 20살이 되어서 전쟁의 경험이 생생한 분들의 글을 받아보는 것도 좋을 것입니다. 최고로 효과가 좋은 것은 그분들의 회고담을 캠코더에 담아서 전시회 한쪽 공간에 TV를 연결해 놓고 TV 화면에 나오도록 해 보세요. 아무리 산만하고 관심이 없는 어린이라도 이 회고담 화면은 집중하고 듣는답니다.

2. "평화의 나라-천국" 비엔날레 전시회

지난 주일에 시도했던 "전쟁-비참한 현장" 고발 전시회와는 전혀 다른 이미지를 구하는 공동 활동입니다. 6월 들어 2번째 주일인데요. 이미 들었던 천국에 대한 설교를 생각하면서 천국의 이미지를 형상화하는 작업을 해 봅니다. 이것도 역시 반 어린이들이 각종 매체를 통해서(인터넷, 휴대폰 사진 직접 찍어오기, 인쇄물 등) 모은 천국 이미지와 관련된 자료를 수집합니다. 이러한 자료들을 반별로 공동 작업을 통해서 반 게시판을 만들어서 전시하는 것입니다. 천국에 어울리는 이미지를 자료로만 구성하기에는 역부족일 수 있으니 어린이들이 직접 그리고 색칠하고 각종 미술 재료를 사용해서 천국의 모습을 형상화해 보게 합니다. 천국의 황금길, 생명나무,

생명수의 강, 황금보석집, 하나님의 보좌와 천사들의 모습 등.

다 되었으면 이것도 역시 지난 주일에 전시해 놓았던 공간에 반대편이나 또는 이어서 반별로 게시판을 죽 진열해 놓습니다. 진열이 어려우면 벽에 붙여 놓을 수 있습니다. 어린이들이 전쟁과 평화를 동시에 상상하고 보고 느끼고 생각하게 하는 활동이 될 것입니다. 그런데 이 천국 비엔날레에서는 어른들이 참여하셔도 좋을 부분을 한 가지 만들어 놓아도 좋습니다. 포스트잇 메모지를 준비해 놓고, 어른들이 어린이들이 게시한 부분마다 칭찬이나 격려, 공감의 메시지를 적어서 붙여 놓도록 하면 더 좋을 것 같네요.

3. 1학기말 자(랑), 감(사) 페스티벌

6월이면 교회는 1학기가 마치는 때지요? 모든 어린이들이 반 총동원주일처럼 모이게 하세요. 1부는 자(랑) 페스티벌인데요. 반에서 부문별로 한 가지씩 대상 어린이를 어린이들 스스로가 추천하고 결정하게 합니다. 부문은 우리 반 범생이, 예쁨이(행동이나 맘이 예쁜), 사랑이(사랑하고 사랑받기에 합당한), 도우미(잘 돕고 섬기고 양보하고) 등 여러 부문을 선정하구요. 전체 진행자는 각 반에서 올라온 대상 어린이를 소개하고 함께 시상식을 베풀어 줍니다. 이 중에서 선생님이나 어린이 투표위원들이 의논하여 '진, 선, 미'를 선발할 수도 있습니다. 선발된 어린이들에게는 왕관 수여식이나 대관식을 축하 팡파르와 함께 진행해 주어도 좋습니다.

2부는 감(사)페스티발입니다. 이 시간은 어린이들이나 선생님들 모두가 개인 자격으로 참여하실 수 있습니다. 한 학기를 되돌아보면서 개인적으로 기뻤던 일들, 자신의 가정이나 학교생활 중에서 감사하고 싶은 일들을 앞에 나와서 발표하는 것입니다. 이것을 통해서 어린이들에게 있었던 일들을 알아볼 수 있습니다. 그리고 3부 순서는 여름의 풍성한 과일과 맛있는 간식 메뉴로 화려한 간식 뷔페를 열어서 마음껏 골라먹으면서 즐기는 시간을 가집니다.

교사를 위한 프로그램

1. 여름성경학교를 위한 준비 단계

1) 여름성경학교 교사 강습회

6월 중순경이 되면 교사강습회를 참석하게 됩니다. 이때 사전에 미리 계획을 세워보면 어떻겠어요? 나중에 교회에서 자체적인 강습회를 해야 하고, 모든 교사가 전원 참석하기는 어렵기 때문에 교사 강습회에 참석이 가능하신 분들에게 임무를 부여하는 것이지요. 찬양율동팀, 성서학습팀, 예배(또는 프로그램팀), 전도(와 홍보팀, 장식팀)을 구성하여 최소한 한 분 씩 팀장으로 임명하고 해당분야에 대해서 잘 배우고 돌아와서 동료들 앞에서 가르치라는 특명을 부여하는 것입니다.

2) 여름성경학교 준비모임(1)

6월20일(주일) 오후 시간에 모이는 준비 모임은 '기획' 단계입니다. 교사강습회에 다녀오신 분들의 의견을 듣고, 작년도의 성경학교를 되돌아보면서 올해는 어떤 프로그램과 어떻게 진행할 것인지 자유토론을 해 보고, 교사들의 각종 아이디어나 제안을 들어 보는 시간입니다. 교사들의 의견과 제안을 먼저 들어 보고, 담당 교역자도 역시 자신의 생각과 방침을 미리 설명하세요. 교사 강습회에서 보고 배운 것들 중에서 우리 교회 형편에 맞게 어떤 것을 선택하며, 어떻게 수정 보완할 것이며, 어디에 강조점을 둘 것인지, 예산과 집행 문제, 교사들의 수급과 보조 도우미들의 운영, 그동안 전도와 교사들의 기도 문제를 어떻게 할 것인지 생각을 나누고, 더 좋은 의견을 모아 보는 시간을 가져 보세요.

3) 여름성경학교 준비모임(2)

6월 27일(주일) 오후에 모이는 준비모임에서는 지난 주간의 자유토론을 통해서 수렴된 의견을 바탕으로 이 날은 '계획 확정'하는 날입니다. 일자, 시간, 일정표, 여름성경학교 전에 진행될 전도활동, 홍보작전, 장식과 꾸밈 관계 등이 확정하는 시간입니다. 이 날부터 교사들의 기도(전체 연합기도회, 개인 릴레이기도) 계획과 기도당번들이 정해지고 본격적인 기도가 시작되겠지요. 차근차근 준비 단계의 일정이 시작되도록 계획을 정할 필요가 있습니다.

말씀의 씨앗을 심는 잔치!

많은 사람들이 땀 흘리며 휴식을 누리려고 시원한 곳을 찾아서 떠나는 한여름에, 반대로 우리 선생님들은 땀 흘리며 헌신하기 위해 교회로 모여야 하는 역설(逆說)을 안고 살지요. 그것은 헌신 뒤에 올 영적 추수를 사모하는 믿음이 있기 때문입니다. 우리 어린이들의 믿음의 밭에 성경 말씀을 심는 거룩한 역사(歷史), 하늘의 천군천사도 기대하는 여름의 말씀 잔치가 7월에 열립니다. 말씀을 배우는 즐거움으로 충만한 어린이들과 섬기기에 충만한 선생님들에게 그 말씀은 살아서 움직이고 있습니다.

주일	월	화	수	목	금	토
				1	2	3
4 맥추감사 주일	5	6	7	8	9	10
11	12	13	14	15	16	17 제헌절
18	19	20	21	22	23	24
25	26	27	28	29	30	31

7월의 교육계획서

● 7월의 교육주제 : 말씀 씨앗 진지에 오세요!! (성경)

주일	설교	예배위원	성서학습	2부 순서	2부 담당	준비물	주간행사	기타
4일 (맥추감사 주일)	요한일서 4:10-12 "사랑의 편지"	기도 : ( ) 선생님 헌금 : ( )반	22과	"주제를 알리는 퍼포먼스"	( ) 선 생님, 또 는 ( ) 분과,	주제글씨 (자모음, 또는 낱글자),	3일(토) 오후/ 여름성경 학교 준비모임(3)	여름 성경학교 준비모임 (4)
11일	이사야 44:22 "다 잊어 버릴게"	기도 : ( ) 선생님 헌금 : ( )반	23과	"화살표 퍼레이드"	( ) 선 생님, 또 는 ( ) 분과,	다양한 색깔의 색지, 풀, 가위, 접착테이프	여름성경 학교 준비/ 담당자	여름 성경학교 준비모임 (5)
18일	열왕기하 22:10-11 "단정하게 깨끗하 게"	기도 : ( ) 선생님 헌금 : ( )반	24과				여름성경 학교 진행	

| 25일 | 시편 119:103, 127 "이것만 있으면" | 기도 : ( )선생님 헌금 : ( )반 | 25과 | 여름 성경학교의 주역 전시회 | ( ) 선생님, 또 는 ( ) 분과 | 각종자료, 전지, 접착테이프 종류, 판(라면),장식 | 여름 성경학교 평가회 겸 월례회 |

* 7월의 예배 인도자는 ( ) 선생님, 월례회 간식 제공은 ( ) 선생님입니다.

* 7월은 여름성경학교가 진행되는 달이어서 말씀 전지에 담겨 있습니다. 무더위와 피로 때문에 건강 해치지 않도록 각별하게 체력관리를 해 주시기를, 최대한 집중하여 영적인 관리를 잘 해 주시기를 부탁드립니다.

* 지난달 말부터 시작된 교사들의 개인별 릴레이기도에 정성을 모아 주시고, 주일날 토요일 낮 모임 때마다 하는 교사연합기도회에도 힘을 모아 주시기를 바랍니다. 우리의 수고와 일들이 기도 보다 앞서지 말고 주님과 동행하면서 아름다운 열매가 맺어지기를 기다려 봅니다.

* 올해의 여름성경학교 기간은 ( )일부터 ( )일까지입니다. 부득이하게 형편이 안 되어 참여를 못하시더라도 준비를 도와주시고, 기도에 적극 동참해 주시고, 성경학교 기간 중에는 실황 한 번 들여다 보든 센스라도 보여 주신다면 우리 모두에게는 큰 힘이 될 것입니다.

* 마지막 주일, 25일 오후에는 가까운 곳으로(음식점, 공원, 수영장?) 나가서 평가회 겸 월례회를 하면서 쌓인 피로를 날리고, 더 앞자고 발전되는 교육을 위하여 마음을 모으는 좋은 시간을 갖도록 하겠습니다. 모두 참석해 주시기 바랍니다.

7월의 설교문

7월 4일 / 요일 4:10-12
사랑의 편지

여러분, 제일 짧은 편지는 전보라는 것은 다 알 거예요. 그러면 이 세상에서 제일 긴 편지는 무엇일까요? 네! 바로 성경이랍니다. 이렇게 긴 책, 긴 편지를 한 번에 다 읽을 수는 없겠지요. 성경에는 많은 내용이 써져 있지만 짧게, 아주 짧게 줄이면 어떤 단어만 핵심적으로 남을까요? 궁금하지요?

민수의 이야기 속에 힌트가 들어 있어요. 어느 날 밤, 민수는 엄마에게 이런 쪽지를 주었어요. 열심히 공부해서 선생님께 칭찬들은 값 200원, 밥 잘 먹은 값 500원, 슈퍼에 다녀온 심부름 값 200원, 현관과 거실 청소한 값 300원, 피아노 학원에 갔다 온 값 300원, 쓰레기통 비운 값 100

원, 동생하고 안 싸우고 잘 논 값 300원, 엄마 시장 갔을 때 집 지킨 값 200원, 아침에 안 깨워도 혼자 일어난 값 100원, 합계 2200원을 오늘 착한 일을 한 값으로 주세요. 민수 엄마는 아무 말 없이 그 돈을 민수의 머리맡에 놓아 주었어요.

민수는 아침에 일어나서 "어? 이것 참 재미있네." 하면서 그날은 또 "이래서 합계 2000원을 주세요."라는 쪽지를 엄마에게 주었어요. 엄마는 그 돈을 베개 옆에 놓아 두었어요. 민수는 그 다음날도, 또 그 다음날도 이런 쪽지를 엄마에게 주는 거예요. 엄마는 계속 민수가 달라는 대로 돈을 침대 머리맡에 두었어요.

그런데 어느 날, 민수 엄마는 민수가 잠든 사이에 이런 쪽지를 갖다 놓았어요. "태어나서부터 지금까지 매일 밥과 반찬을 만들어 준 값 1500만 원, 매일 옷을 빨래해 준 값 200만 원, 옷 사 준 돈 500만원, 학원과 학교에 낸 돈 500만 원, 숙제나 공부를 같이 해준 돈 50만 원, 아플 때 간호해 주고 병원비 든 돈 250만 원, 장난감과 용돈 400만 원, 학원과 유치원, 시장, 놀이동산에 데리고 간돈 200만 원 총 합계 3600만 원을 너 키워준 값으로 엄마에게 지불하거라."

민수는 깜짝 놀라 "억! 그 돈이 내게 어디 있어?"하면서 엄마의 쪽지를 다시 한 번 읽어 보았어요. 민수는 "괜히 엄마하고 쪽지장난하고 용돈 타는 장난을 벌렸네. 이렇게 엄마가 나를 놀래게 할 줄이야." 그런데 자세히 보니 엄마의 쪽지 맨 끝 줄에는 이런 말이 쓰여 있었어요. "그러나 엄마는 민수를 너무나 사랑하기 때문에 이 돈 3600만 원을 무료로 한다." 민수는 "야호! 이제 살았다. 그러면 그렇지! 엄마는 나를 사랑하는데."라고 환호성을 질렀어요.

이제 여러분은 '성경의 단축키'가 무엇인지 발견했나요? 네. 그것은 '사랑'이란 말입니다. 신약성경에만 "사랑"은 116번, "사랑하다."는 말은 143번, 합해서 259번이 나온답니다. 민수 엄마가 민수를 사랑하기 때문에 모든 것을 공짜로 주었어요. 우리 하나님도 우리를 너무너무 사랑하셔서 예수님을 보내 주셨어요. 십자가를 지고 피 흘려서 우리에게 구원과 영생과 천국을 무료로 공짜로 주셨어요. 성경은 "내가 너를 너무너무 사랑한단다. 너를 위해서 좋은 것을 다 주겠다."라는 사랑의 편지입니다.

이제 여러분 모두 "예수 사랑하심은" 찬송가를 불러볼까요? 여기에 '사랑'이라는 단어가 몇 번 나오는지 헤아려 가면서 힘차고 씩씩하게 불러보도록 해요. (함께 찬송가를 부르거나 Tape로 들려 주어도 좋다) 자, 모두 몇 번일까요? 그래요. 그럼 나를 사랑한다고 어디에 써 있나요? 큰 소리로 외쳐 보세요. (성경에 써 있어요!!)

성경은 사랑의 편지입니다. 하나님의 사랑을 아는 사람, 여러분은 하나님의 사랑의 편지인 성경을 너무너무 소중하게 여기고 기쁘게 감격스럽게 매일매일 읽어야 합니다.

7월 11일 / 사 44:22

다 잊어버릴게

경민이네 집에서 일어났던 사건입니다. 경민이네 집에는 오리가 무척 많았어요. 왜냐하면 경민이의 아빠가 오리 박사님이면서 교수님이셨거든요. 그렇지만 경민이는 오리를 굉장히 싫어했어요. 항상 시끄럽게 꽥꽥거리고 뒤뚱거리니까요.

어느 날 경민이는 친구들과 야구를 하다가 친구와 싸웠어요. 화가 무척 나서 집으로 돌아왔는데 오리들이 반갑다고 옆으로 오는 거예요. 오리들은 화가 나서 씩씩거리는 경민이 마음도 모르고 경민이 주변을 꽥꽥거리면서 맴도는 것이었어요. 경민이는 홧김에 그만 야구 방망이로 한 대 때렸더니 그중 한 마리가 죽고 말았어요. 큰일 났어요!! 아빠가 그렇게 소중하게 여기던 오리를 죽였으니 어떻게 해요? 경민이는 어떻게 할까 고민하다가 뒷동산에 올라가 죽은 오리를 조용히 파묻고 나뭇잎으로 덮고 돌아왔어요.

그날 저녁, 경민이에게 살그머니 다가온 누나 민정이가 경민이를 붙들고는 "경민아, 난 다 봤다. 네가 야구 방망이로 오리 한 마리 죽이고 뒷산에 묻었지?" 하는 것이었어요. 그러면서 "나 아빠한테 이를 거다. 네가 내 말을 안 들으면." 경민이는 놀라고 당황해서 누나를 붙들고 애원하기 시작했어요. "누나, 제발 누나가 시키는 대로 다 할게. 아빠에게 이르지 말아 줘. 아빠가 물으면 모른다고 해 줘. 제발, 제발, 응?"하고 사정했어요.

그때부터 경민이는 누나의 말 한 마디에도, 조그만 손짓에도 가슴이 철렁 내려앉는 겁쟁이가 되었어요. 누나는 온갖 심부름도 청소도 경민이에게 다 시키고는 "만약에 말 안 들으면 아빠에게 이를 거다."라고 협박을 했지요. 누나는 날마다 청소도 시키고 맛있는 것도 빼앗아 먹고 경민이는 너무나 힘들고 괴로웠어요. 드디어, 참다못한 경민이는 결심했어요.

견디다 못한 경민이는 차라리 아빠에게 가서 말하는 것이 좋겠다고 생각하고 아빠의 서재를 찾아가서 사실대로 다 말했어요. 그러자 아빠는 이렇게 말하는 것이었어요. "괜찮아, 나는 그때 2층에서 네가 한 행동을 다 보고 있었어. 그때 벌써 난 너를 용서해 주겠다고 마음먹었지. 그러나 네가 솔직히 잘못을 빌고 정직하게 말하면 너를 용서한다고 말해 주려고 기다리고 있었어. 아빠는 너를 사랑해. 오리가 아무리 소중해도 나는 내 아들 경민이가 더 소중하지. 이제 네가 정직하게 잘못을 빌었으니까 아빠는 다 잊어버릴게." 2층 서재에서 내려오는 경민이는 날개라도 달린 듯이 날아갈 것 같이 시원하고 기분이 너무나 유쾌해서 찬양이 저절로 불러졌답니다.

다음의 3가지 퀴즈 문제를 맞힌 친구들에게는 깜짝 상품이 있지요. 문제 ① 여기 나오는 아빠는 누구와 같은가요? (정답 :하나님) ②경민이는 바로 누구일까요? (정답 :우리들, 나 자신) ③민정이 누나는 어떤 역할인가요? (정답 :마귀)

마귀는 우리 잘못을 자꾸 생각나게 만들어요. "네가 언제 그런 적이 있었지? 넌 잘못했잖아, 그때 일을 생각하면 부끄럽지 않니?" 그러면서 생각나고 괴롭고 부끄럽고 그러면서도 죄 가운데서 살도록 유혹한답니다. 그러나 하나님은 우리가 정직하게 잘못했다고만 하면 우리의 모든 죄를 다 용서하시고 다 잊어버리고 생각도 안 하신답니다. 하나님은 완전한 용서를 해 주는 분입니다.

오늘 읽은 말씀에서는 구름이 없어지는 것처럼, 안개가 사라지는 것처럼 우리의 죄를 깨끗이 없애 주신답니다. 지우고 나면 흔적도 남지 않는 지우개처럼 우리의 죄를 지워 주시고 잊어버리신다고 약속하였습니다.

성경은 용서의 편지입니다. '우리의 죄를 예수님의 피로 다 씻어 주셨다, 우리의 잘못을 다 용서하고 잊어버렸다.'는 확실한 용서의 편지입니다. 여러분도 일주일간 이 성경을 옆에 두고 읽으면서 용서받은 기쁨을 경험하기를 바랍니다.

7월 18일 / 왕하 22:10-11
단정하게 깨끗하게

여러분이 교회 오기 전에 무엇을 했을까요? 세수도 하고, 머리도 빗고, 밥도 먹었고, 거울 앞에 서 있기도 했을 거예요. 거울을 보면 우리가 어떤 모습인지 금방 알 수 있어요. 만약 거울이 없었다면 어떻게 했을까 생각해 본 적이 있나요? 거울은 우리의 겉모습을 늘 단정하게 해 주는 고마운 물건이에요.

하나님을 잘 섬기던 유대나라가 언제부터인가 하나님을 잘 섬기지 않은 나라로 변해 버렸어요. 하나님이 싫어하시는 일만 골라서 우상을 섬기며 헛된 것에 제사를 지내고 있었답니다. 십계명 중의 첫째, 둘째 계명을 잘못 지키고 있는 거지요. 하나님의 교회인 성전은 텅 빈 건물이 되어 쓸쓸하게 서 있었습니다. 하나님을 경외하며 정성스럽게 예물을 드리던 사람들의 발걸음이 끊어진 거지요. 성경을 읽는 사람도 찾는 사람도 보기가 힘들었어요.

예배도 찬송도 기도도 끊어진 성전이 되었어요. 그 화려하고 아름답고

웅장하던 교회 건물에는 금이 가고, 지붕이 바람에 날아가서 빗물이 들어오고, 거미줄이 주렁주렁 쳐지고, 유리창은 깨어지고 먼지만 쌓인 곳, 거미와 바퀴벌레와 곤충들이 돌아다니는 그런 집, 유령의 집처럼 변해 버렸습니다.

그때 요시야 왕이 등장을 합니다. 몇 살에 왕이 되었느냐면 그는 8살에 왕이 되었어요. 그 후 18년이 지나서 26세가 되던 해였어요. 그 사이에 키도 크고 생각도 많이 자란 요시야 왕은 하나님이 보시기에 좋은 일을 하는 왕이 되었어요. 어느 날 왕은 하나님의 성전이 생각나서 신하들과 함께 성전에 올라갔다가 깜짝 놀랐어요. 어렸을 때 보던 그 화려하고 깨끗하던 교회가 아니었거든요. 금방이라도 허물어질 것 같았어요.

요시야 왕은 사반 장관을 불러서 "사반 장관, 빨리 대제사장에게 가서 이 성전을 고치라고 하세요. 어떻게 성전이 이렇게 흉하게 될 수가 있어요? 난 너무 슬퍼요. 이렇게 두어서는 안 돼요. 빨리 성전을 수리하세요!" 명령을 했어요. 드디어 많은 사람들이 몰려와서 망치소리 요란하게 성전을 고치고 청소하고 공사를 시작했습니다.

어느 날, 사반 장관이 커다란 두루마리 성경을 왕에게 가지고 왔어요. "성전을 수리하는 중에 벽 속에서 발견한 거라고 대제사장 힐기야가 갖다 드리라고 하더군요." 왕은 "어! 이 책, 하나님이 우리 조상에게 주신 바로 그 성경이란 말이지?" 왕은 너무나 반가웠어요. 그래서 사반 장관이 읽어 주는 성경을 요시야 왕은 조용히 듣고 있었어요.

거기에는 우상을 섬기지 말고 하나님만 섬기라고, 거짓을 버리고 진실하게 서로 사랑하며 살라는 말씀도 있었어요. "우리 조상들은 이렇게 살지 않았어! 우린 우상을 섬기며 하나님을 멀리 했다구요. 지금 회개하지 않으면 안 돼!" 요시야 왕은 유대 나라 백성과 자신의 잘못을 보여 주는 말씀을 듣고 엉엉 울면서 죄를 뉘우쳤어요. 그리고 그 성경책을 가지고 시장으로 마을로 다니면서 백성들에게 읽어 주라고 했어요. 유대 백성들도 그 성경 말씀을 들으면서 자기들의 죄와 더러움을 깨닫고 많이많이 부끄러워했어요. 그리고 그 죄를 다 버리고 이제부터는 깨끗하게 살기로 결심했어요. 깨끗하게 청소되고 수리된 성전에서는 다시 성경 읽는 소리, 찬송 소리, 기도 소리가 아름답게 울려퍼지기 시작했답니다.

성경은 우리 마음을 비춰 주는 거울입니다. 성경을 읽으면서 들으면서 공부하면서 잘못을 고치고 우리 마음의 생각과 행동을 단정하게 깨끗하게 다듬어야 합니다. 날마다 세수하듯이, 날마다 거울 보듯이 날마다 성경을 읽는 여러분의 모습, 얼마나 아름다울까요? 성경은 거울입니다. 날마다 성경 속에서 "단정하게, 깨끗하게"라고 말씀하시는 하나님의 음성을 듣는 믿음의 어린이로 사세요.

7월 25일 / 시 119:103,127

이것만 있으면

시편 119편 103절에는 하나님의 말씀이 꿀보다 더 달고 맛있다고 했어요. 127절에는 금보다 더 사랑하는 말씀이라고 합니다. 옛날에는 금을 돈보다도 더 귀하고 좋은 것으로 여겼고 음식 중에서 가장 귀한 음식이 꿀이었어요. 그래서 하나님의 말씀을 금이나 꿀보다도 더 귀하다고 고백했던 거지요.

여러분, 작지만 비싸고 귀하고 중요한 것은 무엇이 있을까요? 열쇠, 도장, 통장, 수첩, 다이아몬드, 보석. 세상에 있는 모든 물건은 크기로 승부를 거는 것이 아니라 그 중요성 때문에 그 사용하는 가치 때문에 비싸고 귀하다고 인정을 받는 거랍니다. 그래서 작다고 무시해서는 안 될 물건이 많이 있는데 그 중에서 성경은 얼마나 가치가 있을까요?

미국과 소련 사이에는 알라스카라는 큰 땅이 있어요. 그 땅의 주인은 미국이지만 원래는 소련 땅이었어요. 소련은 그 넓은 땅에 눈만 잔뜩 뒤덮은 쓸모없는 땅이라고 그 땅을 미국에 팔기로 했어요. 미국 대통령이 그 땅을 사려고 하자 미국의 국회의원들, 신문 기자들이 맹렬히 반대를 했어요. 넓기만 했지 얼음만 가득 쌓인 그 땅, 냉장고 같고 아이스박스 같은 그 땅을 왜 사느냐고, 20세기에 가장 바보 같은 대통령이라고, 알라스카 땅을 사면 절대 안 된다고 반대를 했어요.

미국 대통령 앤드류 존슨은 반대를 무릅쓰고 720만 불이라는 싸구려 헐값에 소련으로부터 그 땅을 샀어요. 많은 미국의 학자들이 알라스카 땅에 들어가서 조사를 시작했어요.

그런데 놀라운 일이 계속 생겼어요. 알라스카의 땅 속에는 엄청나게 많은 광물질, 보석, 황금들이 지하에 있었어요. 그뿐만이 아니라 엄청나게 많은 석유가 지하에 흐르고 있었어요. 또한 알라스카의 나무들은 세상에서 품질이 제일 좋은 나무들이었어요. 나무만 팔기만 해도 큰 수입이 생길 정도였지요. 알라스카 바다 속에는 배들이 움직일 수 없을 정도로 물고기들이 꽉 차 있었어요.

미국은 그 땅을 싸구려에 사서 엄청난 수입을 올린 부자 나라가 되고 말았어요. 조사단의 조사 결과가 이렇게 좋은 것으로 발표되니까 미국의 신문에는 이런 글이 실렸답니다. "아이스박스인 줄 알았던 알라스카 땅이 알고 보니 황금박스였다."

여러분, 성경이 만화책보다 재미없는 책 같고 시커멓고 시시한 책 같지만 이 책의 가치는 미국이 산 알라스카 땅보다도 더 귀하고 비싼 가치가 있습니다. 여러분 중에는 게임과 만화, TV와 갈비와 피자가 더 재미있고 맛있다고 생각하는 친구도 있을 거예요. 그러나 성경 속에도 알고 보면, 아는 사람만 아는 재미와 맛이 있고 황금과 꿀보다도 더 귀한 것이 많이 담겨져 있답니다.

성경 속에는 알고 보면 놀라운 능력이 있어요. 놀라운 비밀이 있어요. 누구도 함부로 가질 수 없는 행복의 길이, 천국 가는 길이, 비누로도 강력 세제로도 안 되는 죄 용서의 비결이 이 성경 안에 있어요. 이것을 발견한 사람은 성경의 보석을 캐낸 사람입니다. 여러분은 성경의 보석 상자에서 믿음의 보석을 발견하여 참기쁨과 행복과 평안을 누리는 사람이 되세요.

성경은 보석상자입니다. 성경은 작지만 힘이 있는 책입니다. 성경은 보잘것 없이 보이지만 사람을 위대하게 만들어 줍니다. 천국의 비밀이 숨겨진 책입니다. 이 성경을 사랑하고 존귀 여기는 여러분이 되길 바랍니다. 여러분이 하나님의 말씀을 황금처럼, 꿀처럼 최고로 여기면 하나님도 여러분을 최고로 인정하실 것입니다.

7월의 프로그램

1. "주제를 알리는 퍼포먼스"

여름성경학교 시즌이 되면 어린이들은 평소와 다른 정성들인 많은 프로그램과 화려한 장식, 평소보다 더 풍성하고 맛있는 간식들 속에 묻히게 됩니다. 그런데 정작 지내 놓고 보면 어린이들은 "뭘 배웠지? 이번 주제가 뭐였지?"라는 질문 앞에서는 유구무언입니다. 정작 중요한 핵심 키워드를 잃어버리고 어린이들이 여름성경학교 일정에 정신없이 흘러가 버린 것이 아닐까 싶습니다. 그래서 이번에는 성경학교를 앞두고 주제를 심어 주는 퍼포먼스 활동을 해 보려고 합니다.

성경학교의 주제를 자음 모음카드로 만들어서 각 반에 한 세트씩 나누어 줍니다. 선생님들은 이때까지 주제에 대한 정보나 힌트를 사전에 발설하면 안 되므로 비밀 엄수!! 반 어린이들은 자음, 모음 카드를 가지고 이렇게 저렇게 배합하면서 글자를 만들고 문장을 만들어갑니다. 생각보다 시간이 더 걸릴 수도 있습니다. 이럴 때는 사회자가 첫 글자와 끝 글자만 가르쳐 줄 수도 있구요. 저학년일 경우는 글자 한 자씩 적은 카드를 나누어 주고 글자 배열을 하게 할 수도 있습니다. 이때 재미를 위해서는 글자 대신 그림으로 대치할 수도 있습니다. 예를 들어 "나"라는 글자 대신 "나비" 그림 카드를 준다든지 하는 방식이지요.

또는 교회 안을 구석구석 뒤지면서 "글자 보물찾기"를 할 수도 있습니다. 이때 숨겨진 글자카드는 모두 색깔별로 세트를 만들고(반별로 다른 색깔로), 골고루 섞어서 교회 화장실, 창문 틈, 화분, 계단 난간, 액자나 게시판 옆 등에 숨겨 놓으세요. 그리고 어린이들을 일제히 내보내면 교회 안은 난리법석, 요란법석이 됩니다. 어른들이 귀엽게 보고 소란을 참아 줘야겠지요? 어린이들은 자기반 색깔을 정하고 출발했기 때문에 자기반 색깔의 글자 카드만 찾아서 모으는 것입니다. 이때 다른 반에 있는 자기반 색깔 카드와 우리 반이 갖고 있는 다른 반 색깔 카드와 교환할 수도 있습니다. 이렇게 찾고, 교환하고 그렇게 시간이 흐르다 보면 서서히 같은 색깔의 글자 카드가 모여지게 됩니다. 이렇게 모은 카드를 이리저리 배열하다 보면 문장이 완성! 그러면 부서로 달려와 "목표 달성, 글자 완성!!"을 외치며 선착순으로 줄을 서고, 선착순 순서에 따라 간식은 차등 지급이랍니다.

카드 글자 배열이든, 보물찾기이든 그대로 끝나면 아직은 미완성!! 부서의 벽이나 창문에 글자카드를 배열하여 게시까지 해야만 퍼포먼스 활동은 100% 완성이랍니다.

2. 화살표 퍼레이드

지금까지는 거의 대부분이 교사들이 직접 전도지나 전도 포스터를 만들거나, 이미 상품화되어 있는 것들을 많이 사용하곤 했지요. 올해는 어린이들도 전도(홍보) 작전에 동참하게 해 보면 어떨까요? 어린이들이 A4 용지 색지에 화살표를(⇦ ⇨ ⇧ ⇩) 다른 색지로 오려붙이고, 그 주변에 교회 이름과 성경학교 날자와 장소를 적어 놓게 하세요. 많이 필요하니까 많이 여러 장을 만들고 이제는 반별로 지역을 정해서 출발!! 그 지점에서부터 교회로 오는 길에 계속 화살표 종이를 접착테이프로 붙이게 합니다. 나무에도 벽에도, 기둥에도, 심지어는 길바닥에도 붙여 놓고 그 화살표 방향을 따라오면 교회가 나올 수 있도록 붙여 주세요. 이것이 손실되고 훼손되더라도 어린이들은 자기들이 붙인 종이가 그대로 있나 하고 궁금하기도 하고, 학교에서도 자랑하기도 할 거예요.

3. 여름성경학교 추억 전시회

성경학교가 끝나고 바로 그 다음 주일이면 모두들 "언제 성경학교가 지나갔지? 화려하고 풍성했던 여름 잔치는 꿈이었나 봐."라고 할 정도로 잔치 분위기는 다 식어 버리고 예전처럼 썰렁해집니다. 그런 교회를 많이 보았는데 올해는 성경학교의 여운을 좀 오래 가게 하고 싶었어요. 또한 배우고 경험했고 누렸던 많은 배움의 장과 추억을 다시 되새김질하는 뜻으로,

또한 교회 어른들에게 "우리는 이렇게 성경학교를 보냈어요."라는 보고회 겸 해서 추억 전시회를 마련해 볼까 합니다.

그러기 위해서는 여름성경학교 때의 많은 프로그램 자료들, 어린이들이 손수 만들었던 많은 작품들, 손때 묻고 마음이 담긴 자료들을 버리지 마시고 꼼꼼히 챙겨 두세요. 성서학습 교재 외에도 만들기 활동, 교육 자료들, 거기다가 성경학교 후에 재빠르게 사진을 현상해서 준비해 두시구요. 25일(주일)이 되기 전, 24일(토)에 선생님 몇 분이 모여서 큰 전지에 항목별로 자료를 게시하고 설명문도 쓰고, 공간을 꾸미기도 하고. 그렇게 여러 장의 큰 전지를 아동부서 방보다는 많은 분들과 학부모님들도 볼 수 있게 교회의 로비나 벽 공간에, 식당 벽이나 붙여 놓으시면 됩니다. 지나다니는 어른들이 발길을 멈추고 들여다보시고 흐뭇하게 웃으실 거예요. 어린이들도 성경학교를 다시 추억하고 그 흔적을 즐겁게 회상할 수 있을 것입니다.

교사를 위한 프로그램

1. 여름성경학교를 위한 준비

1) 여름성경학교 준비 모임(3)

　7월 3일(토)이나 다른 주중 한 요일을 택해서 교사들이 모여서 '자체 전달 강습회'를 하는 시간입니다. 오늘은 주로 찬양과 율동, 성서학습 교재 내용 예습에 초점을 맞추고 교육을 받습니다. 교사 강습회에 참석하신 교사들(팀장)은 전달한 내용과 자료를 준비하시고, 멋지고 장래가 촉망되는 일일 강사로 활약해 주실 것입니다. 모든 교사들이 함께 모여 합심해서 성경학교를 위해 기도하고 교육을 받고, 간식도 쉴 새 없이 먹으면서 준비하는 그 시간이 얼마나 아름다울지 생각만 해도 기분 좋아집니다.

2) 여름성경학교 준비모임(4)

7월 4일(주일) 오후에 모이는 네 번째 준비모임은 지난 주(6월 27일)에 확정된 일정표를 기준으로 하여, 각 예배 프로그램과 활동 프로그램에 대한 내용을 자세히 설명을 듣고 숙지하는 시간을 가집니다. 어떤 프로그램을 어떻게 진행할지, 어떤 준비물이 필요한지를 담당 교역자나 프로그램 팀장이 먼저 교육을 시켜 줍니다. 그런 다음에 그것을 누가 진행하며, 누가 이 준비물들을 준비해 줄지를 역할을 분담하고 책임을 부여받는 시간으로 하면 일이 훨씬 효율적이 될 것 같네요. 모일 때마다 합심해서 뜨거운 마음과 열정으로 어린이들을 섬기는 성경학교가 되게 해 달라고 기도하는 것을 잊지 마시기를 바랍니다.

3) 여름성경학교 준비모임(5)

7월 11일(주일) 오후에는 최종 점검의 시간과 기도회의 시간을 가집니다. 이 날은 교사들만이 아니라 임시교사들, 간식이나 식사를 지원해 주는 모든 분을 다 모시고 전체적인 사항을 처음부터 브리핑하고 진행 사항(진행자의 이해도와 준비, 준비물과 자료들)을 최종 점검하고 확인하는 시간입니다. 빠진 것이 없는지, 교사들이나 보조교사들, 임시교사들이 전체적인 사항을 잘 이해하고 있는지를 확인할 필요가 있습니다. 해마다 성경학교 일정이 임박해서 서둘러 준비하다 보면, 준비물 중에 빠지는 것도 있고, 허둥대다가 정작 주인공인 어린이들에게는 관심 쓰지 못하고, 자료준비에 급급하여 일에만 빠지는 경우도 간혹 있는 것 같습니다. 자료준비에 허둥대지 말고 전도와 반의 총동원에 더 우선순위를 두도록 가능하면 일

주일 전에는 모든 준비가 완전하게 갖추어지는 것이 좋을 것 같아요. 그래야 일주일 동안 여유 있게 반 어린이들을 챙기고 연락하며 전도대상자에게 관심을 기울일 수가 있을 것입니다.

4) 여름성경학교 평가회

성경학교 일정이 끝나고 어린이들이 귀가하자마자 서둘러 청소를 마치고 부장님은 서둘러 음식점으로 교사들을 데리고 이동, 거기서 먹고 수다 떨며 '평가회'라는 이름으로 시간을 보내지만 정말 평가회다운 평가회가 될지는 미지수입니다. 성경학교를 끝내자마자 오는 피로감과 흥분, 분위기에 취한 들뜸. 이런 감정 속에서는 전반적으로 골고루 되짚어 볼 여유와 냉정한 판단력이 부족하기 쉬울 것 같아요.

그래서 저는 성경학교 마치는 날보다는 일주일 정도 시간이 지난 후에 평가회를 하는 것이 나을 거라고 생각합니다. 평가회는 평가회답게 하는 것이 더 유익할 것입니다. 그리고 일방적이거나 편견에 치우칠 수 있는 난상토론식 대화보다는 "평가서"라는 양식으로 항목별로 진단하고 평가해 보는 객관적인 방식이 좋을 것이라고 생각하지요. 회식은 맛있게 먹는 유쾌한 시간으로서 위로와 격려와 칭찬으로, 서로를 세워 주고 용기를 북돋워주는 시간이 되었으면 합니다.

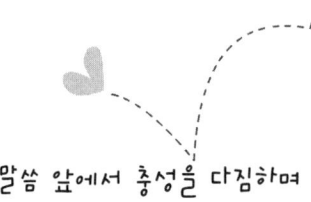

8월

말씀 앞에서 충성을 다짐하며

　　풍성하고 화려하고 신나는 여름성경학교가 끝났습니다. 선생님들의 땀방울과 귀한 시간과 정성어린 기도 속에서 일구어진 말씀 축제였습니다. 이제는 그 여운을 간직하며 축제 뒤에 남는 만족감과 흐뭇함을 즐기는 8월입니다. 여름성경학교의 흔적을 다시 뒤돌아보면서 말씀 앞에서 충성을 다짐해 봅니다. 하나님 나라를 향해 힘차게 발걸음을 옮기는 여러분은 이미 충성스러운 자녀요, 일꾼이 되고 있습니다.

주일	월	화	수	목	금	토
1	2	3	4	5	6	7
8	9	10	11	12	13	14
15 광복절	16	17	18	19	20	21
22	23	24	25	26	27	28
29	30	31				

8월의 교육 계획서

● 8월의 교육주제 : 말씀 앞에서 중성심을 다짐하여 (충성)

주일	설교	예배위원	성서학습	2부 순서	2부 담당	준비물	주간행사	기타
1일	사사기 13:4~5 "나도 나실인입니다"	기도 : ( )선생님 헌금 : ( )반	26과	"성경학교를 추억한다"	( )선생님, 또는 ( )분과,	평가내용 적은 전지, 투표용 스티커, 색볼펜류		성경목록가 악보 배부하기
8일	다니엘 6:10 "좋은 습관이 힘!"	기도 : ( )선생님 헌금 : ( )반	27과	"우리 마을 지킴이"	( )선생님, 또는 ( )분과,	빗자루, 쓰레기, 집게, 비닐봉지 물통	14일(토) 반나절 캠핑	
15일 (광복절)	출애굽기 21:5~6 "영원히 함께 살기로"	기도 : ( )선생님 헌금 : ( )반	28과					

22일	사무엘하 24:10-14 "구중을 듣는다 해도"	기도 : ( )선생님 헌금 : ( )반	29과			
29일	고린도후서 11:23-27 "어떤 어려움이 있다해도"	기도 : ( )선생님 헌금 : ( )반	30과	"성경목독가 암송대회"	( ) 선생님, 또는 ( ) 분과,	오후/ 교사월례회

* 8월의 예배 인도자는 ( ) 선생님, 월례회 간식 제공은 ( ) 선생님입니다.

* 8월은 가정의 휴가와 나들이 때문에 어린이들의 출결석이 고르지 않는 달입니다. 교사 여러분들도 8월을 아동부의 휴식기간이라 생각하시고 여유로운 마음으로 지내시기를 바랍니다. 잘 먹고 잘 쉬면서 지칠 몸과 마음을 가다듬는 충전의 시간을 마련하면 좋겠지요.

* 8월 1일(주일)에 모든 어린이들에게 "성경목독가"야프를 나눠 드립니다. 찬양 시간에 배울 예정이오니 어린이들이 8월 한 달 동안 이 노래 가사를 잘 외울 수 있도록 반에서 잘 지도해 주세요.

* 14일(토)에는 교회에서 멀지 않는 야외 공원( )으로 나가서 반나절 캠핑을 하려고 합니다. 어린이들이 개학을 앞두고, 또 교회 생활이 지나치게 흐트러지지 않도록 마음을 모으는 목적에서 하는 행사입니다. 반별로 요리를 해먹고 간단한 게임과 자유로운 산책과 운동을 하다가 돌아오려고 합니다. 반에서 준비할 것은 부르스터와 조리기구와 그릇, 요리 메뉴입니다. 요리 들어가는 비용은 회계 선생님이 반별로 균등하게 배부할 예정입니다. 조리되는 비용은 선생님 댁의 냉장고에서, 어린이들의 용돈으로, 부모님들이 현물 찬조로 해결하시면 될 거예요.

8월의 설교문

8월 1일 / 삿 13:4-5

나도 나실인입니다

　　여러분, 꾀꼬리는 어떻게 울지요? (꾀꼴 꾀꼴) 참새는 어떻게 울지요? (짹짹) 뻐꾸기는 어떻게 울지요? (뻐꾹 뻐꾹) 모든 새는 자기만의 독특한 자기 소리가 있습니다. 참새가 꾀꼴꾀꼴하고 운다면, 뻐꾸기가 짹짹하고 운다면 그 새는 이상한 새라고, 기형이나 별종이라고 취급당할 것입니다. 군인이 군인모자 쓰지 않고 간호사 캡을 쓴다면, 경찰이 야구 모자를 쓰고 다닌다면 이상하지요? 모든 새가 자기 울음소리가 있듯이 모든 사람은 자기 신분에 맞는 복장이 있는 것처럼 여러분 눈에 보이지 않아도 여러분의 머리에는 왕자님, 공주님의 보석관이 있답니다. 여러분은 하나님의 아들, 딸이기 때문입니다.

이스라엘 땅 소라에 살던 마노아에게는 안타까운 기도제목이 있었어요. 그 가정에 아이가 없었기 때문에 늘 아기를 한 명 달라고 기도하고 있었어요. 그런데 하루는 천사가 밭에서 일하는 마노아의 아내에게 나타났어요. 곧 아이를 낳게 될 것이며 그 아이는 특별히 하나님이 선택하고 하나님의 일을 하는 나실인이 될 것이라고 했어요. 특별한 사람 나실인은 독한 술을 먹지 말고, 더러운 음식을 먹지 말고, 머리카락을 자르지 말라는 3가지 주의 사항을 조심스럽게 지키라고 알려 주었어요.

천사가 말한 대로 얼마 후에 아기가 태어나자 이름을 삼손이라고 지었어요. 이 아기는 얼마나 힘이 세던지 조그만 소년일 때도 그를 이길 어른들이 없었어요. 그는 맨 손으로 사자를 잡기도 하고 여우를 300마리나 잡아 꼬리와 꼬리를 묶을 정도였어요. 삼손은 이스라엘 나라를 괴롭히는 이웃 나라 블레셋 사람들이 쳐들어 올 때마다 간단하게 이겨 버렸어요.

삼손이 나실인이 지켜야 할 주의 사항 3가지를 잘 지킬 때에 하나님은 삼손에게 그렇게 놀라운 힘과 능력을 주셨던 거예요. 천하장사, 무쇠팔, 날쌘돌이 이런 별명들이 삼손에게 붙었어요. 어느 날 삼손은 나귀의 턱뼈 한 개를 주어서 그것으로 천 명이 넘는 불레셋 사람들을 다 죽여 버렸습니다. 블레셋 사람들은 삼손의 이름만 들어도 벌벌 떨었지요.

블레셋 나라에 들릴라하는 여자가 있었는데 삼손은 그 여인을 좋아했습니다. 블레셋 사람들은 들릴라에게 삼손의 엄청 센 힘이 어디서 나오는 지를, 어떻게 하면 그 힘이 없어지는 지를 알아보라고, 알아오면 큰돈을 주겠다고 했어요. 들릴라는 삼손에게 온갖 애교를 다 피우면서 삼손을 유혹했어요. "아잉, 삼손, 나 좋아하죵? 나 알고 싶은데 어떻게 하면 자기 힘이 없어지는 거야? 알려줘용, 응, 응~" 그 유혹에 넘어간 삼손은 그만 머리카락에서 힘이 나온다고 알려 주었어요. 들릴라는 삼손이 잠든 사이에 삼손의 긴 머리카락을 싹둑싹둑 잘라 버리고 말았지요. 그날 밤, 블레셋 군인들이 쳐들어 왔을 때, 머리카락이 잘린 삼손은 힘이 없는 노인처럼 비실비실하다가 체포되고 말았습니다.

삼손은 가엾게도 쇠고랑을 차고 블레셋 나라의 차디찬 지하 감옥에 갇혔습니다. 블레셋 사람들은 삼손에게 복수한다고 삼손의 눈을 빼어 버렸습니다. 눈이 먼 소경이 된 삼손은 하나님과의 약속, 나실인이 지켜야 할 것 3가지를 못 지킨 것을 너무너무 후회하고 하나님께 용서를 빌었답니다.

삼손은 보통사람과 다른 특별한 사람이었습니다. 바로 이런 사람, 하나님을 위하여 사는 사람, 큰일을 할 수 있는 사람을 나실인이라고 합니다. 나실인에게는 특별한 사명이 있고 특별한 능력을 받게 되고 특별한 약속, 주의 사항이 있답니다. 그런데 여러분도 생각해 보셨나요? "나는 하나님의 아들, 딸로 특별한 사람이다." 그렇다면 나실인처럼 특별하게 지켜야 할 일들도 분명히 있지요. 충성은 하나님과의 약속을 잘 지키는 것입니다. 오늘 생각해 보고 지켜 나가세요. 하나님의 큰 일, 위대한 일을 감당하게 될 것입니다.

8월 8일 / 단 6:10

좋은 습관이 힘!

'나는 누구일까요?' 퀴즈를 풀어 보세요. ① 나의 아버지는 이스라엘의 높은 귀족이었어요. ② 나는 바벨론 나라에 전쟁 포로가 되어 끌려갔지요. ③ 나는 이름이 두 개인데 하나는 벨드사살이라고 불렀어요. ④ 나는 사람의 꿈을 아주 잘 풀어주는 아주 특별한 재능이 있었어요. ⑤ 나는 고기도 먹지 않고, 야채와 물만 먹고도 아주 건강하게 잘 지냈어요. ⑥ 나는 나중에 바벨론의 국무총리가 되었지요. ⑦ 나는 세 사람, 풀무불, 사자하고도 관련이 있습니다. 자, 나는 누구일까요? 네, 정답은 "다니엘"입니다.

바벨론에 포로로 끌려와서 그 나라의 국무총리가 된 다니엘을 보고 바벨론 나라 신하들이 시기 질투를 했지요. 다니엘을 위험에 빠지게 하고 국무총리 자리에서 끌어내리려고 나쁜 꾀를 만들었습니다. 누구든지 기도를 왕에게만 하고 다른 신에게 기도하면 사자굴에 던져 넣게 하자고 왕에게 건의를 했어요. 왕은 기분이 솔깃해져서 그만 그 요청을 허락하고 말았어요. 왕의 명령이 떨어졌어도 다니엘은 여전히 전에 하던 습관대로 집에 가서 하루 세 번씩 기도를 했어요. 가고 싶어도 갈 수 없는 고향 땅, 이스라엘 나라의 예루살렘 쪽으로 창문을 열고 무릎을 꿇고 큰 소리로 하나님의 이름을 부르며 기도를 했습니다.

물론 바벨론의 신하들은 몰래 숨어서 다니엘이 어떻게 하는지 감시를 했지요. 그런 줄도 모르고 날마다 다니엘은 하루에 세 번씩 하나님께 기도를 했어요. 이 장면을 포착한 신하들은 왕에게 "전하, 다니엘 국무총리가 왕의 명령을 어기고 자기의 신 하나님께 기도를 하고 있어요. 전하, 법대로 하셔야죠." 왕은 다니엘을 믿고 좋아했지만 어쩔 수 없이 다니엘을 잡아다가 사자굴에 던져 넣으라고 명령을 내렸어요.

왕은 그 다음날 다니엘이 던져진 사자굴에 가서 울었어요. 통곡을 하며 "다니엘아, 다니엘아!"라며 울고 있는 왕에게 저쪽 굴 안에서 "전하, 저 여기 있습니다."라는 다니엘의 힘찬 음성이 들려왔습니다. 놀란 왕은 굴 문을 열어 보니 다니엘은 다친데 한 곳 없이 뚜벅뚜벅 씩씩하게 걸어 나왔습니다. 굴 안의 사자들은 바보가 된 것처럼, 마취주사를 맞은 것처럼 멍하니 한쪽 구석에 앉아 있었지요. 왕에게 다니엘은 "전하, 하나님이 그렇게 하셨어요. 사자들이 저를 물지 않도록 가만히 앉아 있도록 하신 거예요."라고 대답했어요. 왕은 다니엘을 시기한 신하들을 사자굴속에 던져 넣으라고 했어요. 신하들은 어떻게 되었을까요?

다니엘이 왕의 꿈을 풀 수 있는 능력, 사자굴에 던져져도 사자들이 물지 않는 그 기적은 어디서 올까요? 그 기적과 능력은 하나님에게서 오는 것입니다. 그러면 시기나 모함에 빠져도 변함없이 하나님만 섬길 수 있는 힘, 사자굴에 던져진다 할지라도 겁내지 않고 하나님의 이름을 부를 수 있는 힘, 그 힘은 어디서 나오는 것일까요? 그 힘은 날마다 기도하는 습관에서 나옵니다.

다니엘은 하루 3번씩 예루살렘을 향하여 무릎 꿇고 기도하는 아주 좋은 습관을 오랫동안 가지고 있었습니다. 다니엘은 기도하면서 용기를 얻었고 변함없이 하나님을 사랑하는 믿음을 갖게 되었습니다. 꾸준하고도 좋은 습관은 좋은 생각과 태도를 만들어 줍니다. 여러분은 어떤 습관을 가지고 있나요? 충성이란 다니엘처럼 하나님을 향한 좋은 습관을 가지는 것을 말합니다.

우리들은 이런 습관을 가져 보면 좋겠어요. 매일매일 성경 한 장씩 읽는 습관, 일주일에 한 번이라도 가정예배 드리는 습관, 교회 오면 제일 먼저 기도하는 습관, 교회 예배 시간에 절대 늦지 않는 습관, 기도 드릴 때면 가장 정성을 다해 진실하고 바른 자세로 기도하는 습관. 이런 습관 정말 좋겠지요? 변함없는 좋은 습관을 가지고 있는 것은 하나님이 여러분을 어떤 상황 속에서라도 보호하고 지켜 주시는 튼튼한 이음줄이 될 것입니다. 우리 모두 충성!

8월 15일 / 출 21:5-6
영원히 함께 살기로

여러분의 엄마들도, 할머니들도 하고 다니고, 아가씨들도 좋아하는 이 액세서리 귀걸이에 담긴 사연을 아세요? 액세서리 종류, 귀걸이 반지 팔찌 등은 지금은 예뻐 보이기 위해서 하는 것이지만 옛날에는 원래 노예의 신분을 표시하는 물건이었어요.

옛날 우리나라에도, 이스라엘 나라에도 종의 제도가 있었어요. 종은 하인, 노예를 말하는데 주인집에서 살면서 평생 주인집 심부름과 집안일 돌보기, 노동 등을 하고 주인보다 못한 음식과 옷을 얻으면서 살아야 했지요. 주인이 시키면 어떤 어려운 일이라도 아무 불평이나 원망 없이 해야 했지요. 다른 사람에게 돈을 빌렸지만 빌린 돈을 갚지 못해서 돈 대신에 팔렸거나, 죄를 지어서 감옥 가는 대신 종이 되는 경우도 있었어요. 그리고 우리나라는 한 번 종이면 그 후손들까지도 대대로 종이 되는데 이스라엘 나라는 좀 특별한 경우였지요.

이스라엘 나라는 누구든지 주인집의 종이 되어서 주인집 일을 하는 기간이 6년이었어요. 6년을 일하고 7년째가 되면 안식년이라고 해서 아무 조건 없이 주인집에서 해방되어서 자기 집으로 돌아갈 수 있었어요. 종이 아니라 자유인의 신분으로 돌아가는 것입니다.

그런데 이런 종이 있었어요. 주인이 "너 우리 집에 와서 종이 된지 6년이 지났구나, 이제 7년이 되어 안식년이 되었으니 이제 너의 집으로 돌아가도 좋다." 그런데 종이 "주인님, 저는 집으로 가기 싫어요. 저는 주인님 집에서 영원히 함께 살고 싶어요. 내 가족들과 함께 주인님의 종이 되어 영원히 주인님을 도우면서 순종하면서 살겠어요." 주인이 "아니 너 왜 그러니?" 종은 "저는 주인님이 너무나 좋아요. 6년 동안 제게 잘 해 주신 주인님의 사랑과 은혜가 너무 감사해요. 또 주인님과 헤어져 살기 싫을 정도로 주인님이 좋으니까요!"

자꾸만 주인집에서 함께 영원히 살고 싶다는 종을 데리고 주인은 제사장에게 찾아갑니다. 제사장은 종의 마음을 확인하고 평생 영원히 주인님과 함께 하겠다고 굳게 약속을 받았어요. 그런 다음에 주인은 종은 자기 집으로 데려와서 문 옆에 종을 세우고 귀를 문에 대고 송곳으로 뚫었어요. 피가 멈춘 다음 귀에 구멍이 뚫린 곳에 귀걸이를 걸어 줍니다. 그 귀걸이에는 "누구누구네 집의 영원한 종 누구누구"라고 글씨가 새겨져 있었답니다. 귀에 구멍을 뚫고 귀걸이를 한 것은 주인님을 향하여 괴로우나 즐거우나 한 평생 변함없이 주인님을 사랑하고 순종하겠다는 충성의 약속 표시였습니다.

여러분도 종이고 노예인 것 아세요? 아니라고 하고 싶지요? 여러분은 죄의 종이던가 하나님의 종이던가 둘 중 하나입니다. 죄의 종이 된 사람은 자기 마음속에 들어온 사탄을 자기 주인으로 모시는 사람입니다. 악한 사탄이 죄짓도록 유혹하면 아주 열심히 신나게 사탄 말을 잘 듣고 예배 시간에 떠들고 욕도 잘하고, 눈도 잘 흘기고, 화를 나게 만들고 약 올리고 그러지요. 사탄이 유혹할 때마다 '안 돼, 나는 그렇게 안 할 거야!'라고 거절하기보다는 '아, 알았어, 그렇게 할게.'하고 말을 잘 듣지요. 그러나 하나님의 종은 우리 위해 피 흘려 돌아가시고 그 피로 우리의 죄를 용서해 주신 예수님을 믿는 사람들입니다. 하나님이 마음의 주인이 되어 하나님 말씀을 잘 듣고 순종하며 하나님을 사랑하는 사람들입니다. 하나님이 주인이신 교회에서, 천국에서 하나님과 영원히 살겠다고 결심하는 사람들입니다.

괴로우나 즐거우나 건강할 때도, 아플 때도, 좋은 일이나 나쁜 일이 있던지 변함없이 충성스럽게 예수님을 믿는 어린이가 되세요. 지금처럼 어릴 때도, 아주 커서 어른이 되고, 나중에 노인이 되어서도 예수님을 떠나지 않고 영원히 변함없는 믿음을 가지고 살아가세요. 결코 나는 변하지 않겠다는 충성의 다짐을 마음에 안고 하나님의 종으로 살기로 약속해요.

8월 22일 / 삼하 24:10-14

꾸중을 듣는다 해도

　엄마 아빠에게 심하게 꾸중을 듣고 벌을 받았을 때 여러분은 어떻게 하나요? 자, 마음속으로 나는 몇 번에 해당되는지 헤아려 보세요. ① 막대 들고 화를 낸다. ② 잘못했다고 용서를 빌고 가만히 있는다. ③ 삐쳐서 아무 말도 안 하고 입을 오리처럼 내밀고 있는다. ④ 부모님 약을 올려 주기 위해서 더 말을 안 듣고 엉뚱한 행동을 한다. ⑤ 화가 나서 집을 나가 다른 곳으로 가 버린다. 여러분은 몇 번일까요?

　다윗 왕은 그런 경우에 어떻게 했을까요? 다윗 왕이 이스라엘을 다스릴 때 밀과 보리는 계속 풍년이고 하는 전쟁마다 이기기만 하고, 태평스럽고 살기 좋고 힘이 센 나라가 되었어요. 그런데 다윗은 그만 하지 말았어야 할 일을 하고 말았어요. 그것은 이스라엘 나라의 백성이 얼마나 되는지 인구조사를 하는 것이었어요. 군대장관 요압을 부른 왕은 "요압 장군, 나는 우리나라에 인구가 몇 만 명인지 알고 싶소. 빨리 군인들을 데리고 나가서 산골짜기나 강가에까지 다 조사해 오시오." 요압 장군은 "아이구, 임금님, 하나님은 인구조사 하지 말라고 했는데 왜 그러세요? 백성이 얼마나 많든지 그건 하나님이 해 주신 일이니까 그만 두었으면 좋겠어요." "아니야, 난 꼭 해야겠소. 내가 얼마나 이스라엘 나라를 잘 다스렸는지 확인해 보고 싶어요." 요압장군은 할 수 없이 왕의 명령을 따라 군인들을 데리고 전국으로 흩어졌어요.

　그 후 열 달이 지나자 요압 장군은 인구조사 결과를 왕에게 보고했어요. "임금님, 지금 이스라엘에 사는 백성은 여자 빼고 130만 명이 넘습니다." 다윗 왕은 곧 후회하기 시작했어요. "조그만 나라를 하나님이 이렇게 키워 주셨는데 난 하나님의 은혜도 모르고 교만해서 인구 조사할 생각이나 하고 있다니. 내가 얼마나 이스라엘을 잘 다스렸는지 확인해 보려고 한 것이 좋은 일이 아닌데." 부끄러워하고 있는 다윗왕에게 갓 선지자가 찾아 왔어요.

갓 선지자는 "다윗 임금님, 임금님은 하나님이 싫어하시는 일을 했기 때문에 하나님은 임금님을 많이 꾸짖고 벌을 내리시겠답니다. 하나님은 임금님에게 내릴 벌 세 가지 중에서 한 가지를 고르라고 말씀하셨어요. ① 번은 7년 동안 비가 오지 않아서 곡식이 자라지 않는 지독한 흉년이 들 것입니다. 굶어 죽는 백성들과 가축들이 무척 많을 것입니다. ②번은 3달 동안 이웃나라와 전쟁을 하게 되는데 그 3달 동안 계속 패배하고 쫓겨 다니고 도망 다니고 죽을 고생을 하게 될 것입니다. ③번은 3일 동안 이스라엘에 전염병이 번져서 많은 백성들이 무척 많이 갑자기 죽게 될 것입니다. 자, 이 세 가지 중에서 한 가지 벌을 선택하세요."

다윗왕은 가만히 있다가 한숨을 쉬었어요. "휴~ 나 하나의 잘못 때문에 우리 백성들이 이렇게 큰 고생을 하게 되었구나. 아! 내가 하나님께 너무 큰 잘못을 저질렀어. 어쩌면 좋담?" 그러더니 갓 선지자에게 "제가 하나님께 큰 잘못을 저질렀어요. 하나님이 꼭 제가 한 가지를 선택해야 한다면 제가 선택하지 않을게요. 하나님의 마음대로 한 가지를 골라 벌을 내리시면 달게 그 벌을 받겠습니다. 그리고 하나님께 진심으로 용서를 빕니다." 하나님은 세 번째 벌, 뭐지요? 3일 동안 전염병이 퍼지는 그런 벌을 내렸습니다. 다윗은 겸손하게 회개하고 하나님께 잘못을 용서해 달라고 예배를 드렸습니다. 하나님은 그런 다윗 왕을 용서해 주시고 더욱더 사랑해 주셨습니다.

우리 친구들은 부모님께 꾸중 듣고 집을 나가서 고아원이나 다른 집으로 가지 않지요? 그런데 교회에서 맛있는 간식 안 준다고 다른 곳으로 가버리고, 자기에게 상 안 준다고 다른 곳으로 가버리는 친구도 있어요. 또 교회 와서 꾸중 들었다고 교회를 끊으면 될까요? 자기에게 조금 섭섭하게 해 주었다고 삐쳐서 안 나오고 그러면 될까요?

하나님이 꾸중하셔도 하나님께 꼭 붙어 있는 친구, 잘못한 것이 있어도 용서를 빌고 더욱더 하나님께 가까이 가는 친구, 하나님께 칭찬을 듣든지 꾸중을 듣든지, 아무런 상이 없어도 변함없이 믿음을 지키는 친구가 바로 충성의 상을 받게 될 것입니다. 언제나 변하지 않고 한결같은 믿음과 사랑을 하나님께, 사람들에게도 드리는 우리 친구들, 충성!!

8월 29일 / 고후 11: 23-27
어떤 어려움이 있다 해도

예수님이 승천하시고 처음 교회가 세워진 다음, 많은 사람들이 전도를 열심히 하였지요. 그래서 이스라엘 나라 주변뿐만 아니라 로마에도 교회가 세워지고 예수님 믿는 사람들이 점점 많아질 때에 예수님을 반대하는 사람들은 예수님 믿는 사람들을 잡아다가 죽이기도 하고, 협박하고 유혹하고 고문하고. 예수님 믿는다는 이유 하나만으로 많은 고생을 겪었어요. 사람들은 지하 동굴로 숨어 동굴 속에서 햇빛도 보지 못하고 믿음을 지키기도 했어요. 그 유명한 카타콤 지하묘지를 여러분은 아실 거예요.

로마의 트라얀 황제가 안디옥을 방문했습니다. 기독교를 아주 싫어했던 트라얀 황제는 안디옥 교회의 이그나시우스 목사님을 불러다가 "당신은 있지도 않는 하나님이 살아 계신다고 하고, 보이지도 않는 천국이 있다고도 하고, 예수님인지 뭔지를 믿어야 한다고 사람들을 속이고 있지요? 당신 속에는 거짓말 마귀가 들어있군요." 이그나시우스 목사님은 "내 속에 들어 있는 것은 마귀가 아니고, 나는 내 안에 예수님을 모신 사람입니다." 라고 대답했습니다.

트라얀 황제는 "내가 믿지 말라고 명령한 예수를 믿게 되면 어떻게 죽이는지 알지요? 그러니 내 명령을 믿을 거요? 예순지 뭔지를 믿을 거요?" 목사님은 "나는 나를 위해 십자가에 못 박혀 죽으시고 내 죄를 용서해 주신 예수님을 분명히 믿습니다." 트라얀 황제는 이그나시우스 목사님을 로마로 압송하여 맹수들에게 산 채로 던지라고 명령했어요. 목사님은 로마의 콜롯세움 원형 경기장에서 4만 5천여 명의 관중 앞에서 굶주린 사자들의 먹이로 던져져서 죽었습니다. 그는 사자들 앞에 나오기 전에 이런 말을 했다고 합니다. "나는 비록 맹수의 이빨에 물리고 찢겨서 죽을지라도 어떤 어려움이 있다 해도 예수님을 배반하고 돌아서지 않았기 때문에 기쁨이 있습니다. 나는 이 순간 진정으로 예수님께 감사드립니다."

이그나시우스 목사님보다 훨씬 더 전에 살았던 바울 선생님은 어떤 어려움을 당했을까요? 바울은 예수님을 만나고 난 후, 맨 처음 선교사가 되어서 여기 저기 다니면서 전도하고 교회 세우는 일로 한평생을 바쳤는데 힘들고 괴로운 일이 많았어요. 그렇지만 바울 선생님은 선교사가 된 것이 얼마나 기쁘고 자랑스러운지 늘 마음속에 기쁨이 넘쳐났답니다.

바울 선생님은 여러 번 감옥에 갇히기도 했고, 매도 수없이 많이 맞았고, 여러 번 죽을 뻔한 위험을 만나기도 했어요. 바울 선생님에게 잘못이 있었던 것이 아니라 예수님을 전도하고 다닌다고, 예수님을 믿지 않는 사람들의 반대였기 때문이지요. 유대인들에게는 매를 때려도 한 번에 40대를 넘지 않아야 한다는 법이 있었기 때문에 39대의 매를 맞은 적도 5번이나 있었지요. 여러분의 TV 의 사극에서 보는 것 같이 사람을 묶어 놓고 막대기로 때리는 곤장처럼 3번이나 태장으로 맞고 고생했습니다.

사람들이 돌덩어리를 마구 던져서 상처를 입기도 하고, 맞아 죽을 뻔 적도 있었답니다. 3번이나 배가 바다에서 파선이 되는 바람에 물속에 빠져 죽을 뻔 하기도 하고, 하루 종일 물속에서 고생하기도 했고요. 강도를 만나서 생명의 위기를 만나기도 했고, 숨어 있는 곳을 고자질한 어떤 형제 때문에 급하게 피신을 해야 했던 적도 있었습니다. 제대로 밤잠을 자지 못하고, 먹지도 못하고, 헐벗고 굶주리며 추위에 떨면서 전도하러 다녔습니다.

여러분, 이그나시우스 목사님과 바울 선생님, 두 사람의 비슷하거나 공통점을 생각해 보세요. 누가 발표를 한번 해 볼까요? (① 예수님을 잘 믿었다. ② 예수님을 위해서 어려움을 당했다. ③ 어려운 일 당했어도 믿음을 포기하지 않았다. ④ 어려운 일 당해도 감사했다.)

바울 선생님은 충성의 사람입니다. 그의 고백을 들어보세요. "내가 달려갈 길을 다가고 주 예수님에게 받은 사명, 곧 하나님의 은혜에 관한 기쁜 소식을 증거 하는 일을 완성하기 위해서는 나의 생명을 조금도 귀한 것으로 여기지 않습니다."(행 20:23-24). "이 세상에서 달려갈 길을 힘껏 달려가고 나면 천국에서 영광의 면류관이 나를 기다립니다."

충성은 어떤 어려움이 있다 해도 자기의 할 일은 꼭 해내는 책임감이랍니다. 어렵다고, 힘들다고 포기하고 돌아서는 것이 아니라, 어렵고 힘든 일이 있어도 결코 돌아서지 않고, 포기하지 않고 책임을 다 하는 우리 친구들에게 하나님이 주실 충성의 상을 기대해 봅니다.

8월의 프로그램

1. "성경학교를 추억한다"

성경학교(캠프)가 끝나는 시간이면 선생님들도 어린이들도 이젠 그 화려하고 풍성한 잔치가 다 끝났다고 생각하거든요. 후속 프로그램을 마련해 주는 수고를 조금만 더 하신다면 어린이들은 즐거운 추억과 여운을 오래도록 간직할 수 있답니다.

◎ 나도 한 표!

평가는 선생님들만 하는 것으로 알고 계세요? 어린이들에게도 평가할 수 있는 시간을 한 번 주세요. 가장 좋은 시기는 성경학교(캠프)가 끝나고 그 다음 주일이 제일 좋아요. 어린이들이 주일에 교회 오면 미리 준비된 큰 전지의 평가표를 걸어 놓으세요. 프로그램 이름을 적어 놓은 칸 옆으

로는 ① 아주 좋았다 ② 좋았다 ③ 보통, 그저 그랬다 ④ 조금 안 좋았다
⑤ 아주 안 좋다 로 표시된 5개의 칸을 그려 주세요. 어린이들에게는 프
로그램 숫자만큼 스티커를 나눠 주고 각각의 프로그램 칸 마다 자기의 평
가대로 한 개씩 스티커를 붙이도록 하세요. 또 하나의 큰 종이는 "자유발
언대"로 성경학교에 하고 싶은 건의나 정말 중요한 의견들을 마음대로 적
어보게 할 수 있어요. 장난과 낙서로 채워지지 않도록 선생님들의 분위기
조성과 지도가 필요하지요.

◎ 속보 발행!

　성경학교(캠프)를 마치면서 소감문이나 글짓기를 하는 경우가 있는데
이런 교회에서는 어린이들의 원고로 "성경학교 속보"를 발행할 수 있어요.
선생님 한두 분이 열심히 수고하면 일주일 내에 만들 수 있어요. 그 다음
주일에 교회 왔을 때 인쇄(복사)된 아주 얇은 팸플릿을 나누어 주세요. 4
페이지 이상 되는 팸플릿에 모두의 글이 실려 있으면 어린이들은 "와! 대
단하다. 벌써!"라고 할 거예요. 어린이들의 글이나 그림(스캔작업을 통해
서 올려 주세요) 들은 어른의 눈에 보기엔 하찮게 보여도 자신들에게는
소중한 시간의 흔적입니다. 어린이들의 솜씨, 흔적을 소중히 담아서 신문
속보를 발행해 주면 성경학교를 흐뭇하게 되새김질하리라고 믿어요.

2. 우리 마을 지킴이!

8월의 무덥고 찌는 듯한 더위 속에서 꽃과 식물들은 많은 고통을 겪지요. 크게 착한 마음을 품고 교회의 정원, 마을의 작은 공원, 가로수의 식물이나 꽃에 물주기를 한번 해 볼까요? 주일마다 하기 어려우면 한 주일을 선택해서 화초에 물 줄 수 있는 기구를 가져오게 하세요. 화분 물 조리, 물통, 양동이 등 교회에서 구하면 더욱 쉽지요. 아동부 예배와 활동이 끝나면 마을의 공원, 초등학교의 화단까지 멀리 진출해 보세요. 반별로, 여러 명이 어울려서 물주기, 잡초도 뽑고 정원사처럼 활동하고 교회로 돌아오도록 합니다. 길가의 쓰레기 줍기도 하고, 빗자루로 청소로 하고. 무더위에 땀 흘리며 수고하고 돌아온 어린이들에게 시원한 간식도 주고. 그러면 식물의 생명을 지킨 보람이 있겠죠? 거창한 지구 방위대는 아니지만 우리 마을 지킴이로서는 훌륭하지 않나요?

3. 토요일의 반나절 캠핑, 출발 !

한두 명 친구끼리만 가는 것보다 단체로 몰려가서 소리 지르며 수영하는 것을 즐기는 어린이들을 위해서 야외 수영장으로 출발!! 또는 야산이나 야외 공원으로 출발!! 주변의 경관이나 지형지물을 이용해서 반나절이나 하루 캠핑을 시도해 보세요. 수영장 물놀이 외에 야외 학습 센터, 추적놀이, 공동식사하기 등 2-3가지 프로그램을 야외에서 진행합니다. 텐트 있는 몇 명의 학부모님의 협조를 얻어서 텐트 몇 개 쳐 놓고 같이 밥도 해 먹고 같이 설거지도 하고, 한 끼의 공동식사 하기로 시간은 너무나 잘 가고, 신나는 반나절(하루) 캠핑에 어린이들은 너무너무 즐거워합니다.

4. 성경목록가 암송대회

이 곡은 무척 길고 가사도 성경제목이라서 외우기 어렵지요. 그러나 힘든 일을 완수하고 난 보람도 그만큼 크게 누릴 수 있답니다. 이번 8월의 교육 주제가 '충성'이지요. 그래서 성경에 충성하자는 뜻으로 넣은 프로그램입니다. 매주일 모일 때마다 찬양 시간에 부르고, 반에서 흩어질 때마다 부르고, 집에 가서 부모님과 함께 부르고. 그러다 보면 아이들은 한 달 정도 되면 다 외울 수 있어요. 노래로 외우니까 한결 쉽거든요. 8월의 마지막 주일에 모두 모여서 반별 합창, 개인별로 외워 보게 하세요. 물론 시상품도 있어야겠지요? 성경만화 책이나 상품권으로 기분 좋은 보상을 해 주세요. 언젠가는 외워 두어야 할 성경목록인데 어린 시절에 기억력 좋을 시기에 확실하게 외워 두면 두고두고 신앙생활에 유익할 것입니다.

교사를 위한 프로그램

이 달의 월례회에서는 교사로서 지난 8개월을 되돌아보며, 반 어린이들의 상황을 분석해 보며 함께 의논하고 반 부흥과 부서의 성장을 위해 아이디어와 정보를 교환하는 시간을 가져 보았으면 합니다. 교사로서의 자세는 지금은 어떠한지, 무엇이 부족했는지를 돌아보고, 9월부터 다시 새롭게 부흥을 위해 도약하기 위해서 진지하고 뜨거운 기도회의 시간이 마련되었으면 합니다. 특별히 출석률이 낮은 어린이, 새친구지만 정착이 어려운 어린이들을 위해 더 간절하게 깊게 기도했으면 합니다.

그리고 하반기 부서 교육을 위해 작은 세미나를 두 번째로 열어 보세요(첫 번째는 3월 월례회에 했음). 교사를 지정하여 미니 특강을 준비하시는데요. 이 8월의 특강은 "교회학교 교사의 사명"입니다. 참고도서는 『교회학교 교사의 사명』, 찰스 R. 포스터 지음, 장로회신학대학교 기독교교육연구원 옮김, 성지출판사 랍니다.

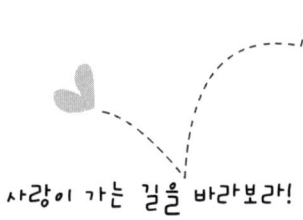

9월

사랑이 가는 길을 바라보라!

　　나뭇가지에 이는 바람이 상쾌한 가을입니다. 새로운 계절과 새 학기가 시작되는 9월, 새로운 시작을 위하여 우리들이 궁극적으로 추구해야 할 길을 생각해 봅니다. 무엇을 하든지 잊지 말아야 할 최고의 가치는 예수 그리스도 안에서 하나님을 사랑하고 이웃을 사랑하는 것이지요. 9월에는 친구 사랑, 생명 사랑, 말씀 사랑을 다짐해 봅니다. 이러한 사랑이 가는 길은 결국은 모두 함께 "하ー늘 나라 짝짝 짝짝짝!!" 그 나라에서의 영원한 행복과 더 큰 사랑을 사모합니다.

주일	월	화	수	목	금	토
			1	2	3	4
5	6	7	8	9	10	11
12	13	14	15	16	17	18
19	20	21	22 추석	23	24	25
26	27	28	29	30		

9월의 교육계획서

● 9월의 교육주제 : 사랑이 가는 길을 바라보라! (사랑)

주일	설교	예배위원	성서학습	2부 순서	2부 담당	준비물	주간행사	기타
5일	마가복음 9:33-35 "누가 더 높아요?"	기도 : ( )선생님 헌금 : ( )반	31과	양지와 음지의 사람들	( ) 선생님, 또는 ( ) 분과,	반(그룹)별로 사진과 기사 모음, 끄(줄), 집게, 가위, 풀 등		
12일	시편 37:11 "난 괜찮아요"	기도 : ( )선생님 헌금 : ( )반	32과					
19일	사도행전 9:36-37 "최고의 도우미"	기도 : ( )선생님 헌금 : ( )반	33과	광복말씀 카드놀이	( ) 선생님, 또는 ( ) 분과,	말씀카드(단어쪽 지)등,	추석절 연휴 관계로 어린이 출석 체크 필요함	오후/교사 월례회(야외)

| 26일 | 여호수아 7:16–21 "나 하나 때문에" | 기도 : ( )선생님 헌금 : ( )반 | x | 특별! 사랑 웃놀이 | ( ) 선생님, 또는 ( ) 분과, | 웃, 특별적은 웃판, |

* 9월의 예배 인도자는 ( ) 선생님, 월례회 간식 제공은 ( ) 선생님입니다.
* 9월 21일부터 23일부터 주석 연휴기간입니다. 25일 늦토 주말을 이용하여 실제적으로모든는 더 많은 연휴가 길어질 것이라고 생각됩니다. 그래서 9월 26일 주일은 어린이나 교사들 출석에 변동이 생길 것 같습니다. 19일까지 교사와 어린이들의 출결 여부를 미중은 파악하여 종무선생님께 알려 주시기 바랍니다.
* 9월 26일(주일)에는 주석 연휴 관계로 성서학습 없이 "특별! 웃놀이"라는 프로그램으로 진행하려고 합니다.
* 교사 월례회도 19일 주일 오후로 변동합니다. 월례회에서 10월 9일(늦토 주말)에 있을 야외소풍 장소 확정, 프로그램 준비와 분담 등을 의논할 예정입니다.
* 8월에 외쳤던 "성경목독가"를 반에서 지속적으로 훈련시켜서 어린이들이 정화하게 잘 외울 수 있도록 계속 교육을 부탁드립니다.
* 반의 어린이들은 하나님의 선물입니다. 한 명도 결코 포기하지 않겠다는 끈질긴 사랑으로 아이들을 붙잡고 동행하시기를 바랍니다.

9월의 설교문

9월 5일 / 막 9:33-35 / 겸손

누가 더 높아요?

반대말 대기 게임을 해 볼까요? 힘이 세다-(힘이 약하다), 높다-(낮
다), 키가 크다-(키가 작다), 날씬이-(뚱뚱이), 부자-(가난뱅이), 미녀-
(추녀), 강하다-(약하다), 그러면 언제나 다른 사람보다 잘난 척 하기 좋
아하고 으스대고 뽐내는 사람(교만한 사람)의 반대말은 어떻게 되지요?
다른 사람이 더 잘할 수 있도록 칭찬해 주고 잘한다고 인정해 주는 사람
이겠지요.

예수님이 제자들과 함께 가버나움이라는 동네에 가고 있었어요. 가
는 길에서 제자들이 웬일인지 서로 싸우게 되었어요. 베드로가 "난 예수
님의 수제자야. 예수님이 우리들 중에서 나를 제일 사랑하시거든. 또 내

가 예수님과 제일 오랫동안 같이 있었거든. 그러니까 내가 최고지? 그렇지?" 요한이 "나도 예수님의 사랑을 제일 많이 받고 있는데? 예수님이 어딜 가시든지 꼭 데리고 가시잖아? 심부름시킬 때는 꼭 나를 찾으시는 것 너도 알지? 그건 그만큼 나를 믿는다는 것이고 사랑하신다는 증거란 말이야. 하하하! 나중에 예수님이 왕이 되면 나에게 아마 국무총리 자리를 주실 걸!"

야고보는 "너희들 잘난 척 그만 해! 예수님이 너희만 사랑하니? 어렵고 힘든 일이 있을 때 나 없으면 하지도 못하면서 뭘 잘났다고 그래? 내가 이 중에서 제일 힘세고 어려운 일 다 맡아 하는 것 알지? 내가 우리 중에서 대장이 되어야 한다구. 예수님이 왕이 되면 틀림없이 나에게도 높은 자리를 수실 거야. 그렇고 말고!" 그러자 다른 제자들이 모두 입을 삐쭉거리면서 투덜투덜 거렸어요. "흥! 자기들만 잘났다고? 우리도 다 똑똑하고 힘도 센데 왜 우리가 대장이 못되겠어? 두고 보라지! 예수님이 우리에게 높은 자리 줄 테니까. 자기들이 최고로 사랑받고 있다고, 높은 자리에 앉을 거라고? 흥! 되게 잘난 척 하고 있네!"

예수님은 깜짝 놀랐어요. "아니, 애들아, 너희들은 지금 무엇 때문에 다투고 있느냐? 세상에서는 잘나고 똑똑한 사람만 높은 자리에 오르는 것 같지만 하늘나라에서는 겸손한 마음으로 다른 사람들을 훌륭하다고 인정해 주고 칭찬해 주는 사람이 더 크고 높은 사람이 된단다. 예수님 믿는 사람들은 자기가 더 잘났다고 으스대고 뽐내지 않는단다. 다른 사람도 다 잘한다고 인정해 주고 오히려 더 많이 겸손한 마음으로 섬기고 받들어 주는 것이 얼마나 보기 좋고 아름다운지 알아? '네가 나보다 더 잘 해. 네가 더 예쁘고 똑똑하지. 네 생각이 정말 훌륭해, 넌 정말 훌륭하다, 소중하다.' 라고 말해 주면 서로가 얼마나 좋겠느냐?"

제자들은 서로 잘났다고 최고로 사랑받는다고 으스대고 자랑한 것이 너무나 부끄러워서 모두 고개를 푹 숙이고 말았어요. 고개 숙인 제자들을 보니 크고 작음이 없이 모두 키가 똑같아 보이는 것이었어요. 예수님은 그런 제자들의 머리를 쓰다듬으시며 "얘들아, 이제부터는 마음속에 '내가 최고'라는 교만한 마음을 버리고 겸손한 마음을 가지도록 하여라."

자기가 잘났다고 최고라고 하는 모습은 마치 손가락 하나로 모든 것을 할 수 있다고 생각하는 것입니다. 그러나 서로 겸손하게 서로를 인정해 주고 존중해 주면 손가락이 모두 뭉친 주먹과 같습니다. 손가락이 한 덩어리가 되어서 주먹처럼 똘똘 뭉치면 힘이 강해집니다. 겸손은 얼른 보면 힘이 없어 보이지만 사실은 보이지 않는 큰 힘을 가졌습니다.

겸손한 생각은 교만한 생각을 넣어 주는 사탄을 단번에 물리칠 수 있습니다. 사탄은 우리들 마음속에 교만한 생각을 넣어 주고, 서로 자기가 최고다, 잘났다고 뽐내면서 다른 사람을 무시하고 다툼과 시기, 질투를 생기게 만듭니다. 나중에는 서로 다투어서 뿔뿔이 흩어지게 합니다. 그러나 겸손은 흩어진 사람들을 한 몸으로 다시 묶을 수 있는 힘을 가졌습니다. 그래서 사탄도 겸손 앞에서는 꼼짝 못하지요. 겸손이 교만보다 더 강한 힘이 있지요? 놀랍지요?

겸손한 친구는 많은 사람들에게 사랑과 칭찬을 받고 인정을 받습니다. 겸손한 친구는 천국에서는 예수님의 옆자리에서 가장 많은 칭찬을 받게 될 것입니다. 옆 사람 손을 잡고 다정하게 "겸손하게 살자."라고 말해 주세요.

난 괜찮아요 !

　어느 날 '토끼'가 하나님께 면회를 신청했어요. "하나님, 하나님, 저를
좀 어떻게 해 주세요. 저는요, 호랑이랑 사자랑 저를 잡아먹으려고 할 때,
달리기도 잘 못하고 다른 짐승들에게 물어뜯기고 못 살겠어요. 하나님,
왜 저를 이렇게 만들었어요? 하나님은 되게 나빠요! 잉잉." 하나님은 "토
끼야, 너 그동안 고생이 많았구나. 이제부터는 너의 귀를 길게 다시 만들
어 주마. 귀가 길어지면 소리도 더 잘 들릴 테니 더 빨리 도망을 할 수도
있을 거야. 참! 뒷발을 길게 만들면 달리기도 아주 잘 할 수도 있지. 그러
면 괜찮겠지?"

　이번에는 '소'가 찾아와서 "하나님, 나는 몸통만 컸지 아무도 나를 무
서워하지 않아요. 내가 풀을 뜯고 있으면 원숭이도 다람쥐도 나를 툭툭
건드리고 나를 놀려요. 정말 약 올라서 미치겠어요. 나를 다른 얘들이 무
서워하도록 해 줘요! 걔네들 많이많이 야단 좀 쳐 주세요!" 하나님은 "그
럼 네 모습을 조금 바꿔 주마. 두꺼운 이빨을 많이 만들고 입을 아주 무
섭게 튀어나오도록 할께. 좋겠지?" 소는 "네, 아주 좋지요. 아주 무섭게
해 주세요."

　이번에는 '오리'가 뒤뚱뒤뚱하며 나타나서 "아이고, 아이고 하나님, 난

어떻게 해요? 내가 시냇가에서 피라미랑 붕어를 잡아 먹으려고 하면 걔네들이 너무 빨리 도망을 가 버린단 말이에요. 다리가 짧아서 빨리 쫓아가지도 못하고 난 배가 고파 죽겠어요. 진짜 속상하다구요. 나를 왜 이렇게 만들었어요? 잘 좀 만들지 이게 뭐예요? 아이고, 아이고." 하나님은 "그래, 오리야 얼마나 배고팠을까? 많이 힘들었지? 그럼 이제부터 네 입을 길게 삐죽 나오도록 해 줄게. 그래서 빨리빨리 붕어를 잡아먹을 수 있도록 해 줄게."

어디선가 윙윙 소리가 나더니 '벌'이 날아왔어요. "하나님, 저 좀 보세요. 아휴 속상해, 아유, 신경질 나, 하나님, 도대체 뭐예요? 왜 나를 이렇게 가볍게 만들었어요? 나는 바람만 불어도 나도 모르게 휙 날려가 버리고, 여우 뒤통수에 앉아서 쉬려고 해도 여우가 고개를 돌리기만 해도 난 날개가 다치잖아요? 어제는 말 잔등에 앉았다가 말이 꼬리를 흔드는 바람에 날개와 몸통에 부상을 입었어요. 이것 좀 보란 말이예요! 아유, 짜증나!" 하나님은 "애, 너는 날아다니는 것이 아름다운데 네 몸을 무겁게 해 주면 넌 날아다닐 수가 없잖아? 그러면 네 입의 침에서 독이 나오도록 하자. 너에게 한번 물린 동물들은 다시는 너에게 함부로 안 하고 너를 무서워하고 조심할 거야." 벌은 신난다고 콧노래를 부르고 사라졌어요.

이번에는 피투성이가 된 '양' 한 마리가 "하나님, 저 피 흘리지요? 걸어오다 말의 뒷발로 걷어 채였어요. 다리가 짧으니까 달리기도 못하고 맨날 사나운 동물들에게 당하기만 하고, 하루도 피 안 흘리고 멍 안 들은 날이 없어요. 저 여기 좀 보세요. 멍투성이잖아요?" 하나님은 "너 정말 많이 다쳤구나. 많이 아프지? 그럼 ① 네 발톱을 호랑이나 사자 발톱처럼 날카롭게 해 줄까?" 양은 "하나님, 내 발톱이 날카롭고 무서우면 걸어 다니다 다람쥐새끼랑 어린 동물들을 나도 모르게 밟으면 그 친구들이 얼마나 아프겠어요? 그건 안 되겠어요."

다시 하나님은 "그럼 ② 네 이마에 뿔을 만들어 줄까? 너를 괴롭히는 친구들을 뿔로 받아버리면 네 마음이 시원하지 않겠니?" 양은 "하나님, 저는 괜찮아요. 다른 친구들을 뿔로 받아 버리면 걔네들이 피 흘리고 아파하면 저도 마음이 아프니까 그냥 이대로 있을래요." 하나님은 "그럼 ③ 네 이빨을 악어 이빨처럼 만들어 줄까?" 양은 조금 생각하더니 "하나님, 저는 그냥 이대로가 좋겠어요. 제가 풀을 뜯어먹다가 그 무시무시한 이빨로 나도 모르는 사이에 여치, 귀뚜라미, 메뚜기들을 물어 버리면 걔네들이 얼마나 아프겠어요? 불쌍해서 안 돼요."

하나님은 "그럼 ④ 너의 부드러운 하얀 털을 고슴도치 털처럼 빳빳하게 만들어 줄까?" 양은 "하나님, 저는 괜찮아요. 제가 고슴도치 털을 갖고 있으면 아무도 나와 놀아 주지 않아요. 그럼 나는 친구가 없어지는데요. 내가 가시 같은 그 털로 나뭇잎이나 과일 열매를 쿡쿡 찌르고 다니면 많이 아파할 거예요. 전 이대로 그냥 있을래요."하고 돌아갔어요.

그때부터 하나님은 '양'을 온유의 동물, 부드러움의 동물이라고 별명을 지었어요. 이 이야기는 성경에 없는 꾸며낸 이야기입니다. 다른 동물들은 하나님께 불평하고 원망하면서 친구들이 피 흘리고 아프더라도 자기만 편하면 된다는 마음이었어요. 그러나 양은 친구들이 나를 괴롭게 하고 아프게 하더라도 자기는 친구를 아프지 않게 하겠다고 합니다.

온유한 사람은 사납지 않고 거칠지 않고 불평하지 않고, 원망하지 않고 톡톡 쏘지 않고, 툭툭 퉁명스럽지도 않고 험한 말을 하지 않습니다. 온

유한 사람은 부드러운 말씨와 고운 말을 하고, 다른 사람에게 친절하고 너그럽게 대해 주고 이해해 줍니다. 온유한 사람은 하나님과 사람들에게 많은 사랑을 받습니다. 언제나 평안하고 마음속에 기쁨과 평화가 풍성하게 넘치고 행복한 세상으로 만들어 갑니다.

9월 19일 / 행 9:36-37 / 나눔
최고의 도우미

천국에서 최고로 인기 좋은 사람은 어떤 사람일까요? 한번 생각해 보세요. 찬양 잘 부르는 사람? 성경을 많이 아는 사람? 얼굴이 예쁜 사람, 목사님이나 전도사님? 그럼 누구일 것 같아요? 천국에 가면 많은 사람들이 환영을 나오고 박수를 치고 인기 연예인 못지않게 인기를 끌 사람은 아마 이런 사람일 것 같지 않나요?

욥바라는 도시에서 인기투표를 하면 틀림없이 1등으로 뽑힐 만큼 인기 있었던 사람이 있었는데요. 길거리에 다비다 아줌마가 지나가면 창문을 열고, 시장가에서 "아줌마! 아줌마!"라고 소리를 지르며 좋아해요. 꼬마들도 노인들도 모두 좋아하는 이 아줌마 이름은 다비다, 도르가 두 개인데 왜 그렇게 인기가 좋았을까요? 다비다 아줌마는 남을 도와주는데 그 도시에서 1등이었거든요. 최고의 도우미 아줌마, 다비다였으니까요.

다비다 아줌마는 예수님을 잘 믿고 말씀대로 사는 훌륭한 제자였어요. 이 아줌마는 어렵고 힘든 사람들을 자주 찾아가서 돌보아 주고, 위로해 주었어요. 병들어 누워 있는 사람들에게 밥도 해 주고 빨래도 해 주고 물도 길어다 주고, 얼음찜질도 해 주고 안마도 해 주었어요. 자기 집에서 옷도 만들어서 가난한 사람들에 입혀 주기도 하고, 자기 집에 있는 쌀이나 우유도 가난한 사람들에게 몰래 갖다 주고 나눠 주고 그랬어요.

욥바성에 살던 사람들은 "글쎄, 며칠 전 불이 나서 집이 다 타버린 집 있잖아요? 다비다 아줌마가요. 그집 식구들에게 밤새도록 옷을 여러 벌 만들어서 갖다 주었대요. 집에 있던 그릇이랑 쌀도 가지고 왔더래요. 다비다 아줌마가 그 집 식구들을 자기 집에 데려다가 잠도 재워 주었대요", "정말 이 욥바성에 다른 사람들을 그렇게 많이 도와주고 나눠 주는 사람은 그 아줌마 밖에는 없어. 다비다 아줌마는 우리 욥바성의 천사야, 천사!" 칭찬을 많이 했습니다.

그런데 어느 날, 다비다 아줌마가 갑자기 죽었어요. 욥바성 사람들은 깜짝 놀라고 너무 슬퍼서 울고불고 통곡하면서 아줌마의 죽음을 슬퍼했어요. 욥바성 사람들은 그 옆 도시에 와 있던 베드로 제자에게 달려갔어요. "베드로님, 제발 우리 아줌마 좀 살려 주세요. 제발 좀 살려 주세요. 우리에게 이 아줌마가 살아 계셔야 해요." 베드르 제자가 달려와서 보니 아줌마네 집 방안, 마당, 골목, 시장길 등에서 사람들이 울고 있는 거예요. 베드로 제자는 아줌마의 시체를 보고 큰 소리로 "다비다, 일어나라!" 소리쳤더니 아줌마가 금방 살아났어요. 욥바성에는 엄청 큰 기쁨의 함성이 울려 퍼졌습니다.

여러분, 다비다 아줌마의 손 모양은 어떤 것이었을까요? 여러분이 직접 손 모양을 만들어 보세요. (그림을 보여 주며) 두 손을 활짝 펴고 나누어 주는 손입니다. 도와주는 손입니다. 다비다 아줌마의 손은 결코 "내 것을 남에게 절대로 줄 수 없어, 안 줘, 못 줘. 아까우니까. 두 손을 꽉 움켜쥐고 펴지 않는 그런 욕심쟁이 손이 아니었어요.

우리는 어른이 아니어서 나눠 줄 것이 없을까요? 여러분도 다비다 아줌마처럼 나눠 줄 수 있답니다. 힘을 나눠 줄 수 있어요. 아프고 기운 없는 사람, 힘든 일을 하는 어른들을 도와줄 수 있어요. 적은 돈이지만 돈을 나눠 줄 수 있어요. 저금통에 돈을 모아서 어려움 당한 사람들에게 보내 줄 수 있어요. 물건을 나눠 줄 수 있어요. 필통, 옷, 신발, 머리띠, 모자 등 내가 1~2가지 갖고, 더 있는 것은 다른 사람들에게 그냥 나누어 줄 수 있어요. 사랑의 말을 나누어 줄 수 있어요. 진리를 나누어 줄 수 있어요. 예수님을 전하고 영원한 천국을 전해 보세요.

하나님이 우리에게 주신 많은 것들은 우리를 거쳐 다른 사람들에게로 흘러가야 합니다. 다른 사람들에게 나누어 줘야 할 것들이 흘러가지 못하고 우리에게 그냥 머물러만 있으면 더러운 욕심의 냄새가 나게 됩니다. 내게 있는 것들을 다른 사람들에게 전달하고 나눠 줄 수 있는 손을 준비하세요. 다비다 아줌마의 손은 움켜쥐는 손이 아니라 두 손을 활짝 펴고 나눠주는 손이었어요. 도움과 친절과 나눔을 실천하는 손이었어요. 그런 손 때문에 세상이 천국으로 변화될 수 있습니다.

나 하나 때문에

　고속도로에서 화물트럭이 전복되어 넘어졌어요. 큰 나무 재목들, 철판들이 산더미처럼 쏟아졌어요. 고속도로는 엄청난 교통 대란이 벌어지고 차가 막혀서 꼼짝도 못 하겠지요? 사람들은 빨리 못가는 안타까움 때문에 짜증도 나고 힘들게 되겠지요. 고속도로에 있는 수많은 사람들은 "저 화물트럭 때문에" 라고 원망을 많이 할 거예요.

　이스라엘 나라에도 이처럼 장애물이 되었던 어떤 사람이 있었어요. 모세의 뒤를 이은 여호수아 장군이 백성의 지도자가 되어 하나님이 약속하신 땅 가나안에 도착했지요. 이제는 거기에 원래부터 살던 원주민을 쫓아내고 땅을 차지할 일만 남았어요. 이스라엘 사람들은 계속되는 전쟁에서 늘 이겨서 땅은 계속 넓어지고 힘센 나라로 소문이 났습니다.

　그렇게 잘 나가던 이스라엘에 너무나 어처구니없는 일이 생겼어요. 아이성을 차지하러 간 전쟁에서 어이없게 지고 쫓겨 온 거예요. 여호수아 장군이랑 백성들은 하나님께 무릎 꿇고 왜 이런 일이 생겼느냐고 물었어요. 하나님은 "너희가 아이성이라는 아주 조그만 도시를 못 이긴 것은 큰 죄가 있었기 때문이다. 너희 중에 하나님께 바친 물건을 몰래 훔친 사람이 있는데 그 사람 한 명의 죄 때문에 이스라엘이 오늘 전쟁에서 진 것이다."

　그때는 한 가지 규칙이 있었는데 전쟁에서 이기고 얻은 모든 물건은 자기가 가지지 않고 하나님께 바쳤어요. 그러면 백성의 지도자들은 그 물건을 왕궁에 잘 보관하고 있었지요. 그 중요한 물건을 몰래 훔친 한 사람 때문에 하나님이 이스라엘에게 벌을 내린 거예요.

여호수아 장군은 이스라엘 모든 백성을 다 모으고 누가 범인인지 제비 뽑기를 하자고 했어요. 여러 차례 제비뽑기를 했더니 최후에는 아간이라는 사람이 제비 뽑혔어요. 여호수아 장군이 "아간, 너의 잘못을 하나님이 이미 알고 계신다. 그러니 숨기지 말고 정직하게 말하도록 하여라."

아간은 엉엉 울면서 "정말 제가 잘못했어요. 너무 비싸고 좋은 물건이라 욕심이 나서 그만 제 천막 밑 땅속을 파고 거기다 묻어 두었어요. 제가 3가지 물건을 숨겼는데 하나는 바벨론 지방에서 생산되는 아주 고급스러운 겉옷인데 금실과 은실로 짜서 너무 좋은 고급 비단 옷이구요. 하나는 오십 세겔 되는 금덩어리 이구요. 또 하나는 이백 세겔이 되는 은덩어리예요. 여호수아 장군님. 죄송해요. 나 하나 때문에 이스라엘이 전쟁에서 졌어요." 오십 세겔 되는 금덩어리는 지금 돈으로 750만 원 정도, 이백 세겔 되는 은 덩어리는 지금 돈으로 600만 원 정도이니 아간이 얼마나 비싼 물건인 금덩이와 은덩이를 훔쳤는지 알겠지요?

그 아간 때문에 전쟁에서 이기지 못했어요. 이스라엘 사람들은 "저 아간 한 사람 때문에." 라고 얼마나 원망을 많이 했겠어요? 이 세상에는 한 사람 때문에 평화가 깨어지고 불편과 불화가 생기기도 해요. 반대로 한 사람 때문에 평화와 즐거움이 생기기도 하지요.

지금부터 조용히 눈을 감고 두 손을 가슴에 모아 보세요. 그리고 진지하게 전도사님이 말하는 것을 잘 들어 보세요. '나는 한 번도 그런 적이 없다.'라고 생각되면 오른 손가락을 한 개씩 꼽아 보세요. '나는 그런 일이 있었다.' 라는 친구는 왼 손가락을 한 개씩 꼽아 보세요. 아무도 모르게 자기만 알도록 조용히 눈을 감겠어요.

① 교회에서 예배드릴 때 나는 떠들고 장난을 쳐서 다른 친구들을 불편하게 한 적이 있다.

② 성경을 공부할 때 장난치거나 딴 짓을 해서 성경공부를 방해한 적이 있다.

③ 집에서 나 혼자 욕심 부리거나 떼를 써서 나 때문에 동생이나 형이 함께 꾸중들은 적이 있다.

④ 학교에서 나 혼자의 잘못 때문에 우리 반 친구들, 분단 친구들이 단체로 기합 받거나 꾸중 들은 적이 있다.

⑤ 나는 규칙을 지키는 것 보다는 안 지키는 것이 더 재미있고 스릴 있다고 생각한다.

⑥ 나 하나 때문에 다른 사람이 피해를 보아도 나는 별로 상관이 없다고 생각한다.

자, 이제 왼 손가락을 많이 꼽은 친구들은 마음속으로 이렇게 기도하세요. "하나님 잘못했어요. 다시는 그러지 않도록 제 마음을 다스려 주세요."라고 기도하세요.

여러분, 한 사람이 잘못하면 모든 사람이 고통을 당할 때가 있어요. 아담 한 사람이 선악과를 따먹은 것 때문에 온 세상에, 모든 사람에게 죄가 들어왔어요. 모든 사람이 지옥갈 수밖에 없는 벌을 당하게 되었어요. 그러나 하나님의 아들 예수님 한 분 때문에 이 세상 모든 사람들의 죄가 용서되었고 모든 사람들이 구원을 얻게 되었어요. 아담 한 사람 때문에 모두가 죄인이 되었는데 예수님 한 분 때문에 모두가 하나님의 자녀가 될 수 있었어요. 예수님 한 분 때문에 세상은 기쁨과 소망을 되찾을 수 있었지요.

여러분은 세상을 고통스럽고 불편하게 만드는 사람이 아니라 세상에 평화를 가져오는 한 사람이 되고 싶지요? 여러분 한 사람이 세상에 있음으로 여러분의 가정이, 여러분의 학교가, 우리 교회가 웃음꽃이 피는 사랑과 평화의 동산이 이루어진다면 얼마나 좋겠어요? 나 하나는 아주 중요한 역할을 할 수 있어요. 오늘도, 이번 주일도 나 하나 때문에 나 있는 곳에 평화와 기쁨을 나누어 줄 수 있는 여러분들이 되기를 바랍니다.

9월의 프로그램

1. "양지와 음지의 사람들"

　이 프로그램은 한 주일만 진행하는 것이 아니라 2-3주일 동안 연속으로 할 경우에 더욱 효과적입니다. 반이나 학년별로 중형 그룹을 만들고 그룹별로 두 가지 줄을 만들어 갑니다. 한 줄은 "양지의 사람들", 또 한 줄은 "음지의 사람들" 한 번에 완성되는 것이 아니라 주일을 더해 갈수록 사진과 기사 모음이 계속 추가되고 연결되어 줄의 길이는 늘어납니다. 한쪽 벽의 "양지의 사람들"에는 고통당하는 사람들을 도운 미담의 기사들을 사진이나 책에서 오려온 기사로, 다른 쪽 벽의 "음지의 사람들"에는 불치의 병, 전쟁, 기근, 가난, 사고 등으로 생명의 위협과 고난에 처해 있는 사람들의 사진과 기사를 계속 붙여갑니다. 양지와 음지 두 줄의 길이가 차이나는 것을 보면서 어린이들은 도움을 요청하는 사람은 많지만 실제로 돕는 사람은 적다는 것을 느끼게 될 것입니다. 이 기사모음 줄이 마무리되면 어린이들에게 양지에 있는 사람들이 음지에 있는 사람들을 돕기 위해서 사랑을 나누는 것이 생명을 사랑하는 것이라는 깨닫고 결심하도록 도와주세요. 음지의 사람들을 위한 관심과 도움이 실천될 때에 우리는 '사랑 지킴이'로서 사명을 다하는 것이라고 알려 주십시오.

2. 팔복말씀 카드놀이

마태복음 5장에 있는 '8복'을 재밌게 외우도록 하는 것이 목적입니다. 준비물은 8복에 대한 단어카드. 단어카드 뒷면에는 암호도 적어 놓아야 합니다. 예를 들어 "심령이, 가난한, 자는, 복이, 있나니" 라는 5개의 단어카드를 만들고 뒷면에는 "대한"이라는 암호를 적어 놓구요. "천국이, 저희, 것임이요" 라는 3장의 단어카드를 만들고 뒷면에는 "민국"이라는 암호를 적어 놓는 것입니다. 이런 방법으로 단어카드를 8복으로 8세트나 그이상 만들 수 있어요. 뒷면의 암호는 서로 짝이 되도록 여러 가지로 적을 수 있지요 '베드로-제자', '아버지-어머니', 'OO-교회' 자! 많은 단어카드가 준비되었으면 가운데에 카드를 모아 놓고 함께 노래 부르다가 사회자의 신호에 맞추어 카드 1장을 집는 거예요. 그리고 뒷면의 암호가 같은 어린이들끼리 모여 보세요. 그러면 8복의 어느 복이든지 앞부분끼리, 뒷부분끼리 모이게 되거든요. 다시 암호의 연결성을 생각하면서 두 팀끼리 연결하면 한 문장이 완성되지요. '대한-민국'의 암호를 가진 어린이들이 모여서 한 줄로 서면 8복중의 첫째 복의 문장이 완성되지요? 이런 방법으로 자기 줄의 카드를 여러 번 릴레이로 읽으면서 1가지 복을 외우게 된답니다. 체조와 퀴즈를 하면서 여러 번 반복하면 자연스럽게 8복의 말씀이 외워질 것입니다.

3. 특명! 사랑 윷놀이

추석 연휴가 계속되어 26주일은 어린이들의 출석률이 현저하게 떨어질 수 있습니다. 또한 귀향하는 교사들도 있을 수 있구요. 그래서 그 주일은 어린이들끼리 즐겁게 윷놀이를 하면서 지내도록 했으면 좋겠어요. 일반적인 윷놀이와 진행방식은 같지만 윷놀이 판에 여러 군데에 특명을 설치해 놓고 그 특명을 실행하도록 하는 것입니다. 특명의 지시사항은 '사랑의 실천'에 해당되는 특명을 하면 됩니다. "선생님 이마에 뽀뽀해 주기", "옆 친구에게 사랑한다고 말해 주기" "친구 소원 들어 주기", "반의 친구들 모두 함께 선생님을 가마 태우기" 등.

◎ 변신! 파티 매니저!

어린이들은 생일잔치에 가고, 초대하는 것이 이젠 일상사가 되었습니다. 9월 한 달 동안 연속 기획 프로그램으로 파티를 주최하는 매니저가 되도록 연습시켜 주세요. 그냥 그런 흔해 빠진 생일파티가 아니라 자신이 직접 꾸미고 대접하는 파티의 주인공으로 변신하게 해 줍니다. 이 4주간의 프로그램은 교회내의 은사 있는 어른들을 일일 교사로 초청하고, 어린이들을 일정한 인원으로 신청 받거나 상징적인 의미에서 재료비를 받는 것도 고려할 수 있습니다.

첫째 프로그램은 "선물 포장법"인데 몇 가지 형태의 선물 포장법을 배워서 가족이나 친구들에게 선물할 수 있도록 충분히 배웁니다. 재치 넘치는 신선한 포장법으로 받는 사람들에게서 감탄사가 나올 것입니다. 둘째 프로그램은 "풍선 장식"으로, 생일잔치에서 활용할 수 있는 풍선 장식과 꾸밈을 직접 강사에게서 배워봅니다. 셋째 프로그램은 "레크레이션"입니다. 자신의 파티에 초대된 친구들을 상대로 자신이 리드할 수 있는, 어린이들에게 가능한 레크레이션 몇 가지와 포크 댄스를 배워봅니다. 넷째 프로그램은 "간단한 생일파티 요리"에 대한 시간입니다. 친구들에게 엄마가 마련한 음식만이 아니라 자신이 직접 만든 음식을 대접하고 뽐낼 수 있도록 파티 요리를 2-3종류를 배웁니다. 교회 식당에서 강사의 지도 아래 정확한 요리법으로 직접 만들어 보고 먹어 보고 할 것입니다. 이렇게 4주간의 교육 프로그램을 마치면 자신의 힘만으로도 멋진 생일파티를 준비할 수 있습니다. 배운 대로 파티를 연다면 초대된 친구들이 "와우~ 좋아, 멋지다 멋져! 음~ exciting!! wonderful!!" 하겠지요?

◎ 자전거 하이킹

9월 10월, 날씨 좋은 주일 오후나 토요일에 반별로 자전거 하이킹을 떠나 보세요. 전체 어린이가 함께 해도 좋은 프로그램이기도 하지요. 자전거가 없는 아이들은 친구들에게 좀 빌려오라고 하세요. 교회에서 가까운 거리의 공원이나 산을 목적지로 삼고, 선두에는 자전거 잘 타는 선생님들이 인도하시고, 뒤에는 또 다른 선생님들이 우리를 보호하시고. 자전거 뒤에 간식봉지를 매달고 가까운 곳으로 하이킹을 떠나는 것이 대단히 단순한 놀이인데도 어린이들은 반별로 함께 달려간다는 것만으로 무척 신선하게 받아들이고 호응도가 높습니다. 너무 가까운 곳에는 어린이들이 시시하게 생각하거든요. 마을에서 조금 멀리 떨어진 곳, 관광지나 유적지나 조금 낯선 곳을 목적지로 하고, 대열을 지어서 함께 이동하고, 나이 어린 꼬마 아이들은 2명이 함께 탈 수도 있습니다. 중요한 것은 안전문제니까 차도 쪽을 조심해야지요!

교사를 위한 프로그램

9월은 가을이 시작되는 달로, 날씨와 바람이 아주 좋은 시기입니다. 이렇게 좋은 날을 놓칠 수 없겠지요? 주일 오후에 가까운 근린공원이나 야외 숲속이나 강가에 나가 보세요. 맑은 햇빛과 시원한 바람을 맞으며 산책도 하시고 맛있는 것도 먹고, 화기애애하게 월례회를 하시고 기도회도 해 보시면 어떨까요? 교사들만의 작은 미니 소풍이 모두에게 신선한 활기를 넣어 줄 것입니다. 웃고 떠들며 즐긴 그 힘은 자연스럽게 아동부의 부흥과 발전을 위해서 다시 노력하는 에너지로 바뀌어갈 것입니다.

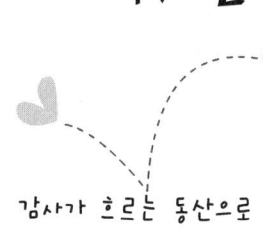

10월

감사가 흐르는 동산으로

　　가로수의 노란 은행잎이 낙화(落花)처럼 흘러내리는 이 가을에 우리들의 가슴에도 이처럼 '감사의 꽃비'가 흘러내리기를 소원합니다. 요즘은 10월에 추수감사절을 지키는 교회도 많지요. 풍성한 과일과 곡식과 채소를 보면서 우리 어린이들의 심성에 '감사'라는 가장 아름다운 글씨를 새겨 보고 싶습니다. 믿음은 사랑으로, 사랑은 감사의 열매로 나타나게 됩니다. 그러므로 감사는 신앙의 꽃이 됩니다. 감사와 은혜를 모든 이들에게 흐르게 하는 아동부 동산에는 감사 나무가 무럭무럭 자라겠지요?

주일	월	화	수	목	금	토
					1 국군의 날	2
3 개천절	4	5	6	7	8	9 한글날
10	11	12	13	14	15	16
17	18	19	20	21	22	23
24	25	26	27	28	29	30
31						

10월의 교육계획서

● 10월의 교육주제 : 감사가 흐르는 동산으로 (감사)

주일	설교	예배 위원	성서 학습	2부 순서	2부 담당	준비물	주간행사	기타
3일	누가복음 17:17 "한 사람을 찾습니다"	기도 : ( )선생님 헌금 : ( )반	34과	감사 도장 만들기	( ) 선생님, 또는 ( )분과	당근, 고구마, 조각도, 한지, 아크릴물감	9일(놀토) / 야외소풍	3일/ 가정통신문 배부
10일	시편 44:8 "감사는 자랑이다"	기도 : ( )선생님 헌금 : ( )반	35과	x				
17일	시편 50:23 "감사는 보답이다"	기도 : ( )선생님 헌금 : ( )반	36과	감사 트리 장식	( ) 선생님, 또는 ( )분과	큰 나무 화분, 색지, 가위, 끈, 연필		

						*반 총동원 다모여 주일	"다모여!" 주일 준비 - 선물, 반사상품, 초대장배부
24일	시편 136:25 "음식을 주신 하나님" 기도 : ( )선생님 헌금 : ( )반	x	x				
31일	갈라디아서 6:7-8 "감사 나무를 키워요" 기도 : ( )선생님 헌금 : ( )반	37과	가정행렬 퍼레이드	( )선생님, 또는 ( )분과	반별로 준비한 의상들		오후/교사 월례회

* 10월의 예배 인도자는 ( ) 선생님, 월례회 간식 제공은 ( ) 선생님입니다.

* 10월 9일(둘째 주일)에 진행할 야외소풍의 장소는 ( )입니다. 이날은 야외부 체육대회를 겸하여 프로그램을 진행하겠습니다. 담당자와 준비물은 교사회의 시간에 말씀드립니다.

* 요즘 추수감사절 예배를 10월에 드리는 교회가 많아지고 있습니다. 각 교회마다 감사절 예배 일자가 조금씩 다르지만 편의상 10월 4째 주일, 24일을 추수감사주일 예배를 드리는 것으로 제안했습니다.

* 그래서 10월은 야외소풍, 주수 감사주일, 다모여 주일로 연속되는 행사가 있으므로 이를 통해서 반의 어린이가 총동원되도 하반기 부흥을 유도하려는 전략이 숨어 있답니다.

* 야외소풍을 제기로 하여 10월 31일 아동부 총동원 "다모여!"주일을 시행합니다. 출석상태가 고르지 않거나 잘 나오지 못한 어린이들에게 꾸준히 관심 갖고 연락하셔서 31일 오전예배에 총동원될 수 있도록 힘을 모아 주시길 바랍니다. 오후에는 "가장행렬 퍼레이드"를 하면서 모든 어린이들이 동참하여 즐길 수 있도록 하겠습니다.

10월의 설교문

10월 3일 / 눅 17:17

한 사람을 찾습니다

　지금부터 40여 년 전에 미국에서 진짜 있었던 이야기입니다. 미국의 에반스톤 해안에서 폭풍을 만난 배가 부서져서 물속에 가라앉고 있었어요. 그때 물속으로 가라앉는 침몰 직전의 배에서 17명을 구조해 낸 사람이 있었어요. 에드워드 스펜서라는 용감한 학생이었는데 신문에 TV뉴스에 크게 나기도 했어요. 그 후 30년이 지나고 지금부터 10년 전에 미국의 유명한 토레이 목사님이 어느 교회에서 말씀을 전할 때였어요. 30년 전 일을 이야기하면서 부서진 배에서 17명이나 건져낸 용감한 학생 이야기를 했거든요.

　그때 교인들이 "목사님이 말씀하시는 그 학생, 에드워드 스펜서 씨가 지금 우리 교회에 다닙니다." 목사님은 "아아~ 그래요? 스펜서 씨, 앞으로 나와 보세요."라고 말했어요. 앞으로 나온 스펜서 씨에게 토레이 목사님은 "당신은 참으로 훌륭한 일을 하셨습니다. 그런데 한 가지 물어보겠어요. 그때 당신이 구해 준 17명한테 감사의 선물로 무엇을 받으셨나요?" 그러자 스펜서 씨는 "목사님, 감사의 선물이요? 받은 것이 아무 것도 없는데요. 단 한 명도 저를 찾아오지 않았구요. 단 한 명에게서도 감사의 전화 한 번 못 받았는데요." 어떻게 이런 일이?! 17명의 생명을 구해 주었는데도 단 1명도 찾아오지도 않고 감사의 전화 한 통도 없었답니다.

이스라엘 나라에 나병이라는 무서운 불치병에 걸린 환자들이 있었어요. 흉하게 피부가 변하고 얼굴이나 신체가 기형으로 변해서 다른 사람들이 가까이 하기를 꺼려하는 병이고 전염이 되는 병이라서 사람들과 함께 어울려 살지도 못하는 아주아주 슬픈 병이랍니다.

이 나병환자 10명이 모여 살다가 어느 날 예수님을 만나러 갔습니다. 그들은 길 가시는 예수님을 붙잡고 자기들의 병을 고쳐달라고 애원을 했어요. 예수님은 그들의 모습이 너무너무 불쌍하고 애처로워서 그들을 고쳐 주기로 마음먹었지요. "가서 제사장에게 여러분의 몸을 보여 주세요. 제사장이 여러분의 몸을 보고 다 나았다고 하면 집으로 돌아가서 행복하게 잘 사세요."라고 말해 주었어요.

그들이 제사장을 찾아가다가 보니 정말 신기하게도 어느 사이에 나병이 다 치료된 것을 알았어요. 피고름이 흐르던 것이 피고름이 나오지 않고, 살이 썩던 것이 나아서 새살이 생기고 몸이 깨끗해진 거예요. 눈썹도 새로 생기고 이상하게 변해 버린 코도 제 모습으로 돌아왔고 10명은 너무 기뻐서 춤을 추고 뛰고 어쩔 줄 몰라 했어요.

조금 후에 한 사람이 예수님을 찾아서 뛰어왔어요. 얼마나 뛰어왔던지 숨이 차서 말을 못할 정도로 헉헉 거리면서 예수님은 "너희들 10명이 다 병이 치료되었을 텐데 왜 너만 돌아왔느냐? 다른 9명은 어디 갔느냐?" 그 한 명은 "예수님, 9명은 나병이 나았다고 너무 좋아하면서 집에 가서 잔치한다고 가 버렸구요. 저는 집으로 가기 전에 예수님께 감사하다고 인사를 드리고 가려고 다시 뒤돌아왔어요." 예수님은 감사의 인사를 하려고 돌아온 한 명을 보고 아주아주 기분이 좋으셨어요.

오늘 두 가지 이야기에서 다 같이 한 사람이 나옵니다. 감사의 인사를 하려고 돌아온 한 명과 생명을 구해 주었는데도 단 한 명도 감사의 인사를 하지 않았다고 했습니다. 여러분은 어떤 한 사람이 되고 싶어요? 감사의 인사를 하지 않은 9명과 감사의 인사를 한 1명, 여러분은 지금 어느 편에 있을까요? 하나님은 감사할 줄 아는 한 사람을 기다리고 계십니다. 감사하다는 인사 한 마디에 하나님의 기쁨은 더욱 커집니다. 하나님께 감사, 부모님께, 감사, 목사님(전도사님)께 감사, 선생님께 감사, 친척들께 감사, 예배를 마친 후부터 만나는 모든 사람들에게 감사의 인사를 드리는 여러분이 되기를 바랍니다. 감사할 줄 아는 한 사람, 그 한 사람이 바로 여러분입니다. 감사!

10월 10일 / 시 44:8

감사는 자랑이다

마음이 굉장히 착한 어떤 왕은 신하에게 상도 잘 주고 선물도 많이 내려 주었어요. 주기를 좋아하는 왕이었나 봐요. 그런데 그 나라의 신하들은 참 이상하게도 왕이 상품을 많이 주어도, 선물을 많이 주어도 고맙다는 인사도, 감사하다는 인사도 없이 그냥 받아가지고 나가 버리는 거예요. 왕이 매우 화려한 진수성찬을 차려 놓고 신하들을 초대하여 맛있는 식사를 대접하여도 실컷 배부르게 먹고는 감사하다는 인사 한 마디 없이 그냥 집으로 가 버렸어요. 왕은 늘 마음이 섭섭했어요.

하루는 이 왕이 신하들에게 감사를 가르쳐 주어야겠다고 생각을 했어요. 종을 시켜서 지저분하고 더러운 거지 한 명을 왕궁으로 불렀어요. 그리고는 신하들을 초대해서 거창한 파티를 열기로 했어요. 신하들이 파티장에 가 보니 왕 바로 옆에 역겨운 냄새가 나는 더러운 거지가 앉아 있는 거예요. 왕이 초대한 사람이니까 할 수 없이 신하들은 냄새가 나도 꾹 참고 식사를 했거든요. 그 거지는 맛있는 음식을 왕의 식탁에서 잔뜩 배부르게 먹고는 왕에게 감사하다는 인사도 없이 그냥 훌쩍 나가 버렸어요.

이를 본 신하들은 기가 막혔지요. "지가 누군데. 거지 주제에 왕의 잔치에 와서 그런 진수성찬을 먹고도 인사 한 마디 없이 사라져? 저 괘씸한 거지, 은혜도 모르고 감사도 모르는 저 거지 그냥 둘 수 없어! 당장 잡아 와!!" 하고는 돌아간 거지를 다시 붙잡아 왔어요. 신하들은 "이 건방진 녀석아, 이 거지야, 네가 뭔데 왕에게 감사하다고 인사도 안 하는 거야?" 하면서 발로 차고 때리고 야단 호통을 쳤어요.

한참 후에 나타나 이 광경을 쳐다 본 왕은 신하들에게 이렇게 말했어요. "그만 두세요. 당신들은 저 거지를 야단치고 때릴 자격이 없어요. 당신들도 거지와 똑같아요. 당신들도 나에게 감사하다고 인사 한 마디 안 하고 살았잖아요? 내가 당신들을 이 왕궁에서 좋은 옷, 좋은 음식으로 대접하고, 온갖 좋은 물건을 상으로 주었는데도 당신들은 언제 내게 감사하다고 했나요? 감사할 줄 모르는 당신들은 이 거지와 똑같은데요. 누가 누굴 야단치고 그러는 거예요?" 왕의 이야기를 들은 신하들은 표정이 어떻게 되었을까요?

하나님께 감사할 줄 모르는 사람은 거지와 같습니다. 얻어먹을 줄만 아는 거지와 같은 인생입니다. 성경 시편 44편 8절에서는 하나님께 감사하고 하나님을 자랑하라고 합니다.

첫째로 감사는 표현하는 것입니다. 마음속으로만 생각하고 있는 것이 아니라 표현하고 드러내는 감사가 진짜 감사입니다. 감사하다고 소리내어 말로 표현하는 사람이 진정한 감사를 하는 것입니다. 하나님이 우리에게 주신 자연 환경들에 대해서 하나님께 감사하다고 말해 보세요. 예쁜 꽃들, 푸른 산과 맑은 물, 바다와 새들, 하늘의 달과 별과 구름도 우리에게 주셔서 감사하다고 말해 보세요. 많은 과일과 먹을 것들 곡식들과 육류들, 야채와 채소들을 주셔서 감사하다고 하나님께 말해 보세요.

둘째로 감사는 자랑하는 것입니다. 다른 친구들에게 하나님이 나에게 이런 것을 주셨다고 하나님의 이름을 자랑스럽게 말해 보세요. 하나님이 나에게 좋은 부모님, 좋은 형제들, 친척들, 친구들, 좋은 교회, 좋은 선생님들을 주셔서 감사하다고 자랑하는 것이 진정한 감사입니다. 하나님을 부끄러워하면서 하나님을 자랑하지 못하면 진정한 감사가 아닙니다. 하나님은 여러분의 감사의 표현, 하나님을 자랑하는 것, 흐뭇하게 웃으시며 다 듣고 계십니다.

10월 17일 / 시 50:23
감사는 보답이다

    5살 난 어떤 아이가 할아버지 댁에 갔어요. 할아버지는 큰 수술을 받고 병원에서 퇴원해서 집에 돌아오셨어요. 그동안 이 아이는 엄마와 함께 할아버지의 병을 고쳐달라고 매일 기도를 했었거든요. 할아버지를 뵙고 할아버지가 건강하게 다 나은 것을 보니 기분이 좋았어요. 또 하나님이 자기의 기도를 들어 주신 것이 너무나 고맙고 기뻤어요. 이 아이는 그 자리에서 이런 기도를 드렸답니다. "하나님, 제 기도를 들어 주셔서 너무너무 감사해요. 할아버지 수술이 잘 끝나고 퇴원한 것 고맙습니다." 그러더니 갑자기 찬송가를 조용하고 맑은 소리로 3절까지를 부르는 거예요. 다시 또 기도를 하는데 "하나님, 저도 하나님께 감사해서 선물을 사 드리고 싶은데 저는 돈이 없어요. 그러니까 조금 전에 부른 찬송가 노래 하나하고 내 장난감 중에서 하나님이 갖고 싶은 것 하나만 선물로 가져가세요."라고 했답니다.

    여러분은 이 이야기에서 무엇을 느꼈습니까? 감사할 줄 모르는 사람은 하나님께 아주 무례한, 염치없는 사람입니다. 우리는 감사할 줄 아는 사람이 되어야 하고, 더 나아가 감사를 보답할 줄 아는 사람이 되어야 할 것입니다. 진정한 감사는 보답하는 것입니다.

하나님이 우리에게 은혜로 주신 것들을 감사로 갚고, 감사로 보답하는 어린이가 되십시오. 시편 50편 23절에는 "감사로 제사 드리는 자가 나를 영화롭게 하나니"라고 합니다. 감사로 하나님께 예배드리는 사람들을 보고 하나님이 자랑스러워하고 기뻐한다는 말입니다. 입으로 감사하는 것도 좋고, 정성으로 하나님께 감사하는 것도 좋습니다.

진정한 감사는 하나님께 자신을 드리는 것입니다. 이야기에 나온 5살 난 아이가 정성스럽게 찬송을 불러 드린 것처럼 예배 시간에 기도와 찬송을 정성껏 드리는 것도 하나님께 대한 보답이고 드림(헌신)입니다. 하나님이 우리에게 주신 것들을 하나님을 위하여 정성스럽게 사용하는 것이 보답이고 드림입니다. 다 쓰고 조금만 드리는 헌금이 아니라 가장 많이 좋은 것으로 아낌없이 드리는 헌금도, 우리에게 주신 시간을 함부로 사용하지 않고, 집에서 성경을 읽고, 찬송을 부르는 것도, 예배 시간에 늦지 않고 일찍 오는 것도 하나님께 대한 보답이고 우리의 드림(헌신)입니다.

전도사님이 몇 년 전에 어떤 큰 종합병원 암 병동에 문병을 갔어요. 전도사님이 찾아간 환자의 병실에는 아주 모습이 흉한 환자가 있었어요. 그 남자 분은 혀에 암이 걸린 혀암, 설암(舌癌) 환자였는데 입 안에 있어야 할 혀가 너무 많이 부어올라서 입 바깥으로 축 늘어져 나와 있었어요. 그 혀도 색깔이 아주 빨갛고 검고 탱탱하게 부었더군요. 전도사님은 그 환자를 보는 순간, 너무 흉하고 무서워서 소름이 쫙 끼쳤습니다. 그 환자는 입을 크게 벌리고 혀가 늘어져 있으니 숨쉬기도 어려운지 가끔 헉헉 거리고 있었어요. 전도사님은 '저 부은 혀 때문에 먹는 것도, 말하는 것도 고통스러운 저 환자는 속으로 무슨 생각을 하면서 살까.' 하고 그 환자가 너무나 불쌍했습니다.

전도사님은 그날 집에 오면서 하품도 하고, 재채기도 하고, 기침도 콜록콜록 하는 것이 얼마나 감사한지, 먹고 싶은 것 마음대로 먹을 수 있고, 전화기에 대고 마음껏 수다 떨 수 있고, 노래를 흥얼거릴 수 있는 건강한 입과 건강한 혀를 주신 것이 정말 감사했습니다.

하나님이 주신 입으로 천국의 찬송을 불러 드리고, 먹을 때마다 감사하고, 숨 쉬고 수다 떨 때마다 감사해야 합니다. 건강할 때 감사하고, 하나님을 위한 드림으로 감사에 보답하면서 살기로 약속할 수 있지요. 우리 이제부터는 하나님이 주신 것들을 감사의 눈으로 바라보고, 늘 마음속에 감사의 씨앗을 심기로 해요. 날마다 늘 자라나는 감사의 제목을 가지고 하나님께 우리 자신을 기쁘게 드리면서 살기로 해요. 감사해요!!

10월 24일 / 시 136:25

음식물을 주신 하나님

코미디 프로에서 어느 개그맨이 감사절은 '감'하고 '사과'하고 인사하는 날이고, 성탄절은 '성냥'하고 '연탄'하고 만나는 날이라고 떠드는 것을 보았는데 정말 감사절이 감하고 사과하고 인사하는 날이에요? 추수감사절은 하나님께 감사드리는 명절이지요? 오늘, 추수감사절에 무엇을 감사드려야 하는지 하나님의 말씀을 들어 보세요.

① 하나님을 잘 믿는, 아주 믿음이 좋은 시골 농부 아저씨와 대학 교수님이 만나서 식사를 함께 하게 되었습니다. 그 교수님은 하나님을 믿지 않는 사람이었지요. 시골 농부 아저씨는 늘 하던 습관대로 밥 먹기 전에 기도를 하려고 했습니다. "교수님, 우리 함께 기도하고 식사하시죠?" 교수님은 깜짝 놀라서 "으잉? 기도를? 내가 기도를?" 하더니

② "푸하하하~ 아직도 기도하고 밥 먹는 사람들이 있습니까? 그런 순진한 사람들이 남아 있나요? 이젠 구닥다리 같이 바보처럼 밥 먹을 때마다 기도하고 그러지 마세요. 뭐, 사실 하나님이 이 밥과 반찬을 만들었나요? 다 가짜라구요. 요즘은 공장에서 다 만들어 나오고 연구실에서 다 만드는데" 하면서 떠들었어요.

③ 교수님이 기도 안 한다고 난리를 치니까 농부는 혼자서 머리 숙이고 감사기도를 드렸지요. 밥을 먹다 말고 농부는 "아참, 교수님, 우리 집에도 감사 기도를 할 줄 모르는 식구가 하나 있긴 있어요."

④ 교수님은 반가워서 "어! 그래요~ 반갑네요. 누군가요? 혹시 대학교에 다니는 아들이 있나요? 많이 배우고 똑똑한 사람은 하나님께 기도 안 하지요. 하나님이 어디 있다고 기도를 해요? 없다니까요! 그 아들이 똑똑하네요." 그러자 농부는 힘 있는 목소리로 "아니에요. 천만에! 우리 집에서 감사기도 할 줄 모르는 것은 바로 우리 집에서 기르는 돼지랍니다." 교수님은 부끄럽고 화가 났어요.

⑤ 농부는 교수님에게 말하기 시작했어요. "아무리 똑똑해도 아는 것

이 많고 대학 교수님이라도 하나님께 감사할 줄 모르는 사람들은 모두 돼지네 가족이랍니다. 하나님이 도와주시지 않으면 우리 스스로는 식량이나 쌀 한 톨 생산할 수 없다는 것을 아세요? 하나님이 햇빛과 비, 바람, 구름, 안개, 이슬을 적당히 주시지 않으면 이 지구상에는 풀 한 포기, 나무 한 그루, 과일 한 개라도 싹도 나지 않고, 자라지도 않고, 열매 맺을 수도 없답니다. 하나님이 땅에 있는 식물들, 곡식과 야채와 채소, 과일을 키워 주셨기 때문에 우리가 먹고 살 수가 있는 거예요. 이 지구상에 풀도 없고, 곡식도, 채소도 없다면 우리가 어떻게 살 수 있었겠어요? 교수님이 만들어낸 곡식, 채소, 과일이 뭐가 있나요?"

⑥ 아직도 학교에서, 음식점에서 식사에 대한 감사기도 하지 않는 친구 있나요? 남들이 볼까 봐, 부끄러워서, 친구들이 놀릴까 봐, '에이, 마음속으로 기도하면 되지, 뭘.' 하고 그냥 밥을 먹나요? 기도 안 하고 그냥 먹는 사람이 부끄러운 것입니다.

더 당당하고 자랑스럽게 예수님 믿는 티를 내면서 더 아름다운 기도의 모습으로 감사의 기도를 드리고 맛있게 식사하세요. 부모님에게나 친척들에게도 "잘 먹겠습니다. 잘 먹었습니다." 라고 인사를 하는데 하물며 우리에게 음식의 재료를 주신 하나님께도 "잘 먹겠습니다"라고 감사기도를 해야 옳은 거지요?

다람쥐에게 도토리를 음식으로 주신 하나님, 원숭이에게 바나나를 음식으로 주신 하나님, 사람들에게 과일과 곡식, 야채와 채소를 재료로 주시고 맛있는 반찬과 밥으로 잘 먹게 해 주신 하나님께 감사의 기도드리는 것 꼭 기억하고 실천하세요. 다 같이 따라서 외쳐보세요. "모든 육체에게

/ 식물을 주신 / 하나님께 감사하라! / 감사하라! / 감사하라! / 모든 사
람들에게 / 다양한 먹을거리를 주신 / 하나님께 감사하라 / 먹으면서 감
사하라 / 먹고 나서 감사하라"

10월 31일 / 갈 6:7-8

감사 나무를 키워요

　　미국 샌프란시스코의 '로스할데 힐'이라는 작은 시골 마을에 우체부 아
저씨가 살고 있었어요. 그 아저씨 이름은 요한인데요. 그는 젊었을 때부터
마을 부근의 약 50마일의 먼 거리를 매일매일 걸어 다니면서 우편물을 배
달하면서 살았습니다. 그는 매일 매일 산골짜기 외딴 집에도 찾아 가야 했
고, 사막처럼 빈 들판에 모래먼지 바람을 맞으면서 황무지 같은 길을 걸어
다니며 우편물을 배달해야 했습니다. 요한 아저씨는 매일 우편 가방을 메
고 한숨을 푹푹 쉬면서 일을 했습니다. "어떤 사람은 부자라서 저렇게도
잘 사는데. 나는 왜 이렇게 매일 가난하고 돈이 없어서 초라한 거냐구???
나는 언제나 좋은 집, 넓은 집에서 한번 살아볼까? 나는 언제나 돈 벌러
이렇게 힘들게 다니지 않고 집에서 펑펑 놀 수가 있을까? 나는 평생 이렇
게 고생만 하다가 늙어 죽는 건 아닐까. 아이구, 나는 참 복도 없다. 에구
구, 내 신세야."하면서 불평하고 짜증만 내면서 살았습니다.

　　그러던 요한은 어느 날 이런 생각을 했어요. "어차피 우편배달부 일을
계속해야 내가 먹고 사는데. 그렇다면 이렇게 짜증내지 말고 좀 새롭게 일

을 해 보자, 우선 먼지 나는 흙길부터 한번 바꿔볼까? 꽃길 가꾸는 것이나 한번 해 볼까??" 그때부터 요한 아저씨는 그 흙먼지 나는 길을 다니면서 주머니 속에 넣어둔 꽃씨를 뿌리기 시작했어요.

이렇게 1년쯤 지나자 잡초뿐이던, 또 흙먼지가 뿌옇던 그 길에 아름다운 꽃들이 피어나기 시작했어요. 요한은 꽃을 보면서 마음이 기뻐서 콧노래를 부르며 배달 일을 하게 되었구요. 사람들에게 소문이 나자 그 꽃길에 어떤 사람은 조각품도 갖다 놓고, 멋있는 벤치도 갖다 놓고, 그곳이 관광 명소가 되었어요. 그리고 우체국 아저씨 요한은 이제는 달라졌습니다. 전에는 마음속에 불평과 짜증, 한숨뿐이었는데, 이제는 마음속에 기쁨과 감사로 가득차서 싱글싱글, 벙글벙글 웃는 사람이 되었어요.

하나님은 오늘 읽은 성경에서 이렇게 말씀하십니다(7절). "사람은 자기가 심은 대로 거두리라" 하나님은 우리 친구들이 어떤 환경 속에서도, 어떤 조건 속에서도 감사하기를 원하십니다. 때때로 여러분들은 이런 생각을 많이 할 거예요. "감사하라구요? 뭘 감사하라는 거지요? 감사할 것이 있어야 감사하지요? 기가 막히게 좋은 것도 없고, 신나는 것도 없고, 기도해도 바로바로 잘 되는 것도 아니던데 뭘 감사하라구요? 기막히게 좋은 일이 벌어진다면 그때는 감사할게요." 왜 사람들은 작은 것 하나에도 감사하지 못할까요? 그건 감사를 감사로 볼 줄 아는 마음의 눈이 흐려졌기 때문이랍니다.

하나님은 여러분이 감사할 수 있는 "감사의 씨앗"들을 이미 다 넉넉하게 주셨어요. 맛있는 음식을 먹을 수 있는 재료들도 너무나도 여러 가지를 주셨고, 건강도, 가족도, 친구들도, 학교도 주셨지요. 또 예수님을 아는 믿음도 주셨고, 주일날마다 기쁘게 올 수 있는 내 교회도 주셨고, 교회 선생님도, 목사님(전도사님)도 주셨어요. 바람도, 비도, 구름도, 태양도, 수많은 꽃들과 나무들과, 과일도 주셨지요. 사랑하며 사랑받으며 살라고 우리 옆에 많은 사람들 만나게 하시고 사귀게 하셨어요. 그렇게 하나님은 여러분들에게 감사의 씨앗을 다 주셨어요.

이제 여러분들은 마음속에 감사의 씨앗을 심고 감사의 나무를 키워 가시면 됩니다. 감사의 씨앗들을 감사의 눈으로 바라보며 표현하고 자랑하고 보답하다 보면 여러분 마음속의 감사 나무는 쑥쑥 자라게 될 것입니다. 비실비실 허약하고 가느다란 나무가 아니라 튼튼하게 보기 좋게 자라나는 감사의 나무를 여러분 마음속에서 키우시길 바랍니다. 여러분의 마음속에 불평 나무, 짜증 나무가 울창하게 자란다면 여러분은 어떤가요? 그걸 바라보는 부모님이나 하나님 마음은 어떨까요? 또 여러분 마음속에서 감사 나무가 무럭무럭 자라서 보기 좋은 감사의 열매가 주렁주렁 달려 있다면 부모님이나 하나님은, 또 여러분 스스로는 어떨 것 같아요?

어린이 여러분, 감사의 씨앗을 심지 않고는 여러분 마음속에 감사 나무가 자랄 리가 없겠지요. 오늘부터라도 부지런히 감사의 씨앗을 심고, 늘 감사하는 마음의 눈을 가지고, 감사 나무가 잘 자라도록 하십시오. 그렇게 하는 여러분들은 보시고 하나님이 얼마나 자랑스러워하시고 기뻐하시는지 그 마음을 여러분들이 알아 주었으면 합니다. 여러분 마음속에 자라는 감사나무는 부모님과 학교를, 교회를, 하나님을 행복하게 해 주실 것입니다.

10월의 프로그램

1. 감사 도장 만들기

어린이들은 다소 위험해 보이는 놀이나 만들기를 더 좋아하지요. 당근이나 고구마처럼 물기가 거의 없는 것을 선택하여 판화작업을 해 보세요. 새겨질 글씨는 "감사"라는 두 글자!! 글씨를 안으로 파 들어가는 음각 기법이든지 글씨만 돌출되게 파는 양각기법이든지 어느 것이든 다 좋아요. 다만 사용되는 조각칼이나 과도를 어린이들이 조심스럽게 다루도록 선생님들이 잘 보살피시기를 부탁드립니다. 준비한 한지를 1장씩 주고 판화로 만든 당근(고구마) 도장을 찍어 보세요. 포스터 칼라나 아크릴 물감을 붓에 묻혀 당근(고구마)도장에 칠한 다음 한지에 누르면 글씨가 나오지요. 칠한 것을 닦아내고 다시 다른 색으로 칠하고 찍고 판화처럼 여러 색으로 찍어 보세요.

2. 야외소풍(놀이마당)

9일(놀토)를 이용하여 가까운 곳으로 야외 소풍을 다녀오세요. 이번 소풍에는 다양한 놀이마당을 열어 보세요. 간단한 줄넘기(단체전, 개인전), 훌라후프 돌리기, 발야구, 피구(족구), 탱탱볼 축구, 줄다리기 등. 이런 것만이 아니라 모자에 긴 리본을 매어 놓고 농악대처럼 상모돌리기 대회도 재밌고, 4줄로 하는 줄다리기, 1인 농구대회도 괜찮고 차전놀이를 할 때에 선생님을 가마에 태워 올려도 좋구요. 개인전이든지, 반 대항이든지, 마음껏 뛰게 하고 마음껏 소리 지르게 할 수만 있으면 야외 소풍은 성공작이지요.

3. 감사절 트리 만들기

감사절 예배의 순서를 위해 미리미리 멋진 트리를 만들어 보세요. 여러 색깔의 색지로 다양한 과일 모양을 어린이들이 직접 만들고, 그 과일 모양에 하나님께 감사드리는 내용을 이름과 함께 적습니다. 한 명이 여러 개의 과일 모양에 다양한 감사 내용을 적을 수 있어요. 강단에는 플라스틱 성탄트리나 커다란 푸른 나무 화분을 올려 놓습니다. 준비된 트리(나무 화분)에 자신의 과일 모양을 매달게 되는데 어린이들의 쪽지를 스카치테이프로 붙여 주시면 됩니다. 다른 방법은 미리 과일 모양의 색지에 빵끈(리본끈)을 달아 두면 어린이들이 쉽게 가지 사이에 끼울 수가 있지요. 과일 예물도 풍성하지만 어린이들의 감사 사연이 주렁주렁 달린 색다른 감사 트리가 완성되었어요. 색전구 반짝이는 성탄 트리보다 감사의 사연이 화려한 감사 트리가 더 멋있지요?

4. 가장행렬 퍼레이드

성경에 보면 감사하는 인물들이 많이 나옵니다. 창세기 28장의 야곱, 요셉, 모세와 엘리야, 여호수아, 다윗, 다니엘, 신약에서는 바울의 감사, 열병이 나은 베드로의 장모, 백부장의 딸, 나사로, 나인성 과부의 아들, 돌아온 한 명의 문둥병자, 실로암 연못에서 나음을 입은 맹인 등 각 팀(반)별로 한 인물을 선택하여서 자기들끼리 협력해서 한 명을 주인공 모델로, 다른 어린이들은 조연급 모델로 그 시대의 복장을 입혀 봅니다.

당일 오전예배 시간에 무엇을 할 것인지 결정하고, 집에 있는 재료를 총동원하여 꾸며보게 하세요. 어린이들이 이미 성경공부 책에서나 여러 미디어를 통해서 대강은 어떻게 꾸며야 할지를 알고 있답니다. 모든 반이 가장행렬 준비를 마치면 차례차례 입장을 시키고 진행자는 왜 그 인물인지, 무엇을 감사하는지 인터뷰를 해 보세요. 기념촬영이나 비디오 녹화로 남겨 두시면 좋은 영상기록이 될 것입니다. 어린이들이 발휘한 그 멋진 솜씨, 특이한 복장을 그냥 끝내면 아쉽지요? 교회 주변에서 가장행렬 퍼레이드를 해 보세요. 오가는 사람들의 시선을 한 몸에 받으면서 어린이들은 쑥스러워하지 않고 의외로 시선집중을 즐긴답니다.

◎ 추수감사주일 예배, 감사 축제 한 마당

미리 가정통신문을 꾸준히 보내서 추수 감사절 날은 옷을 화려하게 입고 오도록 협조를 부탁합니다. 한복을 입거나 화장을 해도 좋고, 한복이 없으면 자신의 옷 중에서 제일 좋고 화려한 옷을 입고 오라고 하세요. 남자 어린이들도 한복이나 양복에 나비넥타이도 하고 머리에 무스도 바르고 스프레이도 뿌려가면서 멋도 부리고… 물론 선생님들은 조금 불편해도 어린이들과 특별한 예배를 드리는 기쁨을 위해서 한복을 입고, 최대의 성장으로 오십시오. 예배드린 후 축제의 세 마당을 열어 봅니다.

첫째 마당은 강강수월래 마당인데요. 예배실 바닥이 마루나 온돌의 넓은 홀이라면 최적의 장소이고 실내에 마땅한 장소가 없으면 교회 주차장이나 교회 주변의 넓은 공간을 찾아 보세요. 장소가 마련되었으면 이제는 모두 모두 손을 잡고 '강강수월래' 대형으로 원을 만들어 보세요. '쾌지나 칭칭나네' 또는 '강강수월래'에서 어린이들이 부르는 후렴 부분은 "하나님께 감사하세"로 바꾸어 부릅니다. 선창을 하시는 선생님은 미리 미리 감사할 내용을 준비하셔야 합니다. 모두 원형으로 서서 선창을 인도하시는 선생님의 노랫말이 끝나면 "하나님께 감사하세"로 말을 받으면서 강강수월래 하듯이 옆으로 계속 뛰면서 움직이세요.

두 번째 마당은 음식 마당입니다. 이곳의 음식은 인공적인 음식이 아니라 천연 음식 재료로 준비되어야 합니다. 떡 코너에는 여러 가지 종류의 떡들이 종류별로 접시에 담겨 있구요. 과일 코너에는 여러 가지 과일이 잘 깎고 손질되어 먹기 좋게 각각 종류별로 예쁘게 담겨져 있습니다. 개인접시를 들고 떡과 과일 코너에서 음식을 골라먹도록 합니다.

세 번째 마당은 놀이마당입니다. "무궁화 꽃이 피었습니다" 게임에서는 "우리는 언제나 감사절입니다"로 말을 바꾸어 숨바꼭질도 해 보시구요. 한국적인 게임을 해 보세요. 고무줄놀이, 자치기, 투호에 화살 꽂기, 칠교놀이(7조각 종이로) 등 할 것은 많지요. 이렇게 특별한 날에는 언제나 어린이들에게 사진 촬영을 해 주고 꼭 사진을 챙겨 주는 것 잊지 마세요. 그런 추억이 신앙생활의 자양분이 될 수도 있답니다.

◎ 감사절 헌금봉투는 내 솜씨로

해마다 추수감사절이나 교회절기가 되면 교회에서 일률적으로 헌금봉투를 나눠 주곤 하지요. 그러나 올해는 스스로 헌금 봉투를 만들고 장식하고 꾸미고 준비하게 해 주세요. 봉투 크기도 마음대로, 온갖 장식도 하고 싶은 대로, 최대한 정성껏 꾸미고 마음을 담아 봉투를 만들어 오게 합니다. 그래서 올해의 추수감사절에는 "직접 준비하고 정성을 드리는 헌금 태도"를 경험하게 해 보세요. 부모님께 타서, 얻어서 내는 헌금이 아니라 직접 은행에 가서 새 돈으로, 깨끗한 돈으로 바꾸어 오도록 가정통신문이나 전화심방을 통해서 가정교육도 시켜 주세요. 추수감사절 예배 시간에, 정성들여 꾸미고 장식한 헌금봉투에 깨끗한 돈으로 헌금을 넣고 앞으로 걸어 나와서 두 손으로 정성껏 드리고 제자리에 돌아가도록 해 보세요. 그 헌금봉투는 다음 주일날 모든 어린이들이 볼 수 있도록 전시회를 해 주십시오.

교사를 위한 프로그램

　　매달마다 마지막 주일에 계속되는 교사 월례회, 한번쯤 변화를 주고 싶지 않으신지요? 이럴 때는 월례회 후에 칭찬의 편지, 속마음을 오픈하는 편지쓰기를 한번 해 보세요. 편지지 맨 위에 자기 이름을 쓰고 나서 옆 사람에게 계속 돌리면서 편지를 써 주는 것입니다. 그렇게 한 시간여 돌아오는 편지지마다 이름을 보면서 하고 싶던 칭찬과 격려와 사랑으로 내용을 써 주다 보면 나중에는 편지지가 한 바퀴 돌아오는 셈이지요. 순서에 쫓겨, 시간에 쫓겨 천편일률적인 내용으로 쓰지 않도록 하시고, 진지한 속마음을 열어 보여 주도록 해보세요. 그런 편지지를 혼자서 조용히 읽어 보면서 공동체 안에서 사랑이 흘러가는 것을 느낄 수 있을 거예요.

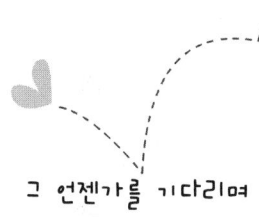

11월

그 언젠가를 기다리며

　　서서히 겨울로 접어드는 11월, 옷깃을 스치는 바람이 차가워서 저절로 옷깃을 여미게 되지요. 옷깃을 여미듯 마음도 정갈하게 여미면서 이 달에는 '마라나타'라는 단어를 떠올려 보기로 합니다. 마라나타! 예수님은 다시 오십니다! '그 언젠가' 다시 오실 예수님, "재림"에 대한 약속을 굳게 믿고 견고하게 자라가는 어린이들을 보는 것을 얼마나 기쁜지요! 추위 속에서도 늘 푸른 나무들처럼 자라나는 아동부 어린이들이요! "그 언젠가"를 기다림은 행복합니다.

주일	월	화	수	목	금	토
	1	2	3	4	5	6
7	8	9	10	11	12	13
14	15	16	17	18	19	20
21 추수감사 주일	22	23	24	25	26	27
28 대림절 첫째 주일	29	30				

11월의 교육계획서

● 11월의 교육주제 : 〈그 언젠가〉를 기다리며... (제림)

주일	설교	예배위원	성서학습	2부 순서	2부 담당	준비물	주간행사	기타
7일	마가복음 13:32-33 "최고의 일급 비밀"	기도 : ( )선생님 헌금 : ( )반	38과	x				
14일	마태복음 24:30-31 "신나는 나팔소리"	기도 : ( )선생님 헌금 : ( )반	39과	모자이크 벽화	( ) 선생님, 또는 ( ) 분과	큰 전지에 공동그림, 가위, 색칠 도구, 테이프		
21일	마태복음 25:31-34 "둘 중에서 하나"	기도 : ( )선생님 헌금 : ( )반	40과	x				

| 28일 (대림절 첫째 주일) | 마태복음 25:1-2, 마태 24:41-42 "준비했나요?" | 기도 : ( )선생님 헌금 : ( )반 | 41과 | "마라나타 신문" 발행 | ( ) 선생님. 또는 ( )분과 | 인터뷰용지, 반 신문제료 (색지, 테이프, 필기류) | 성탄 트리장식 | 오후/ 교사 월례회 |

* 11월의 예배 인도자는 ( ) 선생님, 월례회 간식 제공은 ( ) 선생님이세요.

* 날씨가 점점 추워집니다. 감기에 걸리지 않도록 건강에 각별히 신경 쓰세요.

* 지난 10월의 총동원 "다모여!" 주일을 기회로 각 반에서 드든한 성장이 이루어지길 바랍니다. 열심히 전화하시고, 찾고, 만나시면서 이 상승분위기를 이어갔으면 좋겠습니다.

* 11월 교사 월례회를 앞두고 성탄 트리 장식을 할 예정입니다. 재료 준비와 아이디어는 물론 만드는 시간에 함께 해 주시는 맷쟁이 선생님들이 많을 거라고 기대!! 간식 사 오시는 선생님들도 맷쟁이!!!

* 11월 월례회에서는 성탄절 이브(24일)에 공연해야 할 내용을 의논하려고 합니다.

* 11월 한 달 동안 각반 선생님들은 어린이신상기록부, 출석부를 정리하여 연말 행정 정리를 대비해 주십시오. 신상기록부에 들어갈 어린이 사진이 미비된 반은 사진 담당 선생님께 말씀드려서 맞춤으러서 사진을 꼭 찍어 주세요. 11월 월례회 때까지 각 반에서는 신상기록부를 제출 해 주시기 바랍니다.

11월의 설교문

11월 7일 / 막 13:32-33

최고의 일급비밀

어느 날 광민이 아빠는 "광민아, 우리 부산 할아버지 댁으로 이사 가자. 할아버지는 부자라서 집도 크고 방도 많고 정원도 엄청 넓은 잔디밭이 있어. 집에서 탁구도 농구도 할 수 있단다. 뒷마당이 무척 넓거든. 너 거기 가면 아주 신날 거야!" 광민이는 "아빠, 그럼 우리 빨리 이사가요. 내일이라도 가면 안 돼요?" "그런데 광민아, 내가 먼저 가서 준비할 것이 조금 있구나. 우리가 살 수 있도록 집수리를 좀 해야 하고 침대도 들여 놓고 너를 데리러 올게." 그리고 아빠는 부산으로 떠났어요. 만약 여러분이라면 아마 "우리 아빠 빨리 오셨으면 빨리 이사 가고 싶은데."그런 마음이 들겠죠?

누군가를 기다리고 있었던 사람들이 있었습니다. 그들은 예수님의 제자들이었어요. 예수님이 골고다 언덕에서 십자가를 지셨고, 무덤에서 부활하신 후에 40일 동안 이 세상에 계셨어요. 너무나 행복한 시간들이었던 40일이 지나고 하루는 감람산에서 예수님과 제자들이 함께 있을 때였어요. 갑자기 커다란 구름이 하늘로부터 내려와서 예수님 발밑을 감싸더니 구름이 떠올라 두둥실 두둥실 떠올라가는 것이었어요. 놀라서 쳐다보고 있는 제자들에게 천사들이 이렇게 말해 주었어요. "예수님은 꼭 이 세상에 다시 오십니다. 올라간 이 모습 그대로 언젠가는 다시 오실 것입니다."

그 후 제자들은 다시 오실 예수님을 기다리면서 열심히 전도하고 기도하면서 살았습니다. 이때부터 예수님의 제자들과 제자들의 전도로 예수님 믿고 교회에 나오게 된 사람들은 자기네들만의 비밀 암호를 정했어요. 예수님을 믿는다는 이유로 잡혀가기도 하고, 모질게 매를 맞기도 하고 어려움이 많아서 몰래 예수님 믿는 사람도 많이 생겼거든요. 그래서 누가 예수님 믿는 그리스도인인지, 잡으러 다니는 비밀경찰인지 몰랐기 때문에 서로 암호를 정해서 진짜 그리스도인인지를 확인했던 거예요.

암호는 두 가지였어요. 한 가지 암호는 바로 이 물고기 그림과 글씨입니다. (물고기 그림 안에 'ΙΧθΓΣ'라는 글씨가 있는 그림을 보여 주며) 누구든지 낯선 사람을 만났을 때 이런 물고기 그림과 글씨를 써서 무슨 뜻인지 알고 고개를 끄덕거리며 서로 반갑게 껴안고 포용을 했지요. 이 다섯 개의 글씨는 "예수 그리스도는 하나님의 아들이고 구세주입니다."라는 뜻을 가진 암호였거든요. 물고기가 물에서만 살 수 있듯이 그리스도인은 이 암호의 뜻을 믿는 믿음 안에서 살자는 뜻이었지요.

또 하나의 암호는 이런 글자입니다. ('μαραν\αθα'라는 글씨가 적힌 그림을 보여 주면서) 이 암호글자를 어떻게 읽을까요? 이 암호는 "마라나타"라고 읽고 뜻은 "예수님이 다시 오신답니다. 예수님 어서 오세요." 입니다. 예수님의 제자들과 교회 다니게 된 사람들은 만날 때마다 "마라나타"라고 인사했어요. 예수님이 다시 오실 날을 기다리면서 살자고 서로 다짐하는 암호인사였지요.

하나님은 성경에 많은 약속과 예언을 하셨고, 그 많은 약속과 예언들은 하나도 빠짐없이 다 이루어졌습니다. 하나님은 말씀하신 대로 예수님을 이 세상에 보내 주셨고, 우리의 모든 죄를 십자가에서 그 피로 다 용서해 주셨습니다.

하나님의 약속 가운데 아직 안 이루어진 것, 개봉되지 않은 약속이 유일하게 한 가지 남아있어요. 그건 하늘나라에서 천사도 모르고, 예수님도 모른답니다. 그것만은 아무리 질문해도 하나님이 절대로 말해 주지 않는 하늘나라 최고의 일급비밀입니다. 그것은 언제 예수님을 이 세상에 다시 보내실까요? 그때는 언제예요?에 대한 대답입니다. 그 날짜는 예수님도 모르고 천사도 모르고 오직 여호와 하나님만 알고 계신답니다. 알면서도 말씀 안 해 주시는 비밀, 그러나 하나님의 마음속에는 결정되어 있는 비밀입니다. 어느 날 갑자기 하나님이 "자, 내려가거라." 하면 즉시 예수님은 다시 이 세상에 내려오신답니다.

지금도 하늘나라에서는 하나님이 예수님을 언제 내려 보낼지 마음속에 생각하고 계십니다. 분명히 예수님은 약속대로 이 세상에 꼭 다시 오실 것입니다. 그날, 그 시간이 언제일지 아무도 모르지만 예수님이 다시 오시면 우리는 기쁘고 반갑게 예수님을 맞이해야 합니다. 그날이 언제일지 모르지만, 언제 다시 갑자기 순식간에 예수님이 오실지 모르지만, 우리들은 "마라나타"암호를 기억하면서 열심히 사랑하고 믿는 친구들이 되기를 바랍니다.

11월 14일 / 마 24:30-31

신나는 나팔소리

어른들은 하늘에 잔뜩 먹구름이 흘러가거나 농촌에서 논에 있는 개구리가 심하게 많이 울면 "아! 내일은 큰 비가 오겠구나!"하고 알아차린다고 합니다. 지진이 올 때도 사람들은 모르고 있지만 동물들은 신기하게 미리 알고 이상한 행동을 한답니다.

중국이나 일본에서 목격되었던 일인데요. 지진이 일어나기 10일 전부터 바닷가에는 매우 많은 문어 떼들이 몰려와서 어부들은 '참 이상하다. 문어는 바다 속 깊이 사는 어류인데 웬일로 바닷가에 몰려오는 거지?' 하면서 문어들을 많이 잡았답니다. 또, 쥐들이 낮에도 밤에도 무척 빠른 속도로 이리저리 몰려다니기도 하고, 닭 농장에서는 지진이 일어나기 3일 전부터 수만 마리의 닭들이 밤에도 자지 않고 이리저리 돌아다니며 울어대는 아주 불안한 모습을 보였다고 합니다.

예수님은 이 세상에 다시 오실 때가 되면 세상에는 이상한 일이 많이 생길 것이라고 살아 계실 때 미리 말씀해 주셨어요. 어떤 일들인지 궁금하지요? 세상에는 전쟁이 많아져서 한 번에 많은 사람들이 죽게 될 것입니다. 자연이 파괴되고 이상고온이나 이상저온으로 홍수가 많이 발생하거나 가뭄이 심하게 들거나 해서 사막이 많이 생길 것입니다. 농사가 잘 안 되어 식량문제 때문에 굶어 죽은 사람도 많아질 것입니다. 잘 치료가 되지 않는 이상한 불치병, 암, 에이즈, 바이러스들이 많이 생겨서 병 때문에 많은 사람들이 고통을 당할 것입니다. 많은 사람들이 돈에 욕심을 갖고 미움을 많이 품어서 사기사건, 조직폭력배 사건, 끔찍한 살인 사건이 많이 생길 것입니다. 예수님은 이런 일들이 많이 생기면 예수님이 오실 때가 거의 다 되었구나 하고 미리 알고 준비하라고 하셨어요.

여러분이 달리기를 하거나 운동경기를 할 때, 심판이 호루라기를 불면 경기가 시작됩니다. 하나님이 예수님을 세상에 다시 내려 보내는 신호 소리가 있습니다. 그것은 호루라기 소리가 아니라 나팔 소리입니다. 그 나팔 소리는 작은 소리가 아니라 세상 사람들이 들으면 깜짝 놀랄 만큼 크고 우렁찬 소리입니다. 그 나팔 소리는 "자, 이제 예수님을 다시 내려 보낸다. 예수님 맞을 준비되었니?"라는 하나님의 신호입니다.

나팔소리가 울린 다음 곧 하늘 문이 열리고 예수님이 내려오십니다. 예수님 혼자가 아니라 수많은 천사들과 함께 많은 구름들을 타고 내려오십니다. 천국에 있는 빛과 보석들에서 나오는 여러 가지 색깔이 구름들에 반사되어서 아마도 그 구름들은 흰 구름이 아니라 노란색, 분홍색, 하늘색, 보라색, 초록색, 빨간색 구름들로 보이게 될 것입니다. 그토록 화려한 꽃 구름을 타고 예수님은 천사들과 함께 천천히 이 세상으로 내려오십니다. 천사들은 손에손에 악기를 들고 여러분이 이 세상에서 한 번도 들어보지 못한 너무나 아름답고 고운 음악을 연주하면서 구름을 타고 오십니다.

이런 일들이 시작되는 신호탄, 신호 소리는 나팔소리라고 합니다. 예수님을 믿지 않고 살았던 사람들에게는 이 소리가 천둥 같고 너무나 무서운 소리겠지만 예수님을 마음에 모시고 사는 우리들에게는 너무나 반갑고 기쁜 소리 "야호!! 앗싸!!"라고 소리 지르며 좋아할 소리입니다.

이제 여러분들은 나팔 소리를 들을 때마다, 하늘의 구름을 쳐다볼 때마다 예수님이 다시 오신다고 했던 약속을 기억해 보세요. 구름을 바라보면서 '구름을 타고 오는 천사들의 음악 연주 소리'를 생각하고, 나팔 소리를 들으면 "예수님 어서 오세요! 마라나타!"를 생각해 보세요. 예수님 다시 오실 날이 기다려질 것입니다.

11월 21일 / 마 25:31-34

둘 중에서 하나

세상에는 비슷하지만 똑같이 생겼지만 자세히 보면 다른 것, 틀린 것이 많이 있어요. 쌍둥이는 얼른 보면 똑같이 생겼지만 자세히 보면 다른 점이 있지요? 비슷하지만 다른 것이 무엇이 있을까요? 나귀와 노새, 감자와 키위, 까만 콩과 까만 새알 초콜릿, 양과 염소 등.

예수님은 이 세상에 꼭 다시 오신다고 약속하셨는데 왜 오실까요? 오셔서 무슨 일을 하실까요? 예수님은 심판하시러 다시 오시겠다고 하셨습니다. 예수님이 이 세상에 처음 오셨을 때는 우리의 죄를 용서하시기 위한 구세주로 오셨어요. 십자가에 달려 우리를 위해 죽으시고 우리를 구원하시고 하늘나라에 들어올 수 있는 자격을 주신 거지요. 예수님은 두 번째로 이 세상에 다시 오실 때에는 우리를 심판하러 오신답니다. 심판은 잘하고, 못하고를 구별합니다. 옳고 틀리고를 결정합니다. 심판은 잘한 것과 잘못한 것을 골라냅니다. 다시 오실 예수님은 우리의 재판장이 되고 심판이 되어 세상 모든 사람들을 구별하고 골라냅니다.

예수님이 다시 오실 때는 우리를 두 줄로 세우게 된다고 하셨습니다. "너는 왼쪽 줄이구나, 너는 오른쪽 줄로 가거라." 이렇게 심판하시면 아무도 자기 맘대로 가고 싶은 줄에 설 수가 없습니다. 예수님의 심판이기 때문에 우리는 그대로 두 줄 중에 한 가지 줄에 서 있어야만 합니다. 예수님은 우리의 마음속에 있는 믿음을 보시고 판정을 내리기 때문입니다.

예수님은 ① 양과 염소는 비슷해도 분명히 다르다고 말씀하십니다. 여러분은 나이도 비슷하고, 같은 학교, 같은 교회를 다니니까 겉으로는 비슷하게 보이죠? 그러나 예수님은 여러분의 믿음을 보시고 양의 줄로, 염소의 줄로 나누어 준답니다. 물론 양의 줄이 예수님을 믿는 사람들의 줄이지요. ② 알곡과 쭉정이처럼 겉을 보면 곡식 같지만 속에 열매가 담겨 있는 알곡과 아무리 키워도 속에 열매가 없는 빈 껍데기 쭉정이는 다르지요? 물론 알곡 같은 사람은 예수님을 분명하게 믿고 말씀대로 예배 잘 드리고 기도하고 정성껏 하나님을 섬기는 사람들이고, 열매 맺지 못하는 쭉정이 같은 사람은 심판을 당하게 됩니다. ③ 생선가게에 가면 통통 살찐 생선과 빼빼 말라서 아무도 안 사가는 비리비리 약한 생선이 있는데 예수님도 살 찐 생선과 마른 생선으로 나누는 것처럼 세상 사람들을 골라내고 두 가지로 나눈답니다. 살 찐 생선 같은 사람은 하나님 말씀 잘 듣고 믿음이 쑥쑥 자라났던 사람들이고, 빼빼 마른 생선 같은 사람은 "난 예수님 잘 몰라, 몰라도 돼."하는 사람들일 것입니다.

오른쪽 줄, 예수님이 양의 줄이라고 말한 그 줄에 서게 되는 사람은 영원히 천국에서 살 수 있는 생명의 부활로 들어가게 됩니다. 이 사람들이 어떻게 되는지 알아볼까요? 성경에는 이 오른쪽 줄에 선 사람들은 몸에 날개가 달린 것처럼 몸이 가볍게 둥둥 떠올라 하늘로 올라가는데 천사들이 여러분을 끌어올려서 자기들이 타고 왔던 구름 위에 태우고 하늘나라로 돌아가게 됩니다. 그러나 왼쪽 줄, 염소의 줄에 서 있는 사람들은 모두 함께 불타는 지옥불로 떨어지게 되지요. 다시는 그곳에서 탈출하지 못하고 수천 년, 수만 년 영원히 불연못 속에서 고통 받으며 후회하며 살아갑니다.

이 세상 모든 사람이 두 가지 중에 하나로 결정되어 다 떠나면 지구의 종말도 옵니다. 예수님의 심판이 다 끝났습니다. 이 지구에 거대한 불덩이가 내려서 재도 안 남을 정도로 순식간에 몇 천도 되는 고온에 불타서 이 지구는 녹아져 버립니다. 유리공장 용광로의 온도가 3천℃인데 거기에 돼지갈비나 닭고기를 던져 넣으면 몇 초도 지나기 전에 뼈들도 다 타고 고기도 다 타버리고 흔적도 찾기 어렵다고 합니다.

여러분, 마라나타의 인사를 기억해 보세요. 언젠가는 오른쪽 줄, 양의 줄에 서서 즐거워할 날이 있다는 것을 잊지 마세요. 예수님을 믿고 그날을 기다리는 것은 즐거운 일입니다.

11월 28일 / 마 25:1-2, 마 24:41-42

준비됐나요?

맛있는 냄새가 솔~솔~, 지글지글 보글보글~ 소리 나는 음식들, 하하 호호~ 웃음소리가 나는 집이 있어요. 사람들이 왔다갔다, 시끌시끌한 집, 아하! 잔치집이군요. 이 집 작은 방에서는 10명의 아가씨들이 화장을 하면서 설레는 맘으로 준비하고 있네요. 오늘 열리는 결혼식에서 신랑신부를 도와주며 결혼식을 더 빛나게 해 줄 아가씨들이예요. 하지만 멀리서 올 신랑이 언제 도착할지 아무도 모른답니다.

10명의 아가씨들은 이야기하고 먹고 수다 떨면서 기다렸어요. 그런데 슬기로운 아가씨 5명은 "우리 이렇게 그냥 있을 것이 아니라 신랑이 저녁에 도착할지도 모르니까 기름을 준비하는 것이 좋겠어. 저녁에 오면 등불을 들고 우리가 먼저 마중가야 하잖아?" 하면서 기름 가게로 달려갔어요. 집에 있던 다른 미련한 아가씨 5명은 슬기 아가씨 5명에게 "아유, 왜 그리 법석을 떨고 그래. 신랑이 금방 도착할 것 같은데 기름이 무슨 필요가 있어? 아마 기름 쓸 일이 없을 걸!" 하고 "우리 잠깐 누워서 잠 좀 자고 일어나자"고 잠을 청했어요.

그러나 기다리던 신랑이 도착한 것은 캄캄한 밤이었어요. 신랑이 오고 있다는 말을 들은 슬기 아가씨 5명은 얼른 등불을 밝히고 마을 앞으로 마중을 나갔지요. 그러나 미련 아가씨들 5명은 "어머, 어머, 어쩌나, 기름이 없는데 큰일 났다!!" 발을 동동 굴렀어요. 신랑을 마중가지도 못하고 밤늦게 열린 결혼식에서 신랑신부 옆에서 도와줄 수도 없었던 미련 아가씨 5

명은 집 뒤에서 훌쩍 훌쩍 울고 있었어요. 하지만 슬기 아가씨 5명은 결혼식 내내 신랑신부를 도와주며 싱글싱글 웃으며 즐거워했답니다.

무엇이 이렇게 울고 있는 여자, 웃고 있는 여자로 나누어지게 했을까요? 네. 정답은 기름을 준비했느냐, 안 했느냐의 차이입니다. 여러분, 이 한자를 어떻게 읽지요? ("有備無患"을 쓴 글씨 판을 보여 주며) 네! 유비무환이라고 읽거든요. 그럼 이 한자의 뜻을 아는 친구 있나요? 이 단어는 "미리 준비하고 있으면 아무 손해도 불편도 없다."라는 뜻이지요.

비오는 날 우산을 미리 준비하는 것처럼, 학교 갈 때 준비물을 미리 챙기는 것처럼, 여행갈 때 미리 좌석 표를 예매하는 것처럼 준비하고 있으면 아무런 불편이 없답니다. 우리들도 잘 아는 찬양 한 곡을 모두 함께 불러 보도록 해요. 제목은 "준비됐나?"입니다.

1절 : 예수님 맞을 준비됐나? 진정 거듭났나요? 예수님 피로
　　　내 옷은 흰 눈보다 깨끗해졌나요? 예수님 맞을 준비됐나?
　　　(후렴) 두 사람이 함께 맷돌 갈다가 두 사람이 함께 잠을 자다가
　　　한 사람만 가고 한 사람만 남겠네 예수님 맞을 준비됐나?
2절 : 난 주님 맞을 준비 됐네 진정 거듭났어요. 예수님 피로
　　　내 옷은 흰 눈보다 깨끗해졌어요. 예수님 맞을 준비됐네.
　　　(후렴 계속)

여러분에게 문제를 내겠어요. 답은 허공에 대고 손가락으로 글씨 쓰기로 맞춰 보세요. 문제 ① 거듭난 사람은 무엇으로 거듭났나요? (정답: 예

수님의 피), 문제 ② 준비된 사람, 거듭난 사람의 옷은 무엇보다 깨끗해졌나요? (정답: 흰 눈)

예수님은 다. 여러분이 잠을 자고 있는 한밤중에, 또 이른 새벽에 예수님이 다시 오시면 준비된 어린이는 잠옷 입은 채 구름 속으로 올라가고, 준비 안 된 가족들은 이 땅에 남게 됩니다. 만일 여러분이 학교 가는 시간에 예수님이 다시 오신다면 준비된 어린이들은 학교에 가다가, 학교 교실에서, 운동장에서 여기저기에서 하늘로 구름을 타고 올라갈 것입니다. 준비 안 된 어린이들은 너무너무 무서워하며 울면서 남겨질 것입니다.

예수님이 다시 오실 때를 위해 준비해야 할 것은 믿음입니다. 예수님이 나의 죄를 용서해 주시려고 이 땅에 오셔서 십자가에서 죽으셨다는 것을 확신하는 것, 그 믿음을 준비해야 합니다. 준비한 사람은 웃게 될 것이고, 미리 준비하지 못한 사람은 울게 될 것입니다. 여러분, 준비됐나요? 진정 거듭났나요? 정말 준비됐나요? (아멘!)

11월의 프로그램

1. "그날, 꽃구름" 모자이크 벽화 만들기

이 프로그램을 위한 성경 본문은 마태복음 24장 29-41절까지의 내용입니다. 미리 캔트지 전지를 2-4장으로 위아래 두 장씩, 또는 길게 옆으로 이어붙이기를 하세요. 매직으로 위의 성경 내용 전체를 넓은 캔트지에 밑그림을 그립니다. 예수님이 천사들과 함께 구름을 타고 나팔소리와 함께 세상으로 다시 오시는 장면, 택하신 자들이 공중으로 올라가고 무덤이 열리고 맷돌 가는 두 여자 중 한 사람은. 밑그림이 완성이 되면 그림을 반 숫자대로, 8반이면 8등분, 16반이면 16등분으로 나눕니다. 이때 주의할 것!! 나눈 그림 뒷면에 번호를 표시하시면 나중에 편합니다. 예를 들면 〈가2, 세3〉 표시는 나중에 가로 2번째 줄과 세로 3번째 들어가야 할 그림이라는 표시인 거지요.

사전 준비가 끝나면 어린이들에게 위의 성경 내용을 잘 들려 주세요. 반 별로 그림 한 조각씩을 가져가서 자유스럽게 색칠하여 완성합니다. 이 때 주의할 것!! 어린이들이 자기 반과 연결된 그림을 찾아서 연결 부분의 색깔을 맞추거나 통일시키지 않도록 다른 반에 신경 쓰지 말도록 해 주세요. 완성된 그림을 다 모으고 그림 뒷면의 표시대로 배열을 한 다음, 뒷면에 청테이프나 스카치테이프로 붙여 주세요. 다 붙인 그림을 뒤집으면 조각그림이 연결된 대형 벽화가 탄생합니다. 각 조각마다 반에서 자유롭게 색칠을 했기 때문에 연결부분마다 색깔이 다르고 예수님의 옷 색깔도 반마다 다르게 칠했으니 얼마나 재밌는 그림인지요.

이 모자이크 벽화는 아동부 예배실이나 복도, 교인들이 많이 드나드는 본당 현관이나 교회 담에 붙여서 교인들과 함께 볼 수 있도록 해 주세요. 교회 담이나 외부에 게시할 때는 비가 올 경우를 대비해서 비닐로 덮어 주는 주도면밀한 준비가 요구된답니다.

2. "마라나타 신문" 발행하기

어린이들을 팀(그룹별)로 편성을 하고 각 팀에 인터뷰 용지(설문지)를 여러 장 나누어 주세요. 인터뷰는 재림에 대한 내용인데 팀마다 내용이 조금씩 달라야 재미있어요. 이 프로그램은 교회의 어른들에게 찾아가서 묻고 듣고 하면서 세대 간의 격차를 줄이도록 하면 더 좋겠습니다. 팀장을 중심으로 몇 분의 교회 어른들에게 인터뷰하고 돌아와서 기사를 작성하고 장식도 하구요. 큰 종이에 "OO팀의 마라나타 신문"을 만드는 것입니다. 여러 성도님들의 다양한 대답을 내용으로 신문을 만들면서 재림에 대한 내용을 웃으며 되새기게 되지요. 이 프로그램을 할 때에는 교회 안에 어느 정도의 어른들이 계실 때에 해야 하니까 시간을 잘 고려하세요. 팀별로 신문 만들기가 완성되면 아동부실, 교회 현관이나 교회 벽에 게시해 주어서 좋습니다. 재림에 대한 어른들의 생각도 같이 공유할 수 있으니까요.

(인터뷰 용지의 예)

"재림신문" 기획기사
 −예수님은 다시 오신답니다−

　　　　　　　　　기자(　) 취재대상: 이름(　　)직분(　)

1. 재림하신 예수님을 만나면 맨 처음 하고 싶은 말은?

2. 오늘밤 갑자기 하늘에서 나팔소리가 들린다면 그 순간의 심정은?

3. 예수님이 다시 오실 때에 자신은 무엇을 하고 있다가 예수님을 맞이하고 싶나요?

4. 앞으로 몇 년쯤 있다가 예수님이 다시 오신다면 좋겠다고 생각되나요? 그 이유는?

◎ 선교사님들에게 성탄선물 보내기

구원의 복음과 예수님이 다시 오신다는 재림에 대한 소망을 전하는 선교사님들을 한 번 생각해 보세요. 예수님의 재림을 배우고 알아가면서 선교사님들에게 성탄선물을 미리 보내드리면 좋겠어요. 11월말이나 중순경에는 소포를 발송해야 하거든요. 가능하면 10월의 추수감사주일부터 광고를 하고 보낼 선물을 미리미리 모으는 것도 좋은 방법이 되겠지요. 선물을 보낼 선교사님을 1-2분 선정하시고 이분들에 대한 자세한 정보를 어린이들에게 주세요. 선교사님들의 편지, 사역지, 사역하는 방법, 가족관계, 그 나라의 언어와 기후, 풍습들. 요즘 어린이들에게는 흔한 물건이 학용품과 옷가지 종류이거든요. 비교적 깨끗한 옷들과(단, 그 나라의 기후에 맞아야 됩니다) 집에 넘치는 학용품을 많이 모으세요. 이름도 얼굴도 모르는 그 나라의 어린이들에게 짧은 전도편지도 적어 넣구요. 모든 준비가 되었으면 박스에 담아서 선교사님에게 보내 주세요. 나중에 선교사님의 답장이나 감사의 편지를 이메일(사진, 감사 글)로 받고 주보에 실어 주도록 하세요. 이런 사후관리를 통해서 어린이들은 많은 보람을 느끼고 선교사님의 사역에 대한 존경심도 갖게 되지요.

교사를 위한 프로그램

교사로 계속 함께 봉사하다 보면 어느새 많이 친근해지고 가족같이 편안해지지요. 그런데 곰곰 생각해 보면 오히려 깊은 부분을 잘 모르고 지나가는 경우도 있는 것 같습니다. 어떻게 주님을 만났으며, 신앙에서의 전환점, 깊은 은혜를 체험하였던 계기들. 이런 이야기를 나누기에는 평소에 시간의 부족이나 분위기 형성이 잘 마련되지 못했던 때문이기도 하지요. 월례회 때에 가끔 교사 한 분씩에게 신앙 간증을 할 기회를 주어 보세요. 신앙의 이력서를 말로 풀고, 함께 들으며 공감하고, 그분의 신앙생활에 대해 깊은 이해를 할 수 있습니다. 좋아하는 애창 찬송을 함께 불러 주고 축복송으로 마무리하면 더욱더 공동체 안에서 신앙으로 하나 됨을 경험하게 될 것입니다.

날씨는 추워지고 연말로 다가가는 11월, 월례회 시간에 세 번째의 작은 세미나를 열어 보세요. 올해 3번째이고 마지막인 미니 특강은 "삶을 변화시키는 가르침"입니다. 담당 선생님이 읽으시고 요약할 참고도서는 『삶을 변화시키는 가르침』, 하워드 헨드릭스 지음, 정명신 옮김, 생명의 말씀사. 요약 발표만이 아니라 함께 토의하고 좋은 방법을 찾는 시간으로 연장된다면 더욱 금상첨화이겠지요.

12월

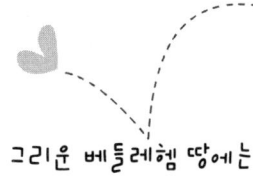

그리운 베들레헴 땅에는

    찬바람, 하얀 눈, 털장갑, 얼음꽃. 화이트 크리스마스가 기다려지는 12월, 다양한 활동을 통해서 '그리운 베들레헴 땅'으로 여행을 떠나요. 그리고 가슴 따뜻한 겨울 어린이로 자라나도록 힘껏 도와주세요. 말구유의 아기 예수님을 만난다는 설렘이 가득하고, 실감나게 기다려지는 대림절이 되도록 함께 노력해 보세요. 바깥에는 한겨울의 바람소리가 들려도 어린이들 마음엔 성탄 캐럴의 흥겨움과 기쁨이 넉넉한 12월이 될 것입니다.

주일	월	화	수	목	금	토
			1	2	3	4
5 대림절 둘째 주일	6	7	8	9	10	11
12 대림절 셋째 주일	13	14	15	16	17	18
19 대림절 넷째 주일	20	21	22	23	24	25 성탄절
26	27	28	29	30	31	

12월의 교육계획서

● 12월의 교육주제 : 그리운 베들레헴 땅에는 (성탄)

주일	설교	예배위원	성서학습	2부 순서	2부 담당	준비물	주간행사	기타
5일 (대림절 둘째 주일)	누가복음 1:30–35 "누가 선택되었지?"	기도 : ( )선생님 헌금 : ( )반	42과	성탄별, 성탄종 만들기	( ) 선생님, 또는 ( ) 분과	우드락, 우드락가위, 금박시트지, 종이컵,방울, 모루,가위풀	성탄이브 축제 공연 준비(연극, 위싯,찬양)	5일~25일까지 "성탄절 미니성경" 복사지 나누어 주기
12일 (대림절 셋째 주일)	마태복음 3:1–3 "아주아주 특별한 준비"	기도 : ( )선생님 헌금 : ( )반	43과	성탄리스 만들어 트리에 달기	( ) 선생님, 또는 ( ) 분과	조화,트리 장식품들, 리본테이프, 미술도구, 스테이플러機	성탄이브 축제 공연 준비 (연극, 위싯, 찬양)	
19일 (대림절 넷째 주일)	누가복음 2:36–38 "행복한 기다림"	기도 : ( )선생님 헌금 : ( )반	44과	미니 말구유 만들기	( ) 선생님, 또는 ( ) 분과	미니 대바구니 (사각형), 갈대마스, 나뭇잎 등	성탄이브 축제 공연 준비 (연극, 위싯, 찬양)	

날짜	본문	기도/헌금/반		프로그램	인도자	준비물
25일 (토, 성탄절)	누가복음 2:11-14 "거룩한 크리스마스"	기도 : ( )선생님 헌금 : ( )반	x	성탄절 작은 파티	( ) 선생님, 또는 ( )반 분과	여러 종류의 간식들, 효과음악, 전도지, 전도선물
26일 (송년 주일)	요한계시록 2:10,17 "하늘나라 시상식"	기도 : ( )선생님 헌금 : ( )반	x	시상식, 진급생 파티	( ) 선생님, 또는 ( )반 분과	시상품, 진급선물, 파티 간식과 이름표, 편지
25일(또는 26일) 오후/ 교사 월례회						

* 12월의 예배 인도자는 ( )선생님, 월례회 간식 제공은 ( )선생님입니다.

* 1년 동안 아동부의 교사로 정말 많은 수고를 하셨습니다. 하늘의 위로와 축복으로 소망 가득한 연말이 되길.

* 주일 외에도 두 가지 일이 주중에 계속 진행됩니다. 어린이들은 5일부터 25일까지 "성탄절 미니 성경 만들어 오기"를 하게 됩니다. 미니성경쓰기는 25일까지 진고, 시상은 26일에 하게 됩니다. 또한 24일 성탄이브에 열릴 전야제 행사에 아동부에서 아동댄스, 찬양이 주중에 주일에 계속 연습을 하게 될 것입니다. 관심과 격려가 늘 풍성하도록 지원을 부탁드립니다.

* 시기 선생님은 1년간의 모든 자료와 행정문서를 정리하게 됩니다. 빠진 것이나 보완해야 할 것들에 대해서 선생님들의 협조를 부탁드립니다.

* 날씨가 혹한기로 가고 있는 12월입니다. 주일 아침의 늦잠과 게으름, 감기 등 질병, 겨울방학의 기대감 등으로 교회학교도 12월이 어수선합니다. 이 시즌을 안정되게 보낼 수 있도록 기도하시면서 어린이들을 이끌어 주시길 바랍니다.

* 12월 월례회 겸 교사 겸 송년회를 25일(성탄절) 오후나, 26일(주일)오후에 가질 예정입니다. 모두모두 손을 잡고 교회 빠짐없이 참석해 주시길. 끝나면 특별 특별 메뉴가 준비되어 있을 것입니다. 여러 가지 은혜로운 순서 중에 선물 교환도 있답니다.

12월의 설교문

12월 5일 / 눅 1:30-35 / 대림절 둘째 주일

누가 선택되었지?

우리나라에서 대통령 선거가 실시되면 그날 밤부터 사람들은 TV를 보면서 누가 대통령이 될 것인지 궁금해 합니다. 뉴스 속보를 보지 못한 사람들은 이렇게 묻습니다. "누가 당선되었어?" "누가 선택되었지?" 아마 여러분의 학교에서 반장 선거를 해도, 결과를 보지 못한 친구는 옆 친구에게 이렇게 물어보겠지요. "누가 뽑혔어? 누가 반장이야? 누가 당선되었어?"

아마 하늘나라 천사들도 자기네들끼리 모여서 "누가 선택되었지? 누구야?"하고 물어봤을 일이 2천 년 전에 일어났습니다. 세상으로 심부름 나간 가브리엘 천사가 빨리 돌아오기를 기다리면서 "누가 선택되었을까? 굉장한 일인데 어떤 여자가 그 일을 맡게 되었을까, 누가 선택되었지?" 하고 소곤거리며 수다를 떨고 있었지요.

하나님이 지명한 여자를 만나러 이 세상에 내려온 가브리엘 천사는 이스라엘 나라의 작은 마을 나사렛으로 갔어요. 어느 집 안으로 들어가 보니 마리아라는 예쁜 아가씨는 방에서 성경책을 펴 놓고 읽고 있었지요. 갑자기 온 방이 너무나 환하게 밝아져서 마리아는 눈을 뜰 수가 없었어요. 잠시 후에 마리아는 천사가 방 한 쪽에 서 있는 것을 보았어요. 마리아는 무섭고 떨려서 잔뜩 얼어붙어서 간신히 "어머나, 당신은 누구세요?"라고 물어봤어요.

가브리엘 천사는 "마리아, 그렇게 떨지 말고 무서워하지 말고 내 말을 잘 들으세요. 저는 하늘나라에서 당신에게 심부름을 왔습니다. 곧 당신에게는 놀라운 일이 생길 거예요. 마리아, 온 세상에 있는 많은 여자 중에서 하나님이 당신을 뽑았어요." 마리아는 더욱 놀라서 "아니, 하나님이 왜 저를 뽑아요? 저를 왜요?"

천사는 "마리아, 하나님은 이 세상에서 하나님의 아들을 임신해서 낳을 여자를 아주 신중하게 선택하셨어요. 아무 여자에게나 그런 축복과 엄청나고 위대한 일을 맡길 수 없잖아요? 그래서 당신이 선택된 거랍니다. 마리아, 당신은 하나님에 대한 믿음이 아주 좋고, 어떤 말씀이든지 하나님의 말씀이라면 순종하고 따르는 그런 점을 아주 훌륭하다고 보셨답니다."

마리아는 "당신의 말이 무슨 말인지 잘 모르겠어요." 천사는 "마리아, 당신은 곧 아이를 임신해서 얼마 후에 남자아이를 낳게 될 것입니다. 그 아이는 하나님의 아들이 사람의 모습으로 오는 거예요." 마리아는 "나는 결혼하기로 요셉과 약속을 하였지만 아직 정식으로 결혼도 안 했는데 내가 어떻게 아이를 낳을 수 있죠?" 천사는 "당신이 낳을 아이는 요셉과는 아무 관계가 없어요. 그 아이는 성령으로 잉태되어 태어날 것입니다. 아기를 낳으면 이름을 예수라고 하세요. 이 아기는 이 세상 모든 사람들의 죄를 용서해 주시고 천국으로 데려갈 큰일을 하기 위해서 이 세상에 오시는 것입니다."

조용하게 천사의 말을 듣고 있던 마리아는 "아! 제가 하나님의 아들을 낳게 된다구요? 어떻게 그런 위대한 일이 나에게 있을 수 있지요? 그러나 하나님이 저에게 그런 일을 맡기기로 하셨다면 제가 순종할게요. 하나님의 뜻이라면 말씀대로 아기를 낳고 키울게요."라고 말했어요. 가브리엘 천사는 "과연 하나님이 선택한 여자로구나. 이런 엄청난 일에도 하나님의 말씀이라면 순종하겠다고 하니 대단한 믿음을 가진 여자야." 고개를 끄덕이며 하늘로 돌아갔어요.

대림절은 '예수님의 탄생을 기다리며 준비하는 4주간'을 말합니다. 하나님이 선택한 여자, 온 세상에서 가장 믿음이 좋고 깨끗한 여자 마리아, 하나님이 직접 하나님의 아들을 맡겨 놓으신 마리아가 부럽지 않으세요? 여러분도 담임선생님이 여러분을 선택해서 아주 크고 비밀스럽고 중요한 일을 심부름시키면 기분이 아주 우쭐했던 적이 있을 거예요.

여러분들도 하나님의 선택을 받을 수 있습니다. 하나님의 말씀이 무엇을 명령하시든지 그대로 순종하겠습니다. 하나님이 무슨 죄를 깨닫게 하시든지 금방 끊어 버리겠습니다. 하나님이 무슨 말씀을 하시든지 그대로 믿겠습니다. 이런 고백을 자주 하는 어린이에게 하나님은 하나님의 위대한 일을 믿고 맡기려고 선택하실 것입니다. 여러분 가운데 "하나님의 일에 누가 선택되었지? 나? 물론 내가 맞지!"라고 말하는 일들이 아주아주 많아지는 환상과 비전을 꿈꾸고 싶습니다. 대림절 둘째 주간에 "내가 선택되었지!"라는 자심감 있는 말이 많이 들려오기를 기대합니다. 파이팅!

12월 12일 / 마 3:1-3 / 대림절 셋째 주일
아주아주 특별한 준비

★ 형식 : 전도사님의 설교와 가면극
★ 등징인물 : 세례 요한, 베레스, 리지아 (3명)

여러분이 TV를 볼 때 가끔 드라마나 뉴스의 예고편을 보신 적이 있지요? 여러분이 좋아하는 드라마라면 그 짧은 예고편을 아주 열심히 보실 것입니다. 또한 대통령이 지방이나 해외여행을 떠날 것 같으면 미리 가서 조사하고 답사하는 대통령 출장 예비팀이 있거든요. 미리미리 앞서서 준비하는 사람, 미리 보여 주는 예고편처럼 예수님을 위한 예고편이 준비되어 있었어요. 바로 그 사람 요한의 이야기입니다.

(선정된 3사람이 일어나서 가면을 들고 나타난다.)

리지아 : 여보, 여보. 요단 강가에 이상한 사람 나타난 것 베레스 당신도 알아요? 그 사람은 낙타 털옷에다 가죽으로 된 허리띠를 띠었대요. 그

사람은 음식도 메뚜기를 먹고 또 돌에서 난 꿀 석청만 먹고 산대요. 정말 희한한 사람이지요?

베레스 : 리지아, 나도 그 사람에 대한 소문을 좀 들었어. 정말 특이한 사람이더군. 그 사람은 길거리에서, 시장통에서, 들판에서도 연설을 한대요.

리지아 : 무슨 연설을 한대요? 참 희한하네. 옷을 그렇게 입고.

베레스 : 글쎄, 연설? 잘 모르겠는데. 리지아, 시간 있으면 지금 한번 연설 들으러 갈까?

리지아 : 좋아요. 지금 당장 갑시다. 쇠뿔도 단김에 뺀다는데 얼른 가요.

베레스 : 그런데 말이야, 그렇게 험한 옷을 입고 거친 음식을 먹는 그 사람이 사실은 그 아버지가 훌륭한 제사장이래요. 당신도 잘 알지? 사가랴 제사장 말이요.

리지아 : 그래요? 어머나, 그 아들이라구요? 그러니까 더 궁금하네. 빨리 가요. 빨리 가자니까요.

(전도사) : 베레스와 리지아 두 사람은 요한이 있는 요단강으로 가 보았습니다.

세례요한 : 하나님의 나라가 가까이 왔습니다. 모두 잘못한 것 회개하고 세례를 받으세요. 우리의 죄를 용서해 주시고 구원해 주실 예수님이 이 땅에 오셨습니다. 회개하고 세례를 받으세요. 여러분은 구원을 받아야 합니다.

리지아 : 구원? 용서? 아이고 난 잘 모르겠는데. 회개하고 세례를 받

으라고요? 어렵다 어려워.

베레스 : 리지아, 조용히 좀 해요. 잘 안 들리잖아요. 저기 저기 요한 님!! 꼭 회개하고 세례 받아야만 구원을 받을 수 있나요?

세례요한 : 예. 그렇습니다. 예수님이 말씀하시기를 죄를 회개하고 세 례를 받아야 한다고 하셨습니다. 우리의 죄를 용서해 주실 구세주 예수님 이 오셨습니다.

베레스 : 그러면 당신이 구세주가 아닙니까? 당신은 누구세요? 예수 님은 또 누구세요?

세례요한 : 저는 예수님을 위한 예고편입니다. 저는 미리미리 예수님에 대하여 증거 하라는 특별한 사명을 띠고 태어났거든요. 그래서 저는 예수 님이 이 세상에 오셨다는 것을 부지런히 전하고 다녀야 해요.

리지아 : 아유, 그럼 나도 회개하고 세례를 받을래요. 베레스, 당신도 세례 받을 거지요? 요한님, 우리에게 세례를 베풀어 주세요.

세례요한 : 예. 하나님의 나라가 가까웠습니다. 모든 사람들이여, 회개 하고 세례를 받으세요. 우리를 구원해 주실 예수님이 이 세상에 오셨습니 다. 예수님을 믿으세요. (3사람 모두 자리에 앉는다)

여러분에게도 요한처럼 예수님을 위한 특별한 준비를 해야 하는 사명 이 있습니다. 2천 년 전에 말구유에 탄생하신 예수님은 지금은 하늘나라 로 돌아가셔서 그 곳에 계십니다. 그러나 언젠가는 세상에 꼭 다시 오십 니다. 다시 오실 예수님을 위해서 여러분은 요한처럼 특별한 준비를 하면 서 살아가야 합니다. 첫째는 예수님이 다시 오실 때까지 예수님의 구원을 전하라는 예수님의 마지막 부탁을 지켜서 전도하는 것이고 두 번째는 예수님이 주신 새 계명대로 서로 사랑하라는 말씀을 지켜서 서로 사랑하고 섬겨 주는 것입니다.

예수님은 중요한 일을 특별하게 선택된 사람에게 맡길 것입니다. 이번 성탄절에 여러분은 어떤 특별한 준비를 하실래요? 예수님을 만날 준비, 예수님을 전할 준비를 하셨나요? 여러분도 세례 요한처럼 특별한 준비를 할 수 있습니다. 무엇을 준비할까 기대하고 생각하면서 대림절 셋째 주간을 지내보세요.

12월 19일 / 눅 2:36-38 / 대림절 넷째 주일
행복한 기다림

```
★ 형식 : 전도사님의 설교와 소리극이 병행된다.
★ 등장인물 : 안나, 하나님
★ 진행 : 선생님 두 분이 역할을 맡아 숨어서 대사를 소리로 해 준다.
```

"하나님 저는 남편이 죽고 저 혼자예요. 저는 이제 어떻게 살아야 하나요? 무엇을 하고 살아야 할 지 모르겠어요. 할 일도 없고 심심하고 재미도 없어요."라고 엉엉 울기만 하는 한 여자가 있었어요. 그녀의 이름은 안나, 안나였습니다.

지금부터 2천 년 전에 이스라엘에 안나라고 하는 믿음 좋은 아가씨가 있었는데요. 그 아가씨는 하나님을 잘 믿는 청년을 만나서 결혼했어요. 안나는 결혼하고 7년 동안 남편과 함께 아주 재밌고 행복하게 살았어요. 그런데 어느 날 갑자기 안나의 남편이 죽고 말았어요. 날마다 둘이 같이 다니다가 이제는 안나 아줌마가 혼자서 다녀야 해요. 둘이 함께 밥을 먹었는데 이제는 안나 아줌마 혼자서 쓸쓸히 밥을 먹어야 해요. 안나 아줌마는 너무나 슬프고 외롭고 심심했어요. 남편이 너무 보고 싶었고 외로웠어요. 안나는 마음이 슬플 때마다 교회에 가서 하나님께 기도를 했어요.

"하나님 저는 이제 어떻게 살아야 하나요? 무엇을 하고 살아야 할지 모르겠어요."라고 울면서 기도를 하고 집으로 돌아오곤 했어요. 어느 날, 하나님이 안나 아줌마에게 "안나야, 그렇게 많이 슬퍼하지 마라. 너는 이제부터 아기 예수님을 기다리면서 살았으면 좋겠구나. 네가 살아 있을 때 아기 예수님을 꼭 만나게 될 것이다. 그 예수님은 온 세상 사람들의 죄를 용서해 주시기 위해서 이 땅에 내려오는 하나님의 아들이란다. 너는 아기 예수님을 만나는 큰 영광을 얻고 그 다음에 죽게 될 거야." 안나 아줌마는 굉장히 기뻤어요. "우리를 구원해 주실 아기 예수님을 내가 만날 수 있다고? 정말 신나는 일이야, 얼마나 좋을까."

그때부터 안나 아줌마는 언젠가 만날 아기 예수님을 기다리면서 늘 기쁘게 찬양을 부르면서 살았지요. "아기 예수님은 언제나 오시는 거야, 얼마나 더 기다려야 되는 거야? 어서 만났으면 좋겠다. 어떤 모습으로 오실까?" 하루하루 기다리면서 마음이 설레었지요. 나이 먹고 꼬부랑 할머니가 된 안나 할머니는 마음만은 늘 기쁘고 신났어요. 왜냐구요? 하나님의 약속은 꼭 이루어진다는 믿음이 있었기 때문에 자기가 살아 있을 때 예수님을 만날 수 있다는 확신이 있었거든요. 하루하루 한 달 한 달 1년 1년 기다리다 보니까 안나 할머니가 예수님을 기다린 햇수가, 여러분 놀라지 마세요. 84년을 성전에서 늘 기도하면서 예수님을 기다렸다고 합니다.

어느 추운 날, 안나 할머니가 다른 때처럼 교회에서 기도하고 나오는데 어떤 젊은 아줌마가 아주 갓 난 아기를 포대기에 싸서 안고 들어오고 있었어요. 바로 그때 안나 할머니에게 이상하고도 신비스러운 마음의 감동이 왔어요. 하나님이 알려 주신 거예요. "저기 저 아줌마 보이지? 저 젊은 애기 엄마가 바로 예수님의 어머니란다. 저 갓난아이가 바로 예수님이야. 네가 그렇게 그렇게 기다리던 예수님…. 빨리 가서 한번 안아보렴."

안나 할머니는 깜짝 놀라면서 너무 기뻐서 가슴이 벅찼지요. 그 애기에게로 다가가 "이 아기 이름이 예수 맞지요?" 마리아가 그렇다고 하자 안나 할머니는 "하나님 감사합니다. 이 아기 예수님을 내가 얼마나 기다렸는데, 84년 동안 기다린 보람이 있군요. 아! 이제야 그 아기 예수님을 만났어요. 하나님 아! 정말 정말 감격스러워요. 이 아기 예수님을 만나기 위해 저의 인생 전부를 다 바쳤다구요. 마침내 내가 이 아기 예수님을 안아볼 수 있다니 꿈만 같아요. 정말 이것이 꿈이 아니지요? 오! 하나님 감사합니다. 감사합니다."라고 말하면서 아기를 품에 안았어요. 얼굴에 주름이 가득하고 허리가 구부러진 안나 할머니 눈에서는 예수님을 만난 기쁨의 눈물이 계속 흘러내리고 있었습니다.

오랫동안 이스라엘 나라의 선지자들을 통하여 주셨던 하나님의 약속인 예수님이 이 땅에 오셨어요. 우리에게는 새로운 약속이 있습니다. 그

것은 예수님이 다시 한 번 이 세상에 오시겠다는 약속입니다. 이제 우리는 새로운 약속대로 이루어질 것을 믿고 기쁘게 행복하게 기다리며 살아야 합니다. 하나님은 틀림없이 약속을 지키시는 신실한 분이시기 때문에 꼭 예수님은 다시 오실 것입니다. 다시 오실 예수님을 안나 할머니처럼 행복하고 신나게 기다리는 그런 믿음을 가지고 대림절 넷째 주간을 살아가기로 약속해요.

12월 25일 / 눅 2:11-14 / 성탄절

거룩한 크리스마스(Holy Christmas)!

★ 형식 : 천사와 어린이의 대화극, 전도사님의 마무리
★ 준비물 : 핀마이크, 집중 조명, 천사와 어린이
　　　　① 천사 - 학부모님 중에서 사전에 1명을 연습시킨다.
　　　　　　　흰색이나 화려한 한복(머리에는 왕관이나 화관으로)
　　　　② 어린이 - 평범한 복장도 좋지만 여자 어린이는 한복이나 드레스를, 남자 어린이는 양복에 나비넥타이를.
★ 대사 부분부터 먼저 시작한다.

어린이 : 누구세요? 혹시 천사? 정말 반가워요. 이름이 뭐예요?

천　사 : 내 이름? 내 이름은 가브리엘이야. 많이 들어 보지 않았니?

어린이 : 가브리엘, 가브리엘. 아! 네! 가브리엘 천사는 무슨 일을 하셨지요?

천 사 : 나는 주로 기쁜 소식을 전하는 천사란다. 내 이름은 마태복음에서 많이 나와. 나는 예수님이 탄생하시기 전과 탄생하신 후에 너무 너무 바빴어. 여기저기 다니면서 예수님 탄생의 소식을 전하러 다녔단다.

어린이 : 정말 놀라워요 그때 누구누구를 만나 보셨어요?

천 사 : 음. 예수님의 어머니 마리아, 세례 요한의 아버지 스가랴 제사장, 또 아기 예수님 누우신 곳에도, 천사들이 있는 곳에도 가고, 동방박사들이 찾아온 것도 보고.

어린이 : 오늘은 우리 〇〇교회에 왜 오셨어요? 혹시 우리에게 전할 소식이 있나요?

천 사 : 그래. 분명히 전할 소식이 있어서 왔지. 해마다 성탄절이 돌아오면 어린이들은 교회에서도 선물을 받고 부모님들에게도 선물을 받고. 성탄절을 선물 받는 날로 알고 있거든. 난 그런 모습을 보면서 마음이 많이 쓸쓸했어.

어린이 : 어? 왜요? 나는 지금까지 그런 생각을 하고 살았는데…. 성탄절이 선물 받는 날이 아니라구요? (잠시 생각하다가) 아! 맞다. 그래, 정말 그러네요. 예수님이 생일 선물을 받으셔야 하는데 우리들이 선물을 받고 신나했네요. 우리들의 생일날도 아닌데 말이에요.

천 사 : 그렇지? 너도 생각하니 뭔가 좀 이상하다는 느낌이 들지? 성탄절은 거룩한 날인데 이번 성탄절에는 너도 아기 예수님께 선물을 드렸으면 좋겠구나.

어린이 : 아, 알았어요. 그거라면 걱정하지 마세요. 우리 교회에서는 선물을 준비했어요. 다음 순서에 정성껏 포장해서 가져온 선물을 드릴 거

예요. 여러 가지 선물과 깃발과 헌금 등 우리의 기쁨과 환영을 담은 선물이 준비되어 있어요. 보실래요?

천 사 : 어머, 그러니? 정말 잘했구나. 정말 잘했어. 그리고 한 가지 부탁이 더 있는데.

어린이 : 뭔데요?

천 사 : 2천 년 전에 예수님의 탄생을 여러 사람들에게 알리고 다닌 것은 나였지. 이제 나는 천국에 있을 테니까 이제부터는 너희가 예수님의 구원 소식을 많이 많이 전해 주었으면 좋겠어.

어린이 : 예. 제일 가까운 친구, 친척 분들에게 전할게요. 며칠 후에 외갓집에 가는데 거기 모인 친척들에게 전도할게요.

천 사 : 그래, 고맙다. 네 말을 들으니 참 기분이 좋단다. 이제 보니 넌 믿음이 좋은 아이구나. 마음이 기뻐지네. 자, 너를 믿고 난 천국으로 돌아갈게. 우리 인사할까? "홀리 크리스마스"

천사, 어린이 : 바이바이!! 홀리 크리스마스! (holly chrismas) (무대에서 천사와 어린이가 사라진 다음 전도사님이 강단에 선다)

전도사님 : 우리들은 해마다 성탄절이 되면 길거리에서, 수북이 쌓인 카드에서, 방송 프로그램에서, 울려 퍼지는 캐럴송에서 이런 단어를 많이 만났을 것입니다. "Merry Chrismas" 이번 성탄절에 전도사님은 여러분에게 많이 들었던 Merry Chrismas 대신 Holy Chrismas라고 인사를 드립니다. 아까 천사와 어린이도 Holy Chrismas 라고 인사를 했지요? Holy Chrismas, Holy Chrismas. 왜 인사를 바꿨느냐고요? 여러분은

그동안 성탄절에는 맛있는 음식, 선물, 놀이 등 자기만을 위한 Merry Chrismas를 보냈을 거예요.

이번 성탄절부터는 구원과 영생과 천국의 선물을 가지고 이 세상에 오셨던 예수님을 기억하자는 뜻으로 Holy Chrismas라고 인사를 바꾸기로 합시다. 예수님께 드리는 선물을 준비하고 예수님이 성탄절의 주인공이 되게 하자는 뜻으로 Holy chrismas라고 인사를 하기로 합시다. 예수님의 생명과 구원을 세상에 널리 전하자는 뜻으로 거룩한 크리스마스, Holy Chrismas, 거룩한 크리스마스!! Holy Chrismas!!

12월 26일 / 계 2:10,17 / 송년주일
하늘나라 시상식

다음의 단어에서 연상되는 것이 무엇일까요? "심판, 승자, 메달, 국기, 꽃다발, 은쟁반, 사진 기자, 표창장, 선물." 답은 '시상식'입니다. 제일 화려한 시상식은 언제 보았어요? 올림픽 경기에서 보았어요?

성경에는 여러분이 하늘나라에 입장하는 날, 하늘나라에서도 시상식이 열린다고 약속하고 있습니다. 천사가 여러분들을 시상식장으로 안내할 것입니다. 천사가 사회를 볼 것이고 하나님이 상을 주시며 악수도 나눌 것입니다. 천국에서는 애국가가 울려 퍼지는 것이 아니라 천사들의 합창단에서 아름다운 노래와 연주가 흘러나올 것입니다. 천사들의 악단에는 피리 부는 천사, 나팔 부는 천사, 하프를 켜는 천사, 작은북 치는 천사 등이

악기를 연주합니다. 이것은 요한계시록 7장 10절에 있는 장면입니다. 또 먼저 하늘나라에 와있는 많은 사람들이 박수를 치고 꽃다발을 건네고 악수를 하면서 여러분에게 축하의 인사를 할 것입니다.

성경에는 최고의 상을 '면류관'이라고 합니다. 디모데후서 4장 8절에는 "의의 면류관", 야고보서 1장 12절에는 "생명의 면류관", 요한계시록 2장 10절에는 "생명의 면류관"이라고 나와 있는데요. 하나님을 위하여 힘든 일을 참고 견디며 믿음으로 승리한 사람들에게 왕관보다 더 화려한 왕관, 면류관을 씌워 주신다고 하셨습니다.

하나님은 그 외에도 많은 상품과 선물을 주신다고 하셨지요. 요한계시록 2장 17절에서 이런 상품도 있다고 말씀하십니다. 첫째는 '만나'인데 기억나세요? 모세 할아버지가 애굽을 떠나 가나안 땅으로 갈 때 먹을 것이 없어 굶주리던 이스라엘 백성들에게 주신 흰 사탕 같은 것. 천국에서 하나님이 직접 주실 만나는 썩지 않고 기막힌 맛의 음식이지요. 둘째는 '흰돌'인데 하얗고 빛나는 보석 같은 귀한 돌이랍니다. 그 돌에는 받는 사람의 새 이름, 좋은 별명이 새겨져 있는 그 사람만의 돌이지요. 셋째는 '새 이름'입니다. 하나님이 지어주신 좋은 별명, 아름다운 이름이 선물입니다. 기분 나쁜 별명과 욕이 아니라 여러분이 이 세상에서 어떻게 하나님을 섬기고 믿었는지, 어떻게 살았는지에 대한 칭찬이 있는 새 이름이지요.

예를 들자면, 가난한 사람을 잘 도운 자비의 여왕 OOO, 하나님의 좋은 협력자가 된 OOO, 친구들의 전도왕 OOO, 잘 가르치는 훌륭한 선생님 OOO, 위로와 용기를 잘해 주는 OOO, 다른 사람들을 돕는 기도대장 OOO, 선생님들과 전도사님들의 기쁨조 OOO, 순종과 협력 잘하는 착한 아들 OOO.. 이런 별명이나 새 이름은 좀 길어도 괜찮겠지요? 천국에서 영원히 다른 사람들이 불러 줄 기분 좋은 새 이름인데 좀 길면 어때요? 영원히 다른 사람들이 칭찬하는 말로 불러 줄 좋은 별명이니까 좀 길어도 좋지요?

여러분들은 상이나 선물에 매우 민감해요. 누가 상을 받는지, 누가 1등을 하는지, 상품이 무엇인지, 비싼 건지, 싼 건지 관심이 매우 많지요? 그러나 이제는 여러분들이 더 차원 높고 수준 높은 하늘나라의 상 받기를 사모하고 기다리며 살아가기 바랍니다. 어떤 사람이 하늘나라 시상식에서 많은 상을 받을까요? 곰곰이 생각하면서 들어 보세요. 믿음을 버리지 않고 평생 동안 꾸준히 교회 다니며 예수님을 믿고 충성하는 사람, 잘못된 꼬임에 넘어가지 않는 사람, 잘못된 유혹을 거절할 줄 아는 사람, 예수님을 자랑하고 즐거워하는 사람, 예수님 이야기만 들어도 기분이 좋아지는 사람, 예수님을 사랑한다고 진심으로 고백하는 사람, 이런 사람들에게 하늘나라에서 화려한 시상식이 준비되고 있어요.

여러분, 하나님을 세상 무엇보다도 최고로 중요하게 생각하고 최고로 존경하고 사랑합니까? 하나님을 위해, 하나님이 원하시는 대로 살기 위해 아주 열심히 최선의 노력을 하면서 살고 있습니까? 하나님께 최고의 사랑, 하나님을 향한 최선의 노력으로 충성스럽게 살아가십시오. 하나님의 상은 계속 준비되고 있고 업그레이드되고 있음을 잊지 마세요!

12월의 프로그램

1. "성탄절 미니성경 쓰기"

성탄절의 주인공은 바로 예수님!! 성경이나 참고 서적에 많이 나와 있는 「예수님 탄생(일생)의 예언과 성취」 부분을 복사해서 나눠 주세요. 어린이들이 집에서 거의 20여 일 동안, 여러 가지 색지로 작은 수첩이나 공책을 먼저 만들어 보게 하세요. 준비한 공책(수첩) 한 페이지는 예언 부분, 옆 페이지는 성취 부분으로 나누어서 짝을 맞추어 성경말씀을 기록하게 합니다. 저학년 어린이들은 한 페이지에 쓰는 말씀을 여러 가지 색연필이나 색볼펜으로 여러 번 써 보게 하구요. 그림도 그리고 장식도 하게 합니다. 고학년들은 직접 쓰는 것보다 컴퓨터로 작업하고 싶은 어린이도 많을 거예요. 서로 짝이 되는 말씀을 컴퓨터로 글씨 모양, 배경그림, 그림(이미지) 사진도 합성하고 프린트해서 오려 붙이도록 하세요. 여러 가지로 작업한 멋진 작품으로 솜씨 자랑할 수 있겠지요? 집에서 자신이 쓰고 만든 미니성경수첩이나 공책을 성탄절에 가져오게 하고 게시판에 전시하여 보세요.

2. 성탄별, 성탄 종 만들기

만들기 활동은 특히 저학년에서 아주 좋아하지요. 흥겨운 캐럴을 부르면서 만들기를 해 봅니다. 성탄별은 성탄절 트리 장식에도 활용할 수 있고 집에 가져가서 현관문이나 벽에 장식할 수도 있습니다. 먼저 성탄별은 다양한 색깔의 우드락에 작은 별, 중간 별, 큰 별 등 다양한 크기의 별을 오립니다. 이대로 두어도 좋지만 스티로폼 물감으로 원하는 색을 칠하거나 금박지 시트지를 별 모양에 붙여서 반짝이는 별을 만들 수 있습니다. 별 하나씩 낚싯줄로 끈을 달아 놓으면 어디나 장식할 수 있지요.

종 모양은 다양한 색깔의 종이컵을 이용하면 됩니다. 방울은 조그만 방울을 사서 준비해도 되고 또는 사탕을 1-2개 모아 묶어도 됩니다. 준비된 방울(사탕)에 리본 테이프나 모루(꽃철사)를 달고 종이컵 안에서 밖으로 달아보세요. 끈 길이가 종이컵보다 더 길어야 방울모양이 잘 보이겠지요? 종이컵 안에서 매듭을 묶어 고정되게 하고 밖으로 끈을 길게 남겨 두세요. 그래야 종을 다른 데에 걸 수 있습니다.

3. 성탄 리스 만들기

반별 공동 활동이나 개인 활동으로 성탄리스를 만들어 보기로 할까요? 리스의 배경은 두꺼운 스티로폼을 도너츠형 원판으로 자르고 만들기 재료를 제공합니다. 조화로 된 꽃들과 나뭇잎들(포인세티아, 소나무 등), 성탄 트리 장식품들(종, 지팡이, 버선, 별 등), 리본테이프, 가위, 칼, 풀, 색지 종류(주름종이, 골판지, 색상지 등) 스티로폼 원형 판에 여러 장식품을 꽂고 붙입니다. 말씀을 적은 색지를 여러 장 늘어뜨리거나 성탄 축하 메시지를 담은 종이를 주름지에 돌돌 말아서 종이 막대 형식으로 매달아도 좋을 것입니다. 골판지를 잘라서 아기 예수가 누우신 말구유를 만들어도 좋은 아이디어입니다. 언제나 만들기 활동은 끝마무리가 중요하지요. 성탄트리 장식으로 걸어 놓아도 되구요. 어린이들이 솜씨껏 만든 작품들을 벽에 게시해 보세요. 많은 어린이들이 볼 수 있으려면 예배실보다는 예배실 입구의 계단이나 벽이 훨씬 더 좋습니다.

4. 미니 말구유 만들기 작업

어린이들의 정성스런 손길이 담겨 있는 성탄절 말구유 바구니를 만들어 봅니다. 시중에 나와 있는 가장 작은 대바구니를 구하시면 좋겠어요. 초소형 대바구니를 구하기 어려우면 우유팩을 잘라서 4각형으로 만들어도 되구요. 바구니 끈은 모루를 이용해서 감아 주면 성탄절 바구니가 만들어졌어요. 거기에 선물을 담아 고마운 분에게 선물을 드려도 좋지만 최고로 좋은 것은 뭘까요? 이 바구니를 말구유로 변신시키는 것입니다. 지점토로 아기 예수님을 만들어서 바구니 안에 눕혀 드리고, 지점토로 황토색이나 갈색이나 어두운 색으로 얇게 펴서 아기를 덮은 강보를 만들어서 살짝 덮구요. 트리 장식에 쓰는 나뭇잎이나 교회 화단의 낙엽이나 나뭇잎을 주워서 많이 깔아 드리세요. 그러면 말구유에 누우신 아기 예수님으로 변신합니다. 이것을 트리 장식 밑에 자기 이름을 넣어서 주~욱 늘어 놓아도 좋고, 집에 가져가서 책상 위에 놓고 보아도 좋겠지요. 나를 구원하시기 위해 이 땅에 말구유에 오신 예수님을 생각하면서.

5. 성탄절의 작은 파티와 전도

성탄절 날 어린이들도, 선생님들도 간식을 가져오도록 광고해 주세요. 성탄 예배를 마치고 난 다음에 음식을 뷔페식으로 긴 테이블에 늘어 놓고 어린이들에게 예쁜 편지지를 한 장씩 나눠 주세요. 음식을 먹으면서 편지지를 들고 다니면서 친구들에게나 선생님에게 축복이나 격려의 인사말을 사인과 함께 받도록 하세요. 다른 날과는 다르게 흥겨운 국악찬송을 배워 보기도 하면서 성탄절의 기쁨을 누려보세요.

그런 다음에는 이 기쁜 소식을 다른 사람들에게 전해야지요? 사탕이나 초콜릿 3-5개를 주름종이에 담고 그 안에 짧은 전도쪽지를 넣어서 포장해 보세요. 한 손에 쏘옥 들어오는 이 선물 3개 정도를 어린이들이 손에 들고 전도하러 나가는 거예요. 추운 겨울날 오전에 길에서 만나는 사람들에게 선물을 전해 주고 성탄인사를 하도록 해 보세요. "예수님이 탄생하셨어요. 예수님을 맞이하세요." 모르는 사람이라도 서로 웃으며 성탄의 기쁨을 전달할 수 있을 거예요. 절기 행사가 전도와 나눔의 실천으로 연결된다면 교육적 의미는 충분합니다.

6. 진급생 파티

6학년만을 위한 파티, "진급생 파티"를 열어 주세요. 교회 내의 아늑하고 분위기 있는 장소에 테이블보를 깔고 이름표까지 붙인 파티 자리도 만들구요. 테이블 위에는 각자의 꽃 한 송이씩을 놓아 주고, 떡과 피자와 오렌지 주스를 근사하게 차려 놓고 6학년생을 초청하세요. 간단한 의식으로, 처음엔 이름을 불러 주면서 자기 자리에 앉게 합니다. 부장님의 기도 후에 전도사님의 간단한 설교가 이어집니다. "이제부터는 신앙과 우정과 목표가 한 단계 업그레이드하기 위한 출발 단계에 서 있다"는 말씀을 듣고 6학년 담임교사들이 준비한 편지를 차례대로 읽어 줍니다. 6학년 아이들이 한 마디씩 아동부 시절에 대한 소감을 말하면서 준비한 음식을 나누고 화기애애한 시간을 가집니다. 그 후 담임선생님들이 아이들을 끌어안고 축복기도를 해 주고 나서 악수와 허깅을 합니다. 그 후 선생님들은 돌아 나오고 중등부 교역자와 중등부 선생님들이 방으로 들어와서 다음 순서를 진행합니다. 이 진급생 파티는 6년간의 아동부 생활에서 중등부 시절로 건너가는 징검다리 같은 프로그램입니다.

◎ 성탄 이브 전야제

해마다 교회마다 이날은 연말 행사의 하이라이트이지요. 각 부서의 순서들을 모아모아 진열하는 방식처럼 진행하는 교회들도 많은데요. 조금 변화를 시도한다면 첫째로 올해에는 그런 방식이 아니라 전체 컨셉을 잡고 그에 맞는 프로그램들을 부서마다 분담시키는, 기획이 먼저 되었으면 좋겠습니다. 둘째로는 교육부서들의 학예 발표회처럼 하던 기존 형식에서 올해는 전 가족, 전교인들이 순서에 동참하는 방향으로 기획하여 함께 즐기고, 함께 축하하는 특별 순서들이 많이 진행되었으면 좋겠습니다. 젊은 아빠들 그룹인 남선교회나 노인부, 여전도회의 특별 출연을 요청해 보세요. 미리미리 준비할 시간을 주면 충분히 좋은 순서를 준비하실 것입니다. 셋째로, 전체 순서가 마무리되면 모든 출연진들이 함께 하는 피날레 순서가 있어서 모두 함께 캐럴 메들리 합창을 한다든지, 촛불 의식을 한다든지 은혜를 간직하는 순서가 있었으면 하구요. 넷째로, 전야제 모든 순서가 마치면 부서마다 준비물을 다 팽개치고 돌아가기 바쁜데요. 로비나 현관에서 작은 다과회를 가져 보세요. 간단하게 떡이나 빵, 과일, 음료수, 캔디 정도의 식탁과 성탄 장식을 해 놓고 대화를 나누는 시간을 마련해 주었으면 좋겠어요. 그리고 로비나 현관에 흥겨운 캐럴송 메들리로 테이프나 CD로 들려 주면 성탄절 분위기는 아주 흥겹게 고조될 것입니다.

교사를 위한 프로그램

'연말 송년회'

이날은 1년을 돌아보면서 감사하게, 흐뭇하게 교사들만의 시간을 조촐하게 가져 봅니다. 송년회를 하기 전에 미리(1주일 전에도 좋지요) 교사들에게 작은 쪽지를 한 장 나눠 주세요. 이 쪽지에는 한 해 동안 부끄럽고 후회스럽고 지우고 싶었던 경험이나 기억, 사람들에 대해 자신만의 비망록을 간단하게 적어 오는 것입니다.

모든 교사들이 함께 모이면 짧은 송년회 예배를 드립니다. 이 날 송년회는 부장님이나 교역자님이 인도하십니다. 예배를 마치면, 작은 촛불 의식을 진행합니다. 교사 수만큼의 촛불을 케이크이나 나무판(십자가 그림을 배경으로 덮고)에 세우고, 각자의 촛불을 차례대로 켜나갑니다. 그리고는 찬송과 더불어 자신의 지우고 싶은 기억에 대한 것을 읽고, 촛불에 그 쪽지를 태웁니다. 교사들의 쪽지가 다 태워지면 교역자는 다시 사죄와 은혜의 말씀을 선포하면서 새롭게 하실 주님을 찬양하는 시간으로 진행합니다.

그리고 다시 교사들에게 작은 쪽지를 나누어 줍니다. 이 쪽지에는 새해에 꼭 이루어지길 바라는 구체적인 소원, 새해에 꼭 갖고 싶고, 선물 받고 싶은 물건이나 경험들을 적습니다. 모든 교사들이 차례대로 낭독하고 나면 쪽지 교환을 합니다. 자기가 받은 기도(소원)쪽지를 가지고 합심해서 간절하게 중보기도하고 난 다음에 자기 촛불을 하나하나 끄게 합니다.

세 번째로는 한 해 동안 자기에게 고마운 기억을 남겨 준 교사들에게 고마움을 표현합니다. 한 명씩 차례대로 이야기를 나누고 나면, 이제는 선물 교환 순서입니다. 총무 선생님은 미리 선물을 다 받아 놓으셨다가 번호표를 붙여놓습니다. 한 명씩 제비 뽑아서 해당되는 선물을 받아가고, 와우! 이제는 감사도 표현했고, 선물도 받았으니까 푸짐한 음식을 먹으러 이동해야겠지요. 교회 밖이든 안이든 풍성하게 먹고, 사랑과 은혜를 나누면서 그렇게 화목함 속에서 한 해는 서서히 저물어 갑니다.

MEMO

MEMO

MEMO

MEMO

MEMO

MEMO